# आधुनिक राजनीतिक विचारक

## (Modern Political Thinkers)

जर्मी बेन्थम
(Jeremy Bentham)
(1748–1832)

हीगल
(Hegel)
(1770–1831)

जॉन स्टुअर्ट मिल
(John Stuart Mill)
(1806–1873)

टॉमस हिल ग्रीन
(Thomas Hill Green)
(1836–1882)

कार्ल मार्क्स
(Karl Marx)
(1818–1883)

एम॰ए॰, बी॰ए॰ ( आनर्स ), संघ तथा राज्य लोक सेवा आयोग की प्रतियोगी परीक्षाओं के लिए

चन्द्रदेव प्रसाद

ATLANTIC
PUBLISHERS & DISTRIBUTORS (P) LTD

प्रकाशक :

**एटलांटिक पब्लिशर्स एण्ड डिस्ट्रीब्यूटर्स (प्रा.) लि.**

7/22, अन्सारी रोड, दरियागंज, नई दिल्ली–110002

दूरभाष : +91-11-40775252, 23273880, 23275880, 23280451

फैक्स : +91-11-23285873

ई-मेल : orders@atlanticbooks.com

वेबसाइट : www.atlanticbooks.com

शाखा कार्यालय :

5, नालाथम्बी स्ट्रीट, वालाजाह रोड, चेन्नई–600002

दूरभाष : +91-44-64611085, 32413319

ई-मेल : chennai@atlanticbooks.com



मुद्रक : नाईस प्रिंटिंग प्रेस, ए–33/3ए, साइट–IV, इंडस्ट्रियल एरिया,
साहिबाबाद, गाजियाबाद, उ.प्र.

---

**ADHUNIK RAJNITIK VICHARAK** (*in Hindi*)
*By Chandra Deo Prasad*

अपने
पूज्य गुरुदेव
प्रो॰ राम नरेश त्रिवेदी
को
सादर समर्पित

# अटलांटिक द्वारा प्रकाशित लेखक की रचनाएँ

1. तुलनात्मक राजनीति भाग–1
2. तुलनात्मक राजनीति भाग–2
3. यूनानी राजनीतिक विचारक

   (i) सुकरात (ii) प्लेटो (iii) अरस्तू
4. मध्यकालीन एवं आधुनिक राजनीतिक विचारक

   (i) संत आगस्टीन (ii) संत एक्वीनास (iii) मेकियावेली (iv) मॉण्टेस्क्यू (v) जीन बोदां (vi) एडमंड बर्क
5. हॉब्स, लॉक और रूसो

   (i) टॉमस हॉब्स (ii) जॉन लॉक (iii) जीन जेक्स रूसो
6. आधुनिक राजनीतिक विचारक

   (i) जर्मी बेन्थम (ii) जॉन स्टुॅअर्ट मिल (iii) हीगल (iv) टॉमस हिल ग्रीन (v) कार्ल मार्क्स
7. राजनीतिक सिद्धांत
8. कौटिल्य
9. गांधी–दर्शन

# निवेदन

प्रस्तुत पुस्तक **आधुनिक राजनीतिक विचारक** स्नातक, स्नातकोत्तर एवं प्रतियोगिता परीक्षाओं के लिए लिखी गयी है। इसके अंतर्गत, बेन्थम, मिल, हीगल, ग्रीन एवं कार्ल मार्क्स के सभी अध्यायों के विचारों की व्याख्या, संबद्धता और आलोचना स्वतंत्र एवं निष्पक्ष रूप से करने का प्रयास किया गया है। पुस्तक की भाषा यथासंभव सरल, स्पष्ट एवं प्रवाहशील रखी गयी है। विद्यार्थियों की सुविधा के लिए सामान्य प्रश्न और वस्तुनिष्ठ प्रश्नों का भी इस पुस्तक में समावेश किया गया है।

मैं अपने सभी मित्रों, सहकर्मियों और लेखकों का आभारी हूँ जिनके प्रत्यक्ष एवं परोक्ष परामर्श, प्रोत्साहन के कारण ही इस पुस्तक का प्रणयन हो सका है। शिवादेवी, बासुदेव प्रसाद गुप्त, सुधा, मीना, हर्ष देव, पराग देव, राजदेव, विजया, शिप्रा, आनंद देव, प्राची और प्रिंसी धन्यवाद के पात्र हैं जिनके आशीर्वाद, सतत् प्रेरणा, प्रेम, एवं सहयोग से यह पुस्तक पल्लवित-पुष्पित हो सका है।

मुझे पूरी आशा है कि यह पुस्तक पाठकों को पूर्णरूप से सन्तुष्ट करेगी। इस पुस्तक को त्रुटि रहित बनाने की पूरी कोशिश की गई है फिर भी इसमें कोई त्रुटि रह जाती है तो उसे अगले संस्करण में सुधार दिया जाएगा।

अंत में, इस पुस्तक को साकार रूप देने वाले डॉ. के. आर. गुप्ता, मुख्य प्रबन्धक एवं हरजीत, प्रकाशन समन्वयक, एटलांटिक पब्लिशर्स एण्ड डिस्ट्रीब्यूटर्स (प्रा.) लि., नई दिल्ली का चिरऋणी हूँ।

**चन्द्रदेव प्रसाद**

# भूमिका

## जर्मी बेन्थम
### (Jeremy Bentham)

बेन्थम का जन्म 15 फरवरी 1748 ई० को लन्दन के एक संपन्न अधिवक्ता परिवार में हुआ। उनके पिता तथा पितामह दोनों विख्यात वकील थे। उसकी शिक्षा लन्दन के वेस्ट मिनिस्टर स्कूल तथा ऑक्सफोर्ड विश्वविद्यालय के क्वीन्स कॉलेज में हुई। उसे वकालत से घृणा उत्पन्न हो गयी और वह संपूर्ण जीवन लेखन कार्य में व्यतीत किया। उसका संबंध **शेलबर्न, विलियम पिट, रोमिली, डुमांट, केमडन** और **डनिंग** जैसे महान व्यक्तियों से रहा। प्रारम्भ में, वह टोरी था। लेकिन जेम्स मिल के संपर्क में आने के बाद उदारवादी बन गया। उसका निधन 6 जून 1832 ई० को हुआ। उसने अपने वसीयतनामे में लिखा, "उसका शरीर दफनाया न जाए, बल्कि उसे जीव-शास्त्रियों को अर्पित किया जाए जिससे कि वे अपना ज्ञानार्जन कर सकें।"

बेन्थम ने अपने जीवनकाल में अनेक पुस्तकों की रचना की, लेकिन उनमें सबसे प्रमुख हैं—(i) Fragments on Government, 1776 और (ii) An Introduction to the Principles of Morals and Legislation, 1789.

राजनीतिविज्ञान के क्षेत्र में बेन्थम की सबसे बड़ी देन है—उपयोगितावाद। उसका उपयोगिता सिद्धांत, सुख की प्राप्ति और दुःख के निवारण का सिद्धांत है। उसके शब्दों में, "उपयोगिता के सिद्धांत से हमारा तात्पर्य उस सिद्धांत से है, जिससे संबंद्धित व्यक्ति की प्रसन्नता बढ़ती है या घटती है और जिसके आधार पर वह प्रत्येक कार्य को उचित या अनुचित ठहराता है।"

बेन्थम ने उपयोगिता के आधार, वर्गीकरण, सुखमापक गणना पद्धति, सुख का अंतर मात्रा में, गुण में नहीं तथा सुख-दुःख के स्रोत जैसे पहलुओं पर विचार किया है। उसने राज्य की उत्पत्ति, प्राकृतिक नियम, प्राकृतिक अधिकार, स्वतंत्रता तथा समानता, संप्रभुता, सरकार, और प्रजातंत्र जैसे राजनीतिक पहलुओं पर चिंतन किया है।

बेन्थम एक महान सुधारक था। उसने कानून, न्याय-व्यवस्था, दंड, जेल, शिक्षा तथा संसदीय प्रणाली में आमूल परिवर्तन करना चाहा।

इंग्लैंड में जो भी महत्वपूर्ण सुधार हुए, उन सबका कारण बेन्थम की प्रेरणा ही थी। सुधार अधिनियम, 1832, दरिद्र रक्षा कानून, 1834 और अनाज नियम, 1854 बेन्थम के प्रभाव का प्रतिफल है। उनके दर्शन का गहरा प्रभाव अनेक विद्वानों और देशों पर पड़ा। जॉन ऑस्टिन, जेम्स मिल, जे० एस० मिल, जार्ज ग्रेट जैसे विद्वानों ने इसके दर्शन को काफी फैलाया। उसने इंग्लैंड को कम और अन्य देशों को अधिक प्रभावित किया।

हैजलिट के शब्दों में, "उसका नाम इंग्लैंड में कम, यूरोप में अधिकतर तथा चिली के मैदानों और मेक्सिको की खानों में सर्वाधिक मशहूर है। उसने नवीन विश्व को संविधान तथा भविष्य के लिए कानून प्रदान किया।"

वस्तुतः, राजनीतिक विचारधारा के इतिहास में बेन्थम का गहरा प्रभाव रहा है। उसे आधुनिक राजनीति का सृष्टा कहा जा सकता है।

## हीगल
## (Hegel)

हीगल का जन्म जर्मनी के स्टटगार्ट नगर में 1770 ई० में एक सम्पन्न परिवार में हुआ। उसने उच्च शिक्षा की प्राप्ति कर एक प्राध्यापक का जीवन व्यतीत किया और विश्व को अपने दर्शन से प्रभावित किया। उसका दाम्पत्य जीवन एक ऐसी महिला के साथ बीता जिसकी आयु उससे बाईस वर्ष कम थी। राजनीति विज्ञान पर उसकी प्रमुख रचनाएँ–**अधिकार का दर्शन (The Philosophy of Right)** और **इतिहास का दर्शन (The Philosophy of History)** है।

हीगल के दर्शन की अमूल्य भेंट द्वन्द्वात्मक पद्धति है। उसने अपनी पद्धति के द्वारा इस विश्वास को जन्म दिया कि किसी वस्तु के यथार्थ रूप को, उसके विपरीत रूप से तुलना करके ही जाना जा सकता है। वाद-प्रतिवाद और संवाद की प्रक्रिया निरंतर रूप से चलती रहती है।

हीगल ने राज्य को एक सर्वोच्च, आवश्यक और अव्याज्य संस्था माना है। राज्य पृथ्वी पर ईश्वरीय विचार है। राज्य साध्य, और व्यक्ति साधन है। बेन्थन ने राज्य के आंगिक सिद्धांत पर बल दिया है।

हीगल के अनुसार मानव का लक्ष्य सुख नहीं, बल्कि स्वतंत्रता है। राज्य के कानूनों के पालन में ही स्वतंत्रता है। हीगल ने राजनीति और नैतिकता में

घनिष्ठ सम्बन्ध बताया है। उसकी दृष्टि में संविधान विकसित होता है। उसने राजतंत्र का समर्थन किया है। उसने प्राकृतिक कानूनों का खण्डन किया है। राज्य की सम्प्रभुता राजा में निवास करती है। सम्पत्ति मानव-व्यक्तित्व की अनिवार्य शर्त है। दण्ड-समाज और अपराधी दोनों की दृष्टि से आवश्यक है। हीगल ने युद्ध का समर्थन किया है और उसे सभ्यता के विकास का पूरक बताया है। उसने राष्ट्र-राज्य का प्रचण्ड रूप से समर्थन करके, अन्तरराष्ट्रीयता में अविश्वास प्रकट किया है।

हीगल के दर्शन का प्रचण्ड प्रभाव जर्मनी, इटली, अमेरिका, इग्लैण्ड और अन्य देशों पर पड़ा। ट्रीटश्के, ड्रायसन, कार्लमार्क्स, सेविग्नी, आगस्टोवीरा, बेन्डेरो क्रास, मारिस, पामर, जान डुयर्ड, टी॰एच॰ ग्रीन, बोसाँके, ब्रेडले उसके दर्शन से काफी प्रभावित हुए। बिस्मार्क, हिटलर और मुसोलिनी ने हीगलवाद को व्यावहारिक रूप देकर, मानव समाज के जंग को छुड़ा दिया और नयी सभ्यता का बीजारोपण किया। 1831 ई॰ में, दार्शनिकों का दार्शनिक द्वन्द्वात्मक-चक्र में परिवर्त्तित हो गया।

## जॉन स्टुअर्ट मिल

### (John Stuart Mill)

जॉन स्टुअर्ट मिल, जेम्स मिल का ज्येष्ठ पुत्र था। उसका जन्म 20 मई, 1806 को लंदन में हुआ था। उसकी शिक्षा-दीक्षा और बाल्यावस्था पिता के कठोर नियंत्रण में बीती। उसके पिता उसे बेन्थमवादी बनाना चाहते थे। बेन्थम और श्रीमती टेलर का प्रचंड प्रभाव मिल पर पड़ा। उसकी प्रमुख रचनाएँ हैं— **स्वतंत्रता पर निबंध, प्रतिनिधि सरकार पर विचार, उपयोगितावाद और स्त्रियों की पराधीनता।**

मिल के अनुसार व्यक्ति परमार्थी होता है। सुख का गुण और मात्रा में विभेद करना, सुख अमापनीय है, सुख के आंतरिक स्रोत तथा उपयोगितावाद को नैतिकता का आवरण देना आदि मिल के प्रमुख संशोधन है। मिल को वैयक्तिक स्वतंत्रता का मसीहा माना गया है। विचार और भाषण तथा कार्य-स्वतंत्रता पर उसके विचार राजनीतिक साहित्य के अमर काव्य हैं। प्रत्येक व्यक्ति के विचार का आदर करना, मिल की महानता है। राज्य एक नैसर्गिक संस्था है, लेकिन उसके विकास में मनुष्य का भी हाथ रहता है, यह उसकी अनोखी सूझ की झलक है। तत्कालीन इंग्लैंड की प्रतिनिधि सरकार में आवश्यक संशोधन और परिवर्तन, मिल की दूरदर्शिता का परिचायक है। द्वितीय सदन, विरोधी दल,

स्थानीय स्वशासन, विधि आयोग, सरकारी पदाधिकारियों, अल्पसंख्यकों के हितों की रक्षा और महिला मताधिकार आदि मिल के राजनीतिक-दर्शन के उल्लेखनीय बिंदु हैं। उदारवादी, क्रांतिकारी सुधारक, वैयक्तिक स्वतंत्रता का प्रणेता, उपयोगितावाद का संशोधनकर्ता, ईस्ट इंडिया कंपनी का ईमानदार पदाधिकारी, बेन्थम और जेम्स मिल के प्रति अगाध श्रद्धा रखने वाला तथा श्रीमती टेलर के सच्चे प्रेमी के रूप में राजनीति-विज्ञान के क्षितिज पर मिल एक प्रखर भास्कर है, जिसकी ज्ञान-किरणों से संपूर्ण जगत आलोकित है।

## टॉमस हिल ग्रीन
### (Thomas Hill Green)

"मानव-चेतना स्वतंत्रता चाहती है, स्वतंत्रता में अधिकारों का विचार निहित है, और अधिकारों की रक्षा के लिए राज्य आवश्यक है।" यह कथन ग्रीन के राजनीतिक विचारों का दर्पण है। मानव-चेतना का विकास स्वतंत्रता में संभव है। ग्रीन ने विधेयात्मक, निध्ययात्मक और कानूनों से नियंत्रित स्वतंत्रता के सिद्धांत का प्रतिपादन किया है। सद्इच्छा ही स्वतंत्रता हो सकती है, बुरी नहीं। स्वतंत्रता का उपयोग अधिकारों के द्वारा ही किया जा सकता है और यह अधिकार समाज में ही संभव है। ग्रीन के प्राकृतिक अधिकार और प्राकृतिक कानून की पुनर्व्याख्या महत्वपूर्ण है।

"राज्य का वास्तविक आधार इच्छा है, शक्ति नहीं।" ग्रीन का यह राज्य-संबंधी विचार क्रांतिकारी और सनातन है। राज्य का मुख्य कार्य है, व्यक्ति के श्रेष्ठ जीवन के मार्ग की बाधाओं को दूर करना। राज्य के संप्रभुता का स्रोत सामान्य इच्छा है और संप्रभु इसके एक एजेंट के रूप में काम करता है। यह मौलिक विचार है। ग्रीन ने राज्य को सर्वोच्च समुदाय माना है। उसने व्यक्ति को राज्य का विरोध करने का अधिकार देकर, व्यक्ति के व्यक्तित्व को राज्य के धरातल से ऊपर उठाया है।

ग्रीन ने वैयक्तिक संपत्ति का समर्थन किया है। लेकिन, उसने असीमित धन-संचय और जमींदारी-प्रथा का विरोध किया है। उसने संपत्ति की असमानता को स्वीकार किया है, जो उसकी व्यावहारिक बुद्धि का द्योतक है। उसने प्रतिरोधात्मक दंड सिद्धांत पर विशेष बल दिया है। दंड राज्य का एक आवश्यक कर्तव्य है। दंड के द्वारा अपराधी को यह अनुभव हो कि उसने गलत काम किया है। ग्रीन ने प्रत्येक स्थिति में युद्ध का विरोध किया है। युद्ध नर-संहार और सभ्यता-नाश का सूचक है। ग्रीन ने अंतरराष्ट्रीय समाज, अतरराष्ट्रीय

नैतिक संहिता और विश्व-बंधुत्व में गहरी आस्था प्रकट की है। यह विचार उसके मानवीय पक्ष का द्योतक है।

ग्रीन ने उपयोगितावाद, व्यक्तिवाद, उदारवाद और आदर्शवाद में संशोधन कर, उनके अस्थि-शरीर में मांस और रक्त का संचार कर सजीव प्राणी के धरातल पर लाकर खड़ा कर दिया है। उसके उत्तेजक विचारों से ब्रिटिश कानूनों में अनेक सुधार हुए। व्यक्ति और राज्य में व्यक्ति को साध्य बताकर तथा दोनों का प्रत्येक कदम सामान्य हित में निर्देशित कर, ग्रीन राजनीतिक विचाराधारा के इतिहास में सामान्य हित का अमर सम्राट बना हुआ है।

## कार्ल मार्क्स
### (Karl Marx)

कार्ल मार्क्स का जन्म 5 मई, 1818 ई० को जर्मनी के ट्रेवस नामक स्थान पर एक यहूदी मध्यमवर्गीय परिवार में हुआ था। इसके पिता का नाम हर्चेल मार्क्स था जो वकालत करता था। मार्क्स की प्रारंभिक शिक्षा घर पर हुई। उसके बाद उसने बोन, बर्लिन और जेना विश्वविद्यालय में शिक्षा ग्रहण की। वह हीगल के विचारों से काफी प्रभावित हुआ। वह बचपन से तेज विद्यार्थी था और गरीबों के प्रति सहानुभूति रखता था।

मार्क्स थोड़े समय के लिए अमेरिका में प्राध्यापक रहा। बाद में, उसने एक पत्रकार का जीवन व्यतीत किया। 1843 ई० में उसकी शादी जेनी से हुई। क्रांतिकारी विचारों के कारण, उसे पेरिस से निकाल दिया गया और उसने जीवन के अंतिम दिनों तक लंदन की सबसे गंदी बस्तियों में अपना जीवन बिताया। वहाँ उसकी भेंट ऐंजिल्स से हुई, जिसने हमेशा आर्थिक मदद की थी। 14 मार्च, 1883 ई० को इस महान मनीषी की जीवन लीला समाप्त हो गयी। **The Communist Manifesto** और **Das Capital** उसकी सर्वश्रेष्ठ रचनाएँ हैं।

मार्क्स के जीवन पर सबसे अधिक प्रभाव हीगल का पड़ा। विलियम थॉमसन, हॉगस्किन, ओवेन, एडमस्मिथ, रिकार्डो, संत साइमन, चार्ल्स फोरियर और केबेट भी उसके प्रेरणा स्रोत रहे।

संपूर्ण मार्क्स-दर्शन मूलतः निम्न चार प्रमुख सिद्धांतों पर आधारित है—

1. द्वन्द्वात्मक भौतिकवाद,
2. इतिहास की भौतिकवादी या आर्थिक व्याख्या,
3. वर्ग-संघर्ष का सिद्धांत और
4. अतिरिक्त मूल्य का सिद्धांत।

मार्क्स के संपूर्ण दर्शन का आधार द्वन्द्वात्मक भौतिकवाद है। इसके माध्यम से विश्व की समस्त समस्याओं के समाधान में मदद मिलती है। द्वन्द्ववाद हीगल की देन है। मार्क्स ने हीगल से द्वन्द्ववाद लिया। उसने विचार के स्थान पर पदार्थ शब्द का प्रयोग किया। द्वन्द्ववाद के तीन चरण होते हैं—वाद (Thesis), प्रतिवाद (Anti-Thesis) और संवाद (Synthesis)। मार्क्स के अनुसार,

"मेरी द्वन्द्वात्मक पद्धति न केवल हीगल की पद्धति से भिन्न है, बल्कि एकदम विपरीत है। मैंने हीगल के द्वन्द्ववाद को शीर्षासन की अवस्था में पाया और मैंने उसे पैरों पर खड़ा कर दिया।"[1]

मार्क्स-दर्शन की दूसरी कड़ी इतिहास की भौतिकवादी व्याख्या है। मार्क्स का कथन है कि मानव इतिहास में जो परिवर्तन होता है उसके पीछे आर्थिक शक्तियाँ होती हैं।

मार्क्स के शब्दों में, "सभी सामाजिक, राजनीतिक और बौद्धिक संबंध, सभी धार्मिक और कानूनी पद्धतियाँ, बौद्धिक दृष्टिकोण जो इतिहास के विकास-क्रम में जन्म लेते हैं, वे सब जीवन की भौतिक अवस्थाओं से उत्पन्न होते हैं।"[2]

मार्क्स ने मानव इतिहास को आर्थिक अवस्थाओं के आधार पर निम्न रूप से बाँटा है: (क) आदिम साम्यवाद का युग, (ख) दास युग, (ग) सामंती युग, (घ) पूँजीवादी युग, (ङ) समाजवादी, और (च) साम्यवादी युग।

समाजवादी व्यवस्था में उत्पादन शक्तियों पर सर्वहारा वर्ग का अधिकार रहेगा। पूँजीपतियों और शोषण का अंत होगा। समाज में, "प्रत्येक व्यक्ति अपनी योग्यतानुसार काम करेगा और अपने काम के अनुसार प्राप्त करेगा।"

समाजवादी युग के बाद साम्यवादी युग का प्रारम्भ होगा। इसमें एक वर्गहीन और राज्यविहीन समाज की स्थापना की जाएगी। इसमें पूर्णरूप से शोषण का अंत होगा। समाज में, "प्रत्येक व्यक्ति अपनी योग्यतानुसार काम करेगा और अपनी आवश्यकतानुसार प्राप्त करेगा।"

मार्क्स-दर्शन की तीसरी कड़ी है—वर्ग-संघर्ष का सिद्धांत। मानव इतिहास सदा दो वर्गों में विभाजित रहा है—पूँजीपति वर्ग और मजदूर वर्ग। मार्क्स का

---

1. "My dialectic method is not only different from the Hegelian but its direct opposite. I found the Hegelian dialectic standing on its head, I put it down on its feet."—Marx.
2. "All the social, political and intellectual relations, all religious and legal systems, all the theoretical outlooks which emerge in the course of history are derived from the material conditions of life."—Karl Marx.

कथन है, "अब तक के समस्त सामाजिक जीवन का इतिहास वर्ग-संघर्ष का ही इतिहास है।"[1]

वस्तुतः, पूँजीपति और मजदूरों में संघर्ष सदा चलता रहता है। पूँजीपति कम मजदूरी देकर अधिक से अधिक श्रम लेना चाहता है और मजदूर अपने श्रम का उचित लाभ लेना चाहता है। इसी में, दोनों में संघर्ष चलता रहता है।

मार्क्स-दर्शन की चौथी कड़ी—अतिरिक्त मूल्य का सिद्धांत है। मार्क्स के अनुसार, प्रत्येक वस्तु के दो मूल्य होते हैं—(क) उपयोग मूल्य और (ख) विनिमय मूल्य।

मजदूर श्रम तो अधिक करता है लेकिन मजदूरी उस अनुपात में बहुत कम दी जाती है। लागत के मूल्य और बिक्री के मूल्य के अंतर को अतिरिक्त मूल्य कहते हैं। मार्क्स के शब्दों में, "यह उन दो मूल्यों का अंतर है जिसे मजदूर पैदा करता है और जिसे वह वास्तव में पाता है।"[2]

मार्क्स ने समाजवादी राज्य की कल्पना की है। उसके अनुसार, "राज्य की उत्पत्ति वैयक्तिक संपत्ति और समाज में वर्ग-विभेद से हुई।"

अंतोगत्वा, समाजवादी राज्य साम्यवादी राज्य में परिवर्तित होगा। जिसमें, शोषण और द्वंद्ववाद की प्रक्रिया दोनों का अंत होगा। इसमें निर्देशित सिद्धांत होगा, "प्रत्येक व्यक्ति अपनी योग्यतानुसार काम करेगा और अपनी आवश्यकतानुसार प्राप्त करेगा।"

1. "The history of all hitherto society is the history of class struggle."—Karl Marx.
2. "Surplus value is the difference between the value of the wages which a labour produces and which he actually receives."—Karl Marx.

# विषय-सूची
# (Contents)

## जॉन स्टुअर्ट मिल
## (John Stuart Mill)



## टॉमस हिल ग्रीन
## (Thomas Hill Green)

## कार्ल मार्क्स
## (Karl Marx)



## परिशिष्ट

# जर्मी बेन्थम
# (Jeremy Bentham)
# (1748-1832)

# 1

# बेन्थम का जीवन तथा रचनाएँ
# (The Life and Works of Bentham)

### 1. जन्म तथा शैशवावस्था (Birth and Childhood) : 15 फरवरी 1748–6 जून 1832

बेन्थम का जन्म 15 फरवरी 1748 को लन्दन के एक संपन्न अधिवक्ता परिवार में हुआ। उनके पिता तथा पितामह दोनों विख्यात वकील थे। वह बचपन से ही कुशाग्र बुद्धि तथा अध्ययनशील प्रवृति का था। वह आर्थिक चिन्ता से सदा मुक्त रहा और उसने अपने जीवन को अध्ययन तथा मनन में व्यतीत किया। कहा जाता है कि वह तीन वर्ष की आयु में ही लैटिन भाषा और अँग्रेजी में लिखी हुई इतिहास की पुस्तकों को पढ़ लेता था। छः वर्ष की उम्र में, वह फ्रेंच भाषा में वाल्टेयर की पुस्तकों को पढ़ लेता था।

### 2. शिक्षा (Education)

1755 ई॰ में बेन्थम ने लंदन के वेस्टमिनस्टर स्कूल में विद्या अध्ययन का कार्य आरम्भ किया तथा वहाँ लैटिन भाषा में कविताएँ लिखने में ख्याति प्राप्त की। उसने सोलह वर्ष में ही ऑक्सफोर्ड विश्वविद्यालय के क्वीन्स कॉलेज से बी॰ ए॰ की डिग्री प्राप्त की। तत्पश्चात 1763 ई॰ में ही, उसने कानून की शिक्षा प्राप्त करने के लिए **लिंकन्स इन** (Lincolns Inn) में प्रवेश किया। 1772 में उसने बैरिस्ट्री पास की।

### 3. पेशा: लेखन कार्य (Profession: Writing Work)

बेन्थम ने कुछ दिनों तक वकालत शुरू की। लेकिन, शीघ्र ही उसे इस व्यवसाय के प्रति घृणा उत्पन्न हो गयी। अतएव, उसने वकालत को छोड़कर,

संपूर्ण जीवन लेखन कार्य में व्यतीत किया। 1776 ई॰ में उसे उत्तराधिकार में कुछ संपत्ति प्राप्त हुई, जिससे वह जीविका के उपार्जन की चिंता से मुक्त हो गया। वह प्रीस्टले की पुस्तक **शासन पर निबन्ध** (Essay on Government) से काफी प्रभावित हुआ। उसमें हयेसन की पुस्तक से उद्घृत यह विचार कि —अपने अधिकतम सदस्यों का अधिकतम सुख ही वह मापदण्ड है जिससे कि उस राज्य का मूल्यांकन किया जाना चाहिए—बेन्थम को काफी प्रेरणा मिली।

बेन्थम एक जबर्दस्त लेखक था। वह जीवन के अंतिम दिनों तक लिखता रहा। अनुमानतः उसने अपने जीवनकाल में करीब एक लाख पृष्ठ लिखे। उसके लेखों की पांडुलिपियाँ 148 संदूकों में बन्द लंदन विश्वविद्यालय और ब्रिटिश म्यूजियम में आज भी सुरक्षित है। उसके कुल लेख बाईस खण्डों में संग्रहित हैं।

### 4. भ्रमण (Visit)

1775 ई॰ में, बेन्थम यूरोप के भ्रमण पर निकला। वह वहाँ के सभी महत्वपूर्ण देशों में गया। लेकिन, उसने अधिक समय रूस में व्यतीत किया, जहाँ उसका भाई जल-सेना में इंजीनियर था। 1788 ई॰ में वह इंग्लैंड लौट आया तथा उसने अपना जीवन अविवाहित रह कर अपने पिता के मकान में व्यतीत किया।

### 5. संपर्क (Contact)

बेन्थम अपनी रचनाओं के कारण देश के प्रमुख व्यक्तियों के संपर्क में आए। इनका विशेष संबंध **शेल्बर्न** (Shelburne), **विलियम पिट** (William Pit), **रोमिली** (Romilly), **डुमांट** (Dumant), **कैमडन** (Camden), **डनिंग** (Dunning) जैसे व्यक्तियों से रहा। डुमांट ने बेन्थम के विचारों को फ्रेंच भाषा में अनुवादित कर—फ्रांस, पुर्तगाल, स्पेन, दक्षिण अमेरिका और रूस में काफी प्रचार किया।

ब्रिटिश संसद में **लार्ड ब्राऊघम** (Lord Brougham), **ह्यूम** (Joseph Hume), **सर फ्रेंसिस बडेंट, डेनियल ओकोनेल** जैसे लोग प्रशंसक थे, जो इनके प्रस्तावों और विचारों को संसद तक पहुँचाते थे।

### 6. महान सुधारक (Great Reformist)—टोरी तथा उदारवादी (Tory and Liberal)

**(क) टोरी**—बेन्थम अपने समय का महान सुधारक था। उसका जीवन अठारहवीं एवं उन्नीसवीं दोनों शताब्दियों में बीता। अठारहवीं शताब्दी में वह रूढ़िवादी था तथा टोरी दल के साथ उसकी सहानुभूति थी। वह इंग्लैंड के

कानून, जेल, शिक्षा, न्याय में सुधार लाना चाहता था। उसने कई सुधार के प्रस्ताव प्रस्तुत किए। लेकिन, टोरी सरकार ने ध्यान नहीं दिया। इसके साथ ही, वहाँ का धनिक वर्ग उसके सुधारों का प्रबल विरोधी था।

**( ख ) उदारवादी**—अतएव उन्नीसवीं शताब्दी में, बेन्थम उदारवादी बन गया। उसका संपर्क जेम्स मिल से हुआ, जो उदारवादी था। मिल ने उसे विश्वास दिलाया कि इंग्लैंड में वैधानिक सुधार तभी हो सकता है जबकि वहाँ राजनीतिक सुधार करके, प्रतिनिधत्व का विस्तार किया जाए।

1822 ई० में बेन्थम ने **वेस्टमिन्स्टर रिव्यू** पत्रिका का प्रकाशन प्रारम्भ किया, जिसके माध्यम से अपने सुझावों और प्रस्तावों को सरकार तक पहुँचाया। लेकिन, उसकी मृत्यु के बाद ही, सरकार उसके सुझावों को मूर्त रूप दे सकी। 1832 ई० में महान सुधार अधिनियम (Great Reform Act) पास कर, सरकार ने बेन्थम के प्रति श्रद्धांजलि अर्पित की।

### 7. निधन (Death)

6 जून, 1832 को बेन्थम का निधन हुआ। उसके वसीयतनामे के अनुसार —उसका शरीर दफनाया न जाए, बल्कि उसे जीवशास्त्रियों को अर्पित किया जाए जिससे कि वे अपना ज्ञानार्जन कर सकें। उसकी इस कामना को पूर्ण किया गया तथा आज भी उसका अस्थि-पिंजर लंदन विश्वविद्यालय के संग्रहालय में मोम के अन्दर सुरक्षित रखा हुआ है।

डायल ने उसके निधन पर लिखा है कि एक शिष्य समूह द्वारा पितामह, आध्यात्मिक नेता और प्राय: देवता के समान सम्मानित 84 वर्ष की आयु में जर्मी बेन्थम की मृत्यु हुई।[1]

बेन्थम ने जेम्स मिल, जे० एस० मिल को लेकर एक स्कूल की स्थापना की जो प्लेटो के बाद बेजोड़ सिद्ध हुआ।

## बेन्थम की रचनाएँ
## (The Works of Bentham)

बेन्थम की रचनाएँ राजनीतिविज्ञान, नीतिशास्त्र, मनोविज्ञान, अर्थशास्त्र, तर्कशास्त्र, शिक्षाशास्त्र, धर्मशास्त्र, आदि सभी विषयों को समाविष्ट करती है। उसकी प्रमुख रचनाएँ अग्रलिखित हैं—

---

1. "Jeremy Bentham died, at the age of eighty-four venerated by a group of disciples as a patriarch, a spiritual leader, almost a god."—Doyle.

1. *Fragment on Government* (1776)
2. *Defence of Usury* (1787)
3. *An Introduction to the Principles of Morals and Legislation* (1789)
4. *Essay on Political Tactics* (1791)
5. *Discourses on Civil and Penal Legislation* (1802)
6. *Catechism of Parliamentary Reforms* (1809)
7. *A Theory of Punishment and Rewards* (1811)
8. *A Treatise on Judicial Evidence* (1813)
9. *Christomathia* (1816)
10. *Papers upon Codification and Public Instruction* (1817)
11. *Church of England*
12. *Radicalism not Dangerous* (1819)
13. *Constitutional Code* (1830)
14. *Science of Morality* (1834)
15. *Emancipate Your Colonies*
16. *A Table of the Springs of Action*
17. *Principles of International Law*
18. *Anarchical Fallacies*
19. *Manual of Political Economy*.

उपर्युक्त सभी रचनाओं में बेन्थम की प्रथम तथा तृतीय राजनीतिविज्ञान पर सर्वाधिक महत्वपूर्ण है।

# 2

# बेन्थम का उपयोगितावाद
# (Bentham's Utilitarianism)

## भूमिका
## (Introduction)

उपयोगितावाद का बीजारोपण **अरिस्टिप्पस** (Aristippus) के विचारों में हो चुका था। आगे चलकर **एपिक्यूरियन** (Epicurean) विचारक ने इस पर विचार किया। लेकिन, आधुनिक युग में **ह्यूम** (Hume) पहला दार्शनिक है जिसने उपयोगितावाद सिद्धांत को जन्म दिया। इसके बाद इंग्लैंड के **प्रीस्टले** (Priestley), **हचेसन** (Hutcheson) और **पेले** (Paley) तथा फ्रांस के **हेल्वेटियस** (Helvetius) ने इस सिद्धांत पर विचार किया। लेकिन, बेन्थम ही ऐसा विचारक निकला जिसने उपयोगितावादी स्कूल का जन्म दिया और उसका विकास पूर्णरूप से किया।

बेन्थम, प्रीस्टले के सिद्धांत—**अधिकतम व्यक्तियों का अधिकतम हित** (Greatest happiness of the greatest number) से काफी प्रभावित हुआ। उपयोगितावाद शब्द का प्रयोग बेन्थम नहीं, बल्कि सर्वप्रथम जे॰ एस॰ मिल ने किया। मिल ने अपनी एक पुस्तक का नाम ही **उपयोगितावाद (Utilitarianism)** रखा और इस सिद्धांत का काफी प्रचार किया।

बेन्थम एक बहुत बड़ा सुधारक भी था। वह अपने उपयोगितावादी सिद्धांत के माध्यम से सामाजिक, कानूनी और राजनीतिक क्षेत्र में बहुत बड़ा परिवर्तन लाना चाहता था। उसका कहना था कि इंग्लैंड का सामान्य कानून (Common Law) में परिवर्तन लाना चाहिए और पुराने नियमों की मान्यता व्यक्तिगत सुख पर होनी चाहिए। उसने कहा कि व्यक्तिगत अधिकारों की आधारशिला उपयोगितावाद

होनी चाहिए। प्रत्येक व्यक्ति को अपनी संपत्ति रखने और सुख अर्जन करने का अधिकार होना चाहिए। इसी संदर्भ में, उसने उपयोगितावादी सिद्धांत का प्रयोग किया है।

बेन्थम के उपयोगिता-सिद्धांत की सामान्य रूपरेखा उसकी पुस्तक **Fragment of Government** में और उसकी विस्तृत व्याख्या **Principles of Morals and Legislation** में मिलती है। उसके उपयोगितावाद की स्पष्ट व्याख्या निम्नलिखित रूप से की जा सकती है—

## उपयोगिता का अर्थ (Meaning of Utility)

बेन्थम ने उपयोगिता को किसी कार्य या वस्तु का वह गुण माना है, जो सुख की उत्पत्ति और दुःख का निवारण करके, संपूर्ण समाज का सामान्य हित या व्यक्ति-विशेष का व्यक्तिगत हित करती है।

बेन्थम के शब्दों में उपयोगिता का अर्थ है—किसी वस्तु का वह गुण, जिसके कारण वह हित, लाभ, आनन्द, अच्छाई या सुख को उत्पन्न करती है तथा क्षति, कष्ट, बुराई या दुःख को रोकती है। यह सुख सामान्य रूप से समाज का या विशिष्ट रूप से किसी व्यक्ति का हो सकता है।[1]

## उपयोगितावाद का सिद्धांत (Principle of Utility)

बेन्थम का उपयोगिता सिद्धांत-सुख की प्राप्ति और दुःख के निवारण का सिद्धांत है। उसके शब्दों में—उपयोगिता के सिद्धांत से हमारा तात्पर्य उस सिद्धांत से है, जिससे संबद्ध व्यक्ति की प्रसन्नता बढ़ती है या घटती है और जिसके आधार पर वह प्रत्येक कार्य को उचित या अनुचित ठहराता है। मैं यह बात प्रत्येक कार्य के लिए कहता हूँ और इसलिए मेरी यह बात किसी एक व्यक्ति पर नहीं, बल्कि प्रत्येक सरकारी कार्य के संबंध में भी लागू होती है।

बेन्थम इसकी व्याख्या करते हुए कहता है कि—उपयोगिता का सिद्धांत इस बात में है कि हम अपने तर्क की प्रत्येक प्रक्रिया में सुख और दुःख के तुलनात्मक अनुमान को अपना आरंभ बिंदु मानते हैं। जब हम अपने किसी सार्वजनिक या वैयक्तिक कार्य की अच्छाई या बुराई का निर्णय इस बात से करते

1. "By utility is meant that property in any object, whereby it tends to produce benefit, advantage, pleasure, good, or happiness, or to prevent the happening of mischief, pain, evil or unhappiness to the party if that party be the community in general, then the happiness of the Community, if a particular individual, then the happiness of that individual."—Bentham.

हैं कि उसकी प्रकृति सुख की वृद्धि करने की है या दुःख की, तब हम उपयोगिता के सिद्धांत का अनुसरण करते हैं।

बेन्थम की उपर्युक्त व्याख्या से स्पष्ट हो जाता है कि सुख-प्राप्ति ही प्रत्येक कार्य की उपयोगिता का मापदण्ड है और स्वयं अपने में ही जीवन का लक्ष्य है। धन, शक्ति, वैभव, आदि के समान संसार के सब भौतिक पदार्थ, यहाँ तक की सदाचार भी सुख प्राप्ति के साधन मात्र है।

## उपयोगिता के आधार
## (Bases of Utility)

### किसी वस्तु की उपयोगिता का मापदंड सुख और दुःख सिद्धांत है (The Utility of a Thing should be Determined by Pleasure and Pain Theory)

बेन्थम की उपयोगिता के आधार सुख और दुःख है। किसी भी वस्तु की उपयोगिता सुख और दुःख के आधार पर निश्चित करनी चाहिए। कोई भी व्यक्ति किसी कार्य को सुख के लिए ही करता है। बेन्थम का निष्कर्ष है कि किसी भी कार्य या वस्तु की उपयोगिता और अनुपयोगिता का मापदंड उससे प्राप्त होने वाला सुख और दुःख है। जिस कार्य से जितना अधिक सुख प्राप्त होता है, वह उतना ही अधिक उपयोगी और जिससे जितना अधिक दुःख प्राप्त होता है, वह उतना ही अधिक अनुपयोगी होता है।

बेन्थम ने सुख और दुःख को समस्त मानव कार्यों का आधार बताते हुए लिखा है कि—

प्रकृति ने मानव जाति को दो स्वामियों की अधीनता में रखा है—सुख और दुःख। केवल यही हमको यह बताते हैं कि हमें क्या करना चाहिए और यह निश्चित करते हैं कि हम क्या करेंगे। एक ओर उचित एवं अनुचित का मापदंड, और दूसरी ओर कार्य एवं कारण की शृंखला इनके सिंहासन से बँधी हुई है। हम जो कुछ करते, कहते और सोचते हैं, उस पर इन्हीं का शासन है। मनुष्य वाणी द्वारा इनके साम्राज्य का तिरस्कार करने का भले ही बहाना करें, पर वास्तव में वह आजीवन इसके अधीन रहता है।[1]

1. "Nature has placed mankind under the governance of two sovereign masters, pain and pleasure. It is for them alone to point out what we ought to do, as well as to determine what we shall do. On the one hand the standard of right and wrong on the other hand the chain of causes and effects, are fastened to their throne, they govern us in all we do, in all we say, in all we think. In words a man may pretend to adjure their empire, but in reality he will remain subject to it all the while."—Bentham.

इस प्रकार, व्यक्ति की प्रत्येक क्रिया का मूल्यांकन सुख और दु:ख के आधार पर होना चाहिए। अगर झूठ बोलने से सुख मिलता है तो उपयोगितावादी सिद्धांत के अनुसार वह सही है।

इससे यह स्पष्ट है कि उपयोगितावादी विचारक सुख को ही वांछनीय मानते हैं। उस सुख की प्राप्ति के लिए धर्म और शक्ति को साधन के रूप में प्रयोग किया जा सकता है।

## सुख-दु:ख का वर्गीकरण
## (Classification of Pleasure Pain)

सुख-दु:ख के स्वरूप को समझाने के लिए बेन्थम उन्हें दो भागों में विभाजित करता है—सामान्य और जटिल। उसने सामान्य सुख के चौदह और सामान्य दु:ख के बारह भेद बताए हैं, जो निम्न प्रकार है—

**(क) सामान्य सुख (Simple Pleasure)**

(i) इन्द्रिय सुख, (ii) वैभव सुख, (iii) कौशल सुख, (iv) मित्रता का सुख, (v) यज्ञ का सुख, (vi) शक्ति या सत्ता का सुख, (vii) कल्पना का सुख, (viii) धार्मिक सुख, (ix) दया का सुख, (x) निर्दयता का सुख, (xi) स्मृति सुख, (xii) आशा का सुख, (xiii) सम्पर्क या मिलन सुख, तथा (xiv) सहायता का सुख।

**(ख) सामान्य दु:ख (Simple Pain)**

(i) अभाव का दु:ख, (ii) इन्द्रियों का दु:ख, (iii) अकुशलता का दु:ख, (iv) शत्रुता का दु:ख, (v) अपयश का दु:ख, (vi) धार्मिकता का दु:ख, (vii) उदारता का दु:ख, (viii) ईर्ष्या का दु:ख, (ix) स्मृति का दु:ख, (x) कल्पना का दु:ख, (xi) आशा का दु:ख, तथा (xii) संपर्क का दु:ख।

दोनों सूचियों में कुछ सुख और दु:ख समान हैं। इसका कारण यह है कि एक ही कार्य हममें दोनों प्रकार की भावनाएँ उत्पन्न कर सकता है। जैसे, किसी संकटग्रस्त व्यक्ति के प्रति उदारता का कोई कार्य करके हमें सुख अनुभव होता है। लेकिन, यदि हमें यह ज्ञात हो जाता है कि वह व्यक्ति ढोंगी था, तो हमको उदारता के कार्य से दु:ख होता है।

इसके साथ ही, प्रत्येक सामान्य सुख और दु:ख जब किसी अन्य सामान्य सुख या दु:ख से संयुक्त हो जाता है, तब वह जटिल सुख या दु:ख का रूप धारण कर लेता है।

बेन्थम का मत है कि प्रत्येक व्यक्ति सुख की आकांक्षा करता है और दु:ख को त्यागना चाहता है।

## सुखमापक गणना पद्धति
## (Hedonistic Calculus)

किसी वस्तु की उपयोगिता को निश्चित करने वाली सुख-दुःख की मात्रा की गणना एक कठिन समस्या है क्योंकि, सुख-दुःख विशुद्ध रूप से मानसिक अनुभूतियाँ हैं, जिन्हें नापा-तौला नहीं जा सकता है। लेकिन, बेन्थम सुख-दुःख को नापने हेतु सुखमापक गणना पद्धति को प्रस्तावित करता है जिसके अंतर्गत निम्नलिखित सात कसौटियाँ होती हैं—

(i) तीव्रता (Intensity), (ii) स्थिरता (Duration), (iii) निश्चितता (Certainty), (iv) समय की समीपता या दूरी (Propinquity or Remoteness), (v) उत्पादकता (Fecundity), (vi) विशुद्धता (Purity), तथा (vii) विस्तृतता (Extent)।

बेन्थम का कहना है कि इन्हीं सात कसौटियों के आधार पर सुख और दुःख को मापा जा सकता है। अगर सुख दीर्घकालीन होता है तो वह दुःख से अच्छा होता है। उसका मत है कि एक ओर सभी सुखों के सभी मूल्यों को जोड़ लीजिए तथा दूसरी ओर दुःखों के मूल्यों को, यदि घटाने पर सुख की मात्रा अधिक रहे तो इसका यह अर्थ हुआ कि अमुक कार्य समग्र दृष्टि से अच्छा है और यदि दुःख रहे तो वह समग्र दृष्टि से बुरा है।

बेन्थम ने सभी कसौटियों में विशुद्धता और उत्पादकता को सबसे अधिक महत्व दिया है। उसने इन कसौटियों के अतिरिक्त बत्तीस कारकों का उल्लेख किया है। जैसे आयु, लिंग, शिक्षा, स्वास्थ्य, मनोवृत्ति, वंश-परम्परा, आर्थिक दशा, सामाजिक स्थिति, शारीरिक बल, शारीरिक दोष, ज्ञान, मानसिक शक्ति, इत्यादि। सुख-दुःख के निर्धारण में कसौटियों के साथ इन कारकों को भी ध्यान में रखा जाना चाहिए।

बेन्थम का विचार है कि उपर्युक्त कसौटियों और कारकों का प्रयोग करके हम न सिर्फ सुख-दुःख की नाप तोल कर सकते हैं, बल्कि इसके द्वारा धार्मिक, सामाजिक, आर्थिक, राजनीतिक और नैतिक आस्थाओं एवं मूल्यों का निर्धारण भी कर सकते हैं।

बेन्थम ने सुखमापक गणनापद्धति और उपयोगितावादी सिद्धांत का प्रतिपादन मुख्य रूप से विधायकों और राजनीतिज्ञों के लिए किया है, नैतिक वादियों के लिए नहीं।

## सुख का अंतर मात्रा में, गुण में नहीं (Pleasure Differs in Quantity and not in Quality)

बेन्थम के उपयोगितावादी सिद्धांत के अनुसार सुख में केवल मात्रा का विभेद होता है, गुण का नहीं। दूसरे शब्दों में कहा जा सकता है कि सुख का कम या अधिक हो सकता है, लेकिन एक सुख दूसरे सुख की तुलना में निम्न श्रेणी का नहीं हो सकता है। इस संदर्भ में, बेन्थम का कथन है कि—सुख की मात्रा समान होने पर पुश्पिन (एक प्रकार का बच्चों का खेल) भी उतना ही श्रेष्ठ है, जितना कि काव्य पाठ।[1]

## सुख-दुःख के स्रोतः उपयोगिता सिद्धांत की स्वीकृति (Sources of Pleasure and Pain : Sanction of the Principle of Utility)

बेन्थम ने अधिकतम व्यक्तियों के अधिकतम सुख के सिद्धांत का प्रतिपादन किया है। लेकिन, प्रश्न यह है कि सभी व्यक्ति अपने सुख की आकांक्षा करे, तो दूसरे के सुख की कल्पना कैसे की जा सकती है। अतएव, व्यक्तिगत अधिकतम सुख और सार्वजनिक अधिकतम सुख दोनों संभव नहीं हैं। लेकिन, दोनों में प्राकृतिक रूप से समन्वय स्थापित करने के लिए बेन्थम ने निम्नलिखित पाँच सुख और दुःख के स्रोतों का उल्लेख किया है जिसे नैतिकता की स्वीकृति (The Sanction of Morality) भी कहते हैं।

**(i) प्राकृतिक स्वीकृति (Physical Sanction)**

जब कोई सुख या दुःख प्राकृतिक घटनाओं के कारण होता है, तो वह प्राकृतिक सुख या दुःख कहलाता है। जैसे—अतिवृष्टि और अनावृष्टि के कारण।

**(ii) शारीरिक स्वीकृति (Physical Sanction)**

कोई व्यक्ति अधिक नहीं खा सकता है, चूँकि उससे उल्टी होगी या फिर शारीरिक पीड़ा होगी।

**(iii) लोकप्रिय या सामाजिक स्वीकृति (Popular or Social Sanction)**

कोई व्यक्ति ऐसा कार्य नहीं करेगा जिससे उसकी प्रतिष्ठा को धक्का लगे या समाज उसकी आलोचना करें। अगर वह गलत कार्य करता है तो फिर वह समाज में नहीं रह सकता है।

1. "Quantity of pleasure being equal, Pushpin is as good as poetry."

**(iv) नैतिक या धार्मिक स्वीकृति (Moral or Religious Sanction)**

बेन्थम ने कहा है कि नैतिकता या धर्म का भी बहुत बड़ा हाथ सुख-दुःख के समन्वय में रहता है। लोग ईश्वर से भय खाते हैं।

**(v) राजनीतिक या कानूनी स्वीकृति (Political or Legal Sanction)**

सुख और दुःख राजनीतिक कानूनों के कारण भी प्राप्त होता है। अगर कोई व्यक्ति गलत कार्य करता है तो राज्य की ओर से उसे दंड दिया जाता है। इसलिए, वह दंड के भय से भी कोई बुरा कार्य नहीं कर सकता है।

इस प्रकार, सुख और दुःख को अप्राकृतिक रूप से इन्हीं साधनों के माध्यम से संतुलित किया जा सकता है।

संक्षेप में, यह कहा जा सकता है कि बेन्थम ने अपने उपयोगितावादी सिद्धांत के अंतर्गत सुखवाद नीति का अनुसरण किया है। उसकी सभी चीजों का मापदंड वैयक्तिक सुख होता है।

## बेन्थम के उपयोगितावाद का मूल्याकंन (Evaluation of Bentham's Utilitarianism)

### बेन्थम के उपयोगितावाद का दोष (Defects of Bentham's Utilitarianism)

बेन्थम के उपयोगिता सिद्धांत की घोर निन्दा की गई है। जिसका उल्लेख निम्नलिखित रूप से किया जा सकता है।

**1. भौतिकवादी सिद्धांत (Materialistic Theory)**

आलोचकों का कथन है कि बेन्थम का उपयोगिता सिद्धांत पूर्णतया भौतिकवादी है। क्योंकि, इसमें केवल भौतिक सुख या आनन्द को ही समस्त मानव क्रियाओं का प्रेरक का कारण माना गया है। प्रेम, सदाचार, त्याग, देशभक्ति, समाज-सेवा, परोपकार जैसे गुणों की उपेक्षा की गई है।

**2. अमनोवैज्ञानिक सिद्धांत (Unpsychological Theory)**

बेन्थम का उपयोगिता सिद्धांत अमनोवैज्ञानिक धरातल पर आधारित है। वह इस बात को समझाने में असमर्थ रहा है कि सुख या दुःख किसी कार्य के परिणाम को प्रकट करते हैं, न कि उसके कारण को।

**3. सिद्धांत का त्रुटिपूर्ण आधार (Wrongful Bases of the Theory)**

बेन्थम का उपयोगिता सिद्धांत इस त्रुटिपूर्ण धारणा पर आधारित है कि मनुष्य केवल स्वार्थ से प्रेरित होकर कार्य करते हैं और केवल अपने सुख की ही खोज करते हैं।

### 4. सुख-दु:ख का वर्गीकरण गलत (Classification of Pleasure-Pain Wrong)

बेन्थम ने चौदह सुखों और बारह दु:खों का उल्लेख किया है। वस्तुत:, सुख-दु:ख की सूची तैयार करना कठिन है। बत्तीस कारकों की भी सूची त्रुटिपूर्ण और अव्यावहारिक है।

### 5. सुख का अंतर मात्रा तथा गुण दोनों में (Pleasures Differ in Quantity and Quality Both)

बेन्थम का यह कथन कि सुख केवल मात्रा में पृथक होता है, गुण में नहीं, गलत है। **पुश्पिन खेल** और कविता दोनों के सुख में गुणात्मक अंतर है। जे॰ एस॰ मिल ने इसी आधार पर इसकी आलोचना की है।

### 6. सुखमापक गणना-पद्धति त्रुटिपूर्ण (Hedonistic Calculus Defective)

बेन्थम ने सुख या दु:ख को तीव्रता, स्थिरता, निश्चितता, समीपता, उत्पादकता, विशुद्धता और विस्तृतता की कसौटियों के द्वारा मापना चाहा है, जोकि सफल नहीं हो सका है मिल ने इस सिद्धांत का खंडन किया है। मेक्कन ने कहा है कि—राजनीति में अंकगणित का प्रयोग उतना ही निरर्थक है, जितना कि अंकगणित में राजनीति का।

### 7. उपयोगिता की स्वीकृति गलत (Sanction of Utility is Wrong)

बेन्थम ने अधिकतम व्यक्तिगत सुख और अधिकतम संख्या का सुख में प्राकृतिक शारीरिक, सामाजिक, धार्मिक और राजनीतिक स्वीकृति के माध्यम से समन्वय स्थापित करना चाहा है, जो व्यावहारिक नहीं है। मिल ने भी इसकी आलोचना की है तथा उसने मापदंड का आधार कार्य बताया है। सेबाइन ने कहा है कि—अधिकतम संख्या तथा अधिकतम सुख दोनों में कोई तर्कपूर्ण संबंध नहीं हैं।[1]

### 8. उपयोगितावादी सिद्धांत, राज्य सिद्धांत नहीं है (Utilitarian Theory is not a Theory of State)

उपयोगितावादी सिद्धांत राज्य और सरकार दोनों को एक मानकर चलता है। इसलिए, उसके जितने भी सिद्धांत हैं—वे सरकार संबंधी है, राज्य संबंधी नहीं।

---

1. Pushpin is a kind of play.

**9. मानव अंतःकरण की उपेक्षा (Negligence of Human Conscience)**

बेन्थम का विश्वास है कि सुख और दुःख ही हमारे संपूर्ण विचार तथा संपूर्ण भाषण को निर्धारित करते हैं। उसने कार्य-निर्धारण में मानव के अंतःकरण की पूर्ण उपेक्षा की है।[1]

**10. व्यक्तिवाद का समर्थन (Support of Individualism)**

आलोचकों का मत है कि बेन्थम का उपयोगिता, सिद्धांत व्यक्तिवाद का प्रबल समर्थन करता है। वह अधिकतम व्यक्तियों के अधिकतम सुख का उल्लेख करके प्रत्यक्ष रूप में समाज के कल्याण के लिए अपनी चिंता प्रदर्शित करता है, लेकिन चतुराई से यह कहता है कि समाज केवल व्यक्तियों का संग्रहमात्र है। अतएव, समाज के सुख को निर्धारित करते समय उसके प्रत्येक सदस्य के सुख पर ध्यान दिया जाना आवश्यक है।

**11. अल्पसंख्यकों का दमन (Suppression of Minority)**

बेन्थम का उपयोगितावादी सिद्धांत बहुसंख्यकों को अल्पसंख्यकों का दमन करने का अवसर और आधार प्रदान करने वाला है। क्योंकि, वह प्रत्येक व्यक्ति से सुख पर नहीं, बल्कि अधिकतम व्यक्तियों के सुख का बल देता है। अर्थात् वह अल्पसंख्यकों के सुख के प्रति चिंतित नहीं है।

## बेन्थम के उपयोगिता के गुण
## (Merits of Bentham's Utilitarianism)

उपर्युक्त दोषों के बावजूद बेन्थम के उपयोगितावाद के निम्नांकित गुण विशेष रूप से उल्लेखनीय हैं जो विभिन्न विचारकों द्वारा व्यक्त किए गये हैं—

**1. टी० एच० ग्रीन (T.H. Green)**

"सुखवादी मनोविज्ञान के कारण उपयोगिता-सिद्धांत में चाहे जो भी त्रुटियों हों, पर सामाजिक और राजनीतिक सुधार के लिए इतनी सत्य बातों सहित तथा इतनी सरलतापूर्वक प्रयोग किया जाने वाला और कोई सिद्धांत नहीं है। अन्य किसी भी सिद्धांत ने आदेशात्मक नियमों और संस्थाओं की आलोचना के लिए इतना शक्तिशाली दृष्टिकोण नहीं प्रदान किया है।"

**2. सर हेनरी मेन (Sir Henry Maine)**

"विशाल पैमाने पर विधि-निर्माण कार्य के लिए केवल एक ही संभव सिद्धांत समझ में आता है और वह है अधिकतम व्यक्तियों का अधिकतम सुख।"

---

1. "There is no logical connection between the greatest number and greatest happiness."—Sabine.

**3. मेक डॉनाल्ड (Mc Donald)**

"यद्यपि सुख मापक गणना-पद्धति मनोवैज्ञानिक दृष्टि से निरर्थक है, पर जिस विधि-निर्माण कार्य के लिए इसका आविष्कार किया गया था, उसके लिए यह पूर्णतया निरर्थक नहीं है।"

**4. हरमॉन (Harmon)**

बेन्थम के इस विचार की, कि सरकार को इस प्रकार कार्य करना चाहिए, जिससे अधिकतम व्यक्तियों के सुख में अधिकतम वृद्धि और दुःख में अधिकतम कमी हो, किसी भी प्रजातंत्रीय व्यवस्था में अस्वीकार नहीं किया जा सकता है।

## निष्कर्ष

बेन्थम के उपयोगिता सिद्धांत के गुण-दोषों का सम्यक विवेचन करते हुए एबेन्स्टीन का निष्कर्ष है "उपयोगिता के सिद्धांत का प्रेरणाविहीन होने, पर्याप्त कल्पनाशील न होने और पूर्णतया विचारहीन होने के कारण आलोचना की जा सकती है। लेकिन, ऐसी आलोचना के बावजूद, जो किसी सीमा तक उचित है, बेन्थम ने उन्नीसवीं शताब्दी के किसी अन्य मनुष्य की अपेक्षा ब्रिटिश संस्थाओं के रूप में अधिक परिवर्तन किया।"[1]

इस प्रकार, राजनीतिविज्ञान के इतिहास में बेन्थम के उपयोगितावाद का विशेष महत्व रहा है।

---

1. "The principle of utility can be criticised for being uninspiring, not imaginative enough, and merely mechanical, yet despite such criticisms, to some extent justified, Bentham changed the Character of British institutions more than any other man in the nineteenth century."—Ebenstein.

# 3

# बेन्थम के राजनीतिक विचार
# (Bentham's Political Ideas)

## बेन्थम के राज्य-संबंधी विचार
## (Bentham's Views on State)

### 1. राज्य की उत्पत्ति के सामाजिक समझौते का खण्डन (Rejection of the Social Contract of the Origin of State)

बेन्थम के पूर्व राज्य की उत्पत्ति का आधार सामाजिक समझौता माना जाता था। हॉब्स, लॉक और रूसो इसके मुख्य प्रतिपादक थे। बेन्थम ने सामाजिक समझौते का घोर विरोध किया। उसके अनुसार ऐसा समझौता कभी नहीं हुआ था और यदि कोई ऐसा समझौता हुआ भी हो, तो वह वर्तमान पीढ़ी को उससे नहीं बाँध सकता था।

### 2. राज्य की उत्पत्ति, उपयोगिता के कारण (State Originated Due to Utility)

बेन्थम ने राज्य की उत्पत्ति और अस्तित्व का एकमात्र कारण उसकी उपयोगिता बताया है। उसके शब्दों में—राज्य व्यक्तियों का एक ऐसा समूह है, जो लोगों के लिए उपयोगिता को बनाए रखने तथा उसकी अभिवृद्धि करने के लिए संगठित किया जाता है।

### 3. राजाज्ञा का पालन (Obedience of State)

बेन्थम का कथन है कि व्यक्ति राज्य की आज्ञाओं का पालन इसलिए नहीं करता है, क्योंकि उसके पूर्वजों ने इस बात का समझौता किया था। इसके

विपरीत, वह राज्य के आदेशों का पालन इसलिए करता है, क्योंकि ऐसा करने से उसका हित होता है। अतः, राज्य का आधार समझौता न होकर, व्यक्ति के लिए उसकी आवश्यकता और उपयोगिता है। उपयोगिता के ही कारण राज्य का जन्म हुआ तथा उपयोगिता के ही कारण उसका अस्तित्व आज भी है।

बेन्थम के शब्दों में, राज्य की आज्ञा का पालन मनुष्य इसलिए करते हैं कि ऐसा करना उनके लिए लाभदायक और उपयोगी है तथा आज्ञापालन के संभावित दोष, अवज्ञा के संभावित दोषों की अपेक्षा कम है।

**4. राज्य के उद्देश्य (Aim of State )**

बेन्थम ने राज्य का एकमात्र उद्देश्य—अधिकतम व्यक्तियों का अधिकतम सुख माना है। इसका यह अर्थ है कि राज्य को व्यक्ति के चारित्रिक विकास से कोई प्रयोजन नहीं है।

**5. व्यक्ति साध्य : राज्य साधन (Individual End : State Means)**

बेन्थम ने व्यक्ति को साध्य और राज्य को साधन माना है। इससे यह स्पष्ट है कि राज्य व्यक्ति के लिए है, व्यक्ति राज्य के लिए नहीं। राज्य एक आवश्यक बुराई है। अतः, राज्य का नियंत्रण व्यक्ति पर कम से कम हो। वह कम से कम कानून बनाए और अधिक से अधिक व्यक्ति को स्वतंत्रता प्रदान करे।

**6. राजाज्ञा के विरोध (Disobedience of State)**

यदि राज्य के कानूनों से व्यक्तियों का अहित होता है, तो उन्हें उनका विरोध करने का नैतिक अधिकार है। गेटेल के शब्दों में—सर्वोच्च शक्ति का विरोध करना नैतिक अधिकार हो सकता है, यदि विद्रोह करने से हानि की अपेक्षा लाभ अधिक होने की संभावना है, तो विरोध करना नैतिक कर्तव्य भी बन सकता है।

इस प्रकार, बेन्थम ने राज्य का एक व्यक्तिवादी चित्र उपस्थित किया है जिसमें व्यक्ति प्रधान और राज्य गौण होता है।

## प्राकृतिक नियम
## (Natural Law)

**प्राकृतिक नियम का खंडन (Refutation of Natural Law)**

बेन्थम ने प्राकृतिक नियमों के अस्तित्व का अपने उपयोगिता—सिद्धांत के आधार पर खंडन किया है। उसका कथन है कि राजनीतिक समाज का संप्रभु अपनी जिस महत्वपूर्ण इच्छा को अपने आदेश द्वारा अभिव्यक्त करता है, वही नियम या कानून है। इसके विरुद्ध व्यक्तियों को कोई प्राकृतिक अधिकार नहीं

है। अतएव, प्राकृतिक कानून की कल्पना नितांत अनुचित है। व्यवहार में मानवीय कानून का ही अस्तित्व संभव होता है।

## प्राकृतिक अधिकार
## (Natural Rights)

**प्राकृतिक अधिकार का खंडन (Refutation of Natural Rights)**

बेन्थम ने लॉक के प्राकृतिक अधिकारों का खंडन किया है। उसने कहा है कि मनुष्य केवल उन्हीं अधिकारों का उपयोग कर सकते हैं जो उन्हें कानून द्वारा प्रदान किए जाते हैं। अधिकार राज्य में ही संभव है। राज्य ही अधिकार का निर्माता है। बेन्थम का विचार है कि व्यक्तियों के सभी अधिकार राज्य के अंतर्गत आते हैं और उसकी सीमा के बाहर उनके कोई अधिकार नहीं हैं। अतएव, प्राकृतिक अधिकारों की बात निरी बकवास, आलंकारिक बकवास और शब्दाडंबर पूर्ण बकवास है।[1]

अधिकारों के द्वारा व्यक्ति अपने सुखमय जीवन की प्राप्ति करता है। इस आधार पर बेन्थम अधिकार की परिभाषा निम्न प्रकार देता है—अधिकार मानव के सुखमय जीवन के नियम हैं, जिन्हें राज्य के कानूनों द्वारा मान्यता प्रदान की जाती है।

बेन्थम अधिकारों के प्राकृतिक स्वरूप को अस्वीकार करते हुए उनके सामाजिक और वैधानिक स्वरूप पर बल देता है। उसके अनुसार अधिकार के दो प्रकार होते हैं—(क) कानूनी अधिकार और (ख) नैतिक अधिकार। कानूनी अधिकार मनुष्य के बाह्य आचरण को और नैतिक अधिकार उसके आंतरिक आचरण को नियंत्रित करते हैं।

बेन्थम अधिकारों के साथ कर्तव्यों पर भी जोर देता है। उसके अनुसार कर्तव्य रहित अधिकार निष्प्राण और महत्वहीन है। अतएव, कर्तव्य और अधिकार दोनों अपनी सार्थकता के लिए एक-दूसरे पर आश्रित हैं।

## स्वतंत्रता तथा समानता
## (Liberty and Equality)

**स्वतंत्रता तथा समानता से सुरक्षा अधिक महत्वपूर्ण (Security is More Important than Liberty and Equality)**—बेन्थम का कथन है कि राज्य द्वारा कानून का निर्माण जनता के हित के लिए किया जाता है। अतः, उनका पालन करना जनता का अनिवार्य कर्तव्य है। इस दृष्टि से कानून एक प्रकार का

1. "Natural rights are simple nonsense, rhetorical nonsense and nonsense upon stilts."—Bentham.

प्रतिबंध है और इसलिए स्वतंत्रता का विरोधी है। बेन्थम के अनुसार व्यक्ति की स्वतंत्रता से अधिक सुरक्षा की आवश्यकता है। इसलिए, स्वतंत्रता या समानता को शाश्वत सत्य मानना अज्ञानता का सूचक है।

इस प्रकार, बेन्थम ने अपनी विचारधारा में स्वतंत्रता और समानता को गौण स्थान दिया है। जैसा कि सोरले के शब्दों से स्पष्ट है—"कानून का मुख्य उद्देश्य है—सुरक्षा और सुरक्षा के सिद्धांत का अभिप्राय है—उन सब आशाओं को स्थापित रखना, जिनकी स्वयं कानून ने सृष्टि की है। हम यह सकते हैं कि सुरक्षा—सुखी मानव जीवन की आवश्यकता है, पर समानता एक प्रकार की विलासिता है, जिसे कानून केवल उस सीमा तक उपलब्ध कर सकता है, जिस सीमा तक यह सुरक्षा में हस्तक्षेप न करे। जहाँ तक स्वतंत्रता का प्रश्न है, यह कानून का कोई मुख्य उद्देश्य नहीं है। यह सुरक्षा का ऐसा अंग है, जिसमें कानून द्वारा काट-छाँट की जानी आवश्यक है।"

इस प्रकार, बेन्थम के अनुसार अपने नागरिकों के लिए स्वतंत्रता की व्यवस्था करना राज्य का उद्देश्य नहीं है। उसके शब्दों में—सुख ही एक मात्र कसौटी है और स्वतंत्रता को उस कसौटी पर कसा जाना चाहिए। राज्य का ध्येय है—अधिकतम सुख, अधिकतम स्वतंत्रता नहीं।

## संप्रभुता
## (Sovereignty)

**1. संप्रभुता उपयोगिता पर आधारित (Sovereignty Based on Utility)**—बेन्थम ने संप्रभुता का समर्थन किया है और उसे राज्य के लिए नितांत आवश्यक बताया है। उसने राज्य के भीतर या बाहर की किसी शक्ति को प्रभुसत्ता का विरोध करने का कोई कानूनी अधिकार नहीं दिया है। उसके अनुसार—प्रभुसत्ता की शक्तियाँ असीमित और अपरिमित हैं। प्रभुसत्ता कोई भी कानून बना सकती है और कोई भी आदेश दे सकती है। उसकी आज्ञाओं का पालन अनिवार्य है, क्योंकि वही समस्त शक्तियों का उद्गम स्थान है। इस प्रकार, बेन्थम ने प्रभुसत्ता को संपूर्ण शक्तियों से संपन्न करके, निरपेक्ष और निष्प्रतिबंध माना है।

बेन्थम ने कानून-निर्माण करने वाली शक्ति को प्रभुसत्ता माना है, पर उसने उसको राज्य में सर्वोच्च स्थान प्रदान नहीं किया है। बेन्थम का कहना है कि प्रभुसत्ता पर स्वयं अपनी क्षमता की और लोकमत की सीमा है। वह उन्हीं कानूनों और आदेशों का पालन करवा सकती है, जिनका पालन करवाने की उसमें क्षमता है। यदि उनसे जनता का अहित होता है, तो वह उनका सामान्यरूप से या क्रांति के द्वारा विरोध कर सकती है। वह उसी सीमा तक उनके अनुसार आचरण करने

के लिए बाध्य है, जिस सीमा तक वे उसके लिए उपयोगी है। यह मत व्यक्त करके बेन्थम ने अपनी प्रभुसत्ता की धारणा को उपयोगिता से संबद्ध किया है। मैक्सी का कथन है कि—बेन्थम का विचार है कि प्रभुसत्ता के अधिकार और उसका विरोध करने वालों के अधिकार का निश्चय उपयोगिता के सिद्धांत के आधार पर किया जाना चाहिए।

इस प्रकार, बेन्थम ने प्रभुसत्ता की शक्ति को असीमित और अपरिमित बताते हुए भी, उसको लोकमत की परिधि के अंतर्गत स्थान दिया है। बेन्थम के शब्दों में—यद्यपि सर्वोच्च शासक की शक्ति अपरिमित नहीं है, लेकिन वह किसी स्पष्ट परिपाटी द्वारा सीमित नहीं की गई है, तो निर्धारित अवश्य होनी चाहिए।

## सरकार
## (Government)

### 1. सरकार का लक्ष्य—अधिकतम सुख (Govt's Aim—Greatest Happiness)

बेन्थम की सरकार भी उपयोगिता पर आधारित है। उसका कहना है कि शासन ऐसे सिद्धांतों पर आधारित होना चाहिए कि जिससे अधिकतम व्यक्तियों का अधिकतम सुख सिद्ध हो सके। शासन का उद्देश्य नागरिकों के सुख में वृद्धि करना होना चाहिए। इसी दृष्टिकोण को ध्यान में रखकर, शासन का निर्माण और संचालन होना चाहिए।

### 2. प्रजातंत्र का समर्थक (Supporter of Democracy)

बेन्थम प्रजातंत्र को सर्वश्रेष्ठ शासन मानता है। उसका मत है कि राजतंत्र में सिर्फ सर्वोच्च शासक का हित ही साधा जाता है, कुलीनतंत्र में सिर्फ कुछ ही कुलीन और धनी व्यक्तियों का हित साधन होता है, जबकि प्रजातंत्र में अधिकतम व्यक्तियों के अधिकतम सुख की साधना की जा सकती है। उसके शब्दों में—यह दुर्गुणी दुनिया गणतंत्रों में ढाल दिए जाने पर ठीक हो सकती है। डेविडसन का भी मत है—बेन्थम का विश्वास गणतंत्र में है, क्योंकि उसका विचार है—कि कार्यकुशलता, मितव्ययिता और जनता की सर्वोच्चता के लक्ष्य को गणतंत्र में ही प्राप्त किया जा सकता है।

शासकों के संबंध में बेन्थम का कहना है कि शासन सत्ता उन व्यक्तियों के हाथों में सौंपी जानी चाहिए, जिनके चरित्र में विवेक, परोपकार और शक्ति के तीन महान गुण हों। उनमें इस बात का विवेक हो कि वे समाज के वास्तविक हितों को ठीक प्रकार समझ सकें, उनमें इतनी शक्ति हो कि वे अपने ज्ञान को

व्यावहारिक रूप प्रदान कर सकें। विवेकी, परोपकारी और सामर्थ्यवान व्यक्ति ही शासक योग्य है।

बेन्थम इंग्लैंड की शासन-व्यवस्था से संतुष्ट नहीं था। उसके दोषों को दूर करने के लिए, उसने वयस्क मताधिकार, संसद का वार्षिक सत्र, गुप्त मतदान, एक सदनात्मक संसद, लार्डसभा का उन्मूलन, संसद द्वारा प्रधानमंत्री का निर्वाचन तथा प्रतियोगिता परीक्षाओं के आधार पर सरकारी पदाधिकारियों की नियुक्ति पर विशेष बल दिया।

बेन्थम का लक्ष्य था—गणतंत्र सरकार की स्थापना। जैसा कि डॉयल ने कहा है कि—बेन्थम का आदर्श था—निर्वाचक मंडल की वार्षिक देख-रेख में प्रतिनिधियों द्वारा निर्मित होने वाली सरकार का एक-सदनात्मक गणतंत्रीय स्वरूप।[1]

1. "Bentham's ideal form of government was republican, consisting of one house of delegates under the annual supervision of the electorate."—Doyle.

# 4

# बेन्थम एक सुधारक के रूप में
# (Bentham as a Reformist)

## I कानून में सुधार
## (Reforms in Law)

### 1. पृष्ठभूमि (Background)

बेन्थम अपने युग का एक बहुत बड़ा सुधारक था। वह इंग्लैंड के प्रत्येक क्षेत्र में सुधार लाना चाहता था। उसके जीवन का मुख्य लक्ष्य तत्कालीन इंग्लैंड के कानूनों में सुधार करना था। उनके दोषों के प्रति जनता और शासकों का ध्यान आकर्षित करते हुए, बेन्थम ने कहा—इंग्लैंड में जो बुराई है, वह मुख्य रूप से उसके कानूनों से संबंधित है। ये कानून असंगतियों और अस्पष्टताओं के बेतुके संग्रह हैं। इनमें अनेक पुरानी बुराइयाँ भरी हुई हैं और दंड तथा पुरस्कार अधितम सुख की पूर्ण उपेक्षा करके दिए जाते हैं। ये अपनी जटिलता और विशेषरूप से अपने नैतिक आदर्शों के कारण अब भी मध्यकालीन है।

बेन्थम ने उपयोगिता के आधार पर कानूनों में सुधार लाना चाहा है और कानून पर नूतन विचार निम्नलिखित रूप से प्रकट किया है—

### 2. कानून की परिभाषा (Definition of Law)

बेन्थम ने कानून को प्रभुसत्ता का आदेश और उसकी इच्छा की अभिव्यक्ति बताया है। उसके शब्दों में—कानून, विवेक या प्रकृति की अलौकिक आज्ञा नहीं है, वरन् केवल उस शक्ति का आदेश है, जिसका समाज के सदस्य स्वाभाविक रूप में पालन करते हैं।[1]

---

1. "Law is not a mystic mandate of reason or nature, but simply the command of that authority to which the members of the Community render habitual obedience."—Bentham.

राज्य उपयोगिता-वृद्धि का साधन है, जो इस कार्य को कानूनों की सहायता से करता है।

**3. कानून का उद्देश्य (Aim of Law)**

बेन्थम ने कानून को सुखवृद्धि और उपयोगिता का मापदंड मानकर, उसके निम्न चार उद्देश्य निर्धारित किए हैं—

(क) सुरक्षा (Security) (ख) संपन्नता (Abundance) (ग) समानता (Equality) (घ) आजीविका (Subsistance)

बेन्थम ने कानून के चारों उद्देश्यों में सुरक्षा को शीर्षस्थ स्थान दिया है।

**4. श्रेष्ठ कानून के लक्षण (Features of Good Law)**

बेन्थम के अनुसार कानून सरल, स्पष्ट, उपयोगी, व्यवहारिक जनोपयोगी और अधिकतम सुख की वृद्धि करने वाला होना चाहिए।

बेन्थम का मत है कि कानून की अच्छाई या बुराई उसकी उपयोगिता है, जो उसके परिणाम से जानी जा सकती है। यदि कानून का परिणाम या प्रभाव —जनता के सुख पक्ष में है, तो वह अच्छा है और विपक्ष में है, तो बुरा है।

**5. कानून का वर्गीकरण (Classification of Law)**

बेन्थम ने कानून के दोषों को दूर करने के लिए उन्हें निम्न चार वर्गों में संहिताबद्ध किया है—

(क) नागरिक कानून (Civil Law)

(ख) फौजदारी कानून (Criminal Law)

(ग) सांविधानिक कानून (Constitutional Law) तथा

(घ) अंतरराष्ट्रीय कानून (International Law)

बेन्थम ने विधि शास्त्र को राजनीति से पृथक करने को कहा, जो जॉन ऑस्टिन के द्वारा पूरा किया गया। कानून सुधार के क्षेत्र में बेन्थम का काफी प्रभाव पड़ा।

हेनरी मेन—हम बेन्थम से लेकर आज तक होने वाले ऐसे किसी वैधानिक सुधार को नहीं जानते जिस पर उसका प्रभाव न पड़ा हो।

वस्तुतः, बेन्थम के समय से अब तक विधि-व्यवस्था में जो सुधार हुए, वे बहुत कुछ उसी के प्रभाव के परिणाम हैं।

## II न्याय-व्यवस्था में सुधार
## (Reforms in Judicial System)

### न्याय-व्यवस्था के दोष (Defects of Judicial System)

इंग्लैंड की तत्कालीन न्याय-व्यवस्था में गंभीर दोष थे। उसमें भ्रष्टाचार, अव्यवस्था, अनियमितता और अनिश्चितता भरा हुआ था। रोमिली ने कहा है कि न्याय-व्यवस्था ऐसी थी, जिसे किसी भी सभ्य समाज के लिए अपमानजनक कहा जा सकता था। न्याय-व्यवस्था काफी खर्चीली थी। उसमें समय अधिक लगता था। छोटे अपराध के लिए मृत्युदंड दिया जाता था। न्याय रुपयों से खरीदा जाता था। बेन्थम ने कहा कि—इस देश में न्याय बेचा जाता है और बड़े महँगे दामों पर बेचा जाता है, जो व्यक्ति मूल्य नहीं चुका सकता, वह न्याय भी प्राप्त नहीं कर सकता है।

बेन्थम जजों को व्यवसायियों के तौर पर जज एण्ड क. (Judge and Co.) कहा करता था और उसका विचार था कि ये जज उन व्यक्तियों से निश्चित रूप से अधिक दुष्ट होते थे, जिन्हें भयंकरतम अपराधी कहकर उनके द्वारा मृत्युदंड दिया जाता था। कानूनों का निर्माण जजों के लाभ के लिए ही किया जाता था।

उपर्युक्त दोषों को दूर करने हेतु, बेन्थम ने न्याय-व्यवस्था में सुधार के लिए निम्नलिखित सुझाव दिए—

### 1. कानून में सुधार (Reforms in Law)

बेन्थम का कहना था कि न्याय-व्यवस्था के निरर्थक और अव्यावहारिक कानूनों को रद्द कर दिया जाए तथा शेष को सरल, स्पष्ट और सुबोध बनाकर, इस प्रकार रूपान्तरित कर दिया जाए कि उपयोगिता की दृष्टि से उनमें पूर्ण सुधार हो जाए।

### 2. वकालत में सुधार (Reforms in Practice)

वकीलों के बारे में बेन्थम की धारणा अत्यंत ही निम्न स्तर की थी। वकालत का व्यवसाय दोषपूर्ण था। वकीलों के संबंध में बेन्थम का मत था कि—ये आलसी, सत्य-असत्य का भेद करने में असमर्थ, अदूरदर्शी, जिद्दी, सार्वजनिक उपयोगिता के सिद्धांत की परवाह न करनेवाले, स्वार्थी और अधिकारियों के संकेत पर नाचने वाले होते हैं।

अतएव, बेन्थम ने वकीलों को अपने सदाचार, ईमानदारी और व्यवसाय के नैतिक स्तर को ऊँचा उठाने का सुझाव दिया है। उसने वकालत समाप्त करने को भी कहा है।

**3. न्यायालयों के संगठन में सुधार (Reforms in the Composition of Judiciary)**

बेन्थम ने न्यायालयों के संगठन में सुधार हेतु निम्नलिखित सुझाव दिए हैं—

(i) जूरी-प्रथा को समाप्त किया जाए।

(ii) गाँव के भद्रपुरुषों को न्याय-प्रशासकों में स्थान न दिया जाए।

(iii) न्यायधीशों और न्यायालयों के अन्य कर्मचारियों को फीस के स्थान पर वेतन दिया जाए।

(iv) न्यायालयों के क्षेत्राधिकारों को इस प्रकार निश्चित किया जाए कि वे एक-दूसरे के क्षेत्र का अतिक्रमण न करें।

(v) मुकदमों का निर्णय तीन न्यायाधीशों के स्थान पर एक न्यायाधीश द्वारा किया जाए।

(vi) औपचारिक वकालत समाप्त की जाए। उसके स्थान पर मध्यस्थ-पद्धति को अपनाया जाए।

**4. न्यायालयों की कार्य-प्रणाली में सुधार (Reforms in the Working of Judiciary)**

बेन्थम तत्कालीन इंग्लैंड के न्यायालयों की कार्य-प्रणाली में सुधार का पक्षपाती था। कार्य-प्रणाली को सरल एवं कार्यक्षमतायुक्त बनाया जाए। कम खर्च और कम समय में न्याय दिया जाए।

बेन्थम के सुझाव के आधार पर इंग्लैंड के कानूनों में सुधार लाया गया। अनेक नए अधिनियम पारित किए गए। इंग्लैंड की न्याय-व्यवस्था पर, बेन्थम का सुधारवादी प्रभाव अमिट और चिरंतन सिद्ध हुआ।

## III दंड में सुधार (Reforms in Punishment)

**1. दोषपूर्ण दंड (Defective Punishment)**

बेन्थम अपने समय में इंग्लैंड में प्रचलित दंड व्यवस्था से काफी असंतुष्ट था। दंड-व्यवस्था अमानुषिक और कठोर थी। छोटे-छोटे अपराध जैसे एक चम्मच की चोरी के लिए भी प्राण दंड देने की व्यवस्था थी। बेन्थम के शब्दों में—ऐसे अनेक उदाहरण हैं, जिनसे यह स्पष्ट हो जाता है कि दंड, अपराधी को बुराई से रोकने या उसका सुधार करने के लिए न दिया जाकर, केवल बदले या प्रतिशोध की भावना से दिया जाता है।

## 2. सुधार (Reforms)

बेन्थम ने दंड-व्यवस्था में सुधार लाने में निम्नलिखित सुझाव दिए हैं—

### (क) *दंडों व अपराधों का वर्गीकरण (Classification of Punishments and Crimes)*

बेन्थम का एक सुझाव यह था कि दंडों और अपराधों का वर्गीकरण किया जाए। नया वर्गीकरण इस आधार पर होना चाहिए कि किस कार्य से क्या हानि होती है। विशिष्ट अपराधों के लिए विशिष्ट दंडों की व्यवस्था होनी चाहिए। दंड की पीड़ा अपराध के लाभ से अधिक हो।

### (ख) *दंड की कसौटी : उपयोगिता (Measuring Rod of Punishment : Utility)*

बेन्थम केवल उसी दंड को उचित मानता है, जो किसी बुराई का निवारण करता है। इस प्रकार, दंड की एकमात्र कसौटी उसकी उपयोगिता है। बेन्थम के शब्दों में—सब प्रकार का दंड स्वयं में बुराई है। इसे उपयोगिता के सिद्धांत के अनुसार केवल तभी उचित माना जा सकता है, जब यह अपने से बड़ी किसी बुराई का निवारण करे।

बेन्थम के अनुसार निम्नलिखित चार दशाओं में दंड नहीं देना चाहिए—

(i) यदि दंड किसी बुराई को दूर करने के लिए नहीं दिया जाता है, तो दंड निराधार है।

(ii) यदि दंड के बिना ही बुराई को दूर किया जा सकता है, तो दंड निरर्थक है।

(iii) यदि दंड के बिना ही बुराई को दूर किया जा सकता है, तो दंड प्रवाहहीन है। और

(iv) यदि दंड, बुराई को दूर करने के बजाय; उसकी मात्रा में वृद्धि करता है, तो दंड अनुपयोगी है।

### (ग) *दंड निर्धारण के सिद्धांत (Principles for the Determination of Punishment)*

बेन्थम के अनुसार दंड का मुख्य उद्देश्य—अपराधों को रोकना और अपराधी का सुधार करना है। दंड की मात्रा अपराध की गुरुता के अनुपात में होनी चाहिए। बेन्थम का कहना है कि दंड का निर्णय करते समय निम्नलिखित सिद्धांतों को ध्यान में रखना चाहिए—

(i) वे परिस्थितियाँ, जिनमें अपराध किया गया, जैसे—यदि एक भूखा लड़का रोटी चुरा ले, तो वह दया का पात्र है।

(ii) अपराध किस प्रकार का है छोटा या बड़ा।
(iii) अपराधी का उद्देश्य
(iv) अपराध से किस प्रकार के व्यक्ति को हानि पहुँची है।

### (घ) दंड का उद्देश्य *(Aim of Punishment)*

बेन्थम के अनुसार दंड का उद्देश्य निम्नलिखित होना चाहिए।

(i) दंड सुधारात्मक होना चाहिए।
(ii) दंड शिक्षाप्रद हो।
(iii) समान अपराध के लिए समान दंड दिया जाना चाहिए।
(iv) दंड और अपराध के विचारों में निकट संबंध हो जाना चाहिए।
(v) दंड अपराध की मात्रा के अनुपात में हो।
(vi) दंड में निर्दयता और निरर्थक कष्ट देने की भावना नहीं होनी चाहिए।
(vii) दंड इस प्रकार हो कि अपराधी भविष्य में फिर अपराध न करे।
(viii) दंड जनमत के अनुकूल होना चाहिए।
(ix) दंड के द्वारा उस व्यक्ति की क्षति पूर्ति की जाए जिसको अपराधी से क्षति हुई हो।
(x) अपराधी को लोकप्रियता से दूर रखा जाए, नहीं तो दंड का उद्देश्य पूर्ण होना कठिन होगा।
(xi) अपराध के पुनरावलोकन की व्यवस्था हो, ताकि गलत रूप से दिए गए दंड में आवश्यक परिवर्तन संभव हो सके।

## निष्कर्ष

उपर्युक्त तथ्यों के अनुसार बेन्थम ने दंड के दो मुख्य उद्देश्य माने हैं—अपराधों को रोकना और अपराधियों का सुधार करना। अतएव, उसकी दंड-व्यवस्था अवरोधक-सिद्धांत (Deterrant theory) और सुधारात्मक-सिद्धांत (Reformative theory) का मिश्रण है। बेन्थम अत्यंत कठोर दंड का घोर विरोधी है। वह बहुत ही कम दशाओं में मृत्युदंड प्रस्तावित करता है। उसका विश्वास था कि बर्बर दंडों को समाप्त करके तथा अपराधियों का सुधार करके, उनको समाज के स्वावलम्बी और स्वाभिमानी सदस्यों में फिर स्थान दिया जा सकता है। बेन्थम की दंड-व्यवस्था प्रशंसनीय है। जैसा कि मेक्डॉनल्ड ने कहा है कि—बेन्थम की दंड-व्यवस्था में प्रतिशोध का एक भी चिह्न नहीं है और बहुत दया भी नहीं है, लेकिन पर्याप्त मानवता है।[1]

1. "There is not a trace of vindictiveness in Bentham's system. Neither is there much compassion. But there is enough humanity."—McDonald.

# IV जेल सुधार
# (Jail Reforms)

## 1. जेल में दोष (Defects of Jail)

बेन्थम के समय ब्रिटिश जेलखानों की दशा अत्यंत शोचनीय और असंतोषजनक थी। जेल में कैदियों के साथ पशुवत व्यवहार किया जाता था। उन्हें सीलनभरी अंधेरी कोठरियों में बंद रखा जाता था और सड़ा हुआ खाना दिया जाता था। साधारण और गंभीर तथा बाल और परिपक्व उम्र के अपराधियों को साथ-साथ रखा जाता था। जेलखाना अपराधियों के लिए प्रशिक्षण केन्द्र बन गया था।

## 2. सुधार (Reform)

बेन्थम ने जेलखानों के सुधार हेतु निम्नलिखित सुझाव दिया—

(i) जेल यातनागृह के स्थान पर सुधारगृह का काम करे।

(ii) जेल में कैदियों को शिल्प आदि सिखाया जा सके, ताकि वे बाहर आकर रोटी कमा सकें।

(iii) जेल में कैदियों को पढ़ने की सुविधा मिलनी चाहिए।

(iv) जेल में कैदियों को नैतिक और धार्मिक शिक्षा की सुविधा दी जानी चाहिए।

बेन्थम का विश्वास था कि उचित शिक्षा और व्यवहार से प्रत्येक कैदी का जीवन सुधारा जा सकता है।

## 3. आदर्श जेल : पेन ऑप्टिकन (Ideal Jail : Pan Optican)

बेन्थम के समय में, हावर्ड फास्ट जेल की व्यवस्था सुधारने के लिए आंदोलन कर रहा था। बेन्थम को इस आंदोलन से बड़ी सहानुभूति थी। उसने एक आदर्श जेल का नमूना भी तैयार किया था और इसका नाम उसने पेन ऑप्टिकन रखा था। पेन का अर्थ सर्व और ऑप्टिकन का दृष्टा है अर्थात् सर्वदृष्टा। आदर्श जेल की इमारत चक्राकार होती और उसके बीच जेल के गवर्नर के रहने का स्थान होता। चारों तरफ कैदियों की कोठरियाँ होतीं और गवर्नर अपने शीशे के केबिन में बैठा-बैठा कैदियों की दिनचर्या देखता रहता और जिस बंदी को सुधारने के लिए जैसे उपचार की आवश्यकता होती, वैसी ही व्यवस्था करता। बेन्थम की इच्छा थी कि इस आदर्श जेल का पहला गवर्नर वही बने। लेकिन, उसकी यह इच्छा पूरी नहीं हो सकी।

आगे चलकर, बेन्थम द्वारा दिए गए जेल सुधारों को अनेक देशों ने स्वीकार किया।

## V शिक्षा में सुधार
## (Reforms in Education)

बेन्थम ब्रिटिश शिक्षा पद्धति में सुधार लाना चाहता था। उसका विश्वास था कि मनुष्य जाति को शिक्षा से ही सुधारा जा सकता है। उसने शिक्षा की दो योजना प्रस्तुत की—प्रथम योजना, निर्धन और अनाथ बच्चों के लिए द्वितीय, योजना मध्यम और उच्च वर्गों के लिए।

**1. प्रथम शैक्षणिक-योजना : गरीब और अनाथ बच्चों के लिए (First Educational Scheme for Poor and Orphan Children)**

बेन्थम ने गरीब और अनाथ बच्चों के लिए निःशुल्क शिक्षा का प्रावधान किया है। गरीब और अनाथ बच्चों को अच्छी आदतें सिखाई जाएँ, जिनसे उनका चरित्र निर्माण हो। फिर उन्हें कला-कौशल या व्यवसाय सिखाया जाए, ताकि वे आजीविका कमा सकें।

**2. द्वितीय शैक्षणिक-योजना मध्यम और उच्च वर्गों के लिए (Second Educational Scheme for Middle and Higher Classes)**

द्वितीय शैक्षणिक योजना के अंतर्गत मध्यम और उच्च वर्गों की शिक्षा पर जोर दिया गया है। इसमें बौद्धिक विकास पर अधिक जोर दिया गया है। बेन्थम ने ग्रीक, लैटिन भाषाओं के अतिरिक्त विज्ञान की शिक्षा पर अधिक बल दिया। उसके अनुसार सरल विषय पहले पढ़ाए जाएँ और कठिन विषय बाद में। वह **मॉनीटर-पद्धति** (Monitor system) का समर्थक था। जिसके अनुसार, ऊँची कक्षा और योग्यता वाले विद्यार्थी निम्न कक्षाओं के विद्यार्थियों को पढ़ाते हैं।

प्रारंभ में शासकों द्वारा उसकी शिक्षा योजना को पसंद नहीं किया गया। शासकों को इस बात का भय था कि निर्धन वर्ग शिक्षा पाकर, उच्चवर्ग का अंत कर देंगे। लेकिन, आगे चलकर ब्रिटिश सरकार ने बेन्थम की शिक्षा-योजना को व्यावहारिक रूप दिया। प्रगतिशील राज्यों ने भी उसकी शिक्षा योजना को स्वीकार किया।

बेन्थम ने अपने ग्रन्थ **क्रेस्टोमाथिया** (Chrestomathia) में शिक्षा योजना पर विस्तार पूर्वक प्रकाश डाला है। उसने उपयोगिता के आधार पर पाठ्यक्रमों को तैयार किया है। योजना के अंतर्गत मानव-मूल्यों को एक नया रूप दिया गया है।

## VI संसदीय सुधार
## (Parliamentary Reforms)

बेन्थम तत्कालीन ब्रिटिश सरकार को सक्षम, सुदृढ़ और प्रगतिशील बनाने के पक्ष में थे। इसके लिए, उसने संसद संबंधी निम्नलिखित सुझाव दिए हैं—

### 1. सार्वभौमिक पुरुष मताधिकार (Universal Manhood Suffrage)

बेन्थम ने कहा कि सभी वयस्क पुरुषों को मताधिकार मिलना चाहिए और इसके लिए शर्त केवल इतनी होनी चाहिए कि मताधिकार का प्रयोग करनेवाला थोड़ा पढ़ सके। उसने स्त्री मताधिकार पर जोर नहीं दिया।

### 2. संसद का वार्षिक अधिवेशन (Annual Session of Parliament)

बेन्थम का विचार था कि ब्रिटिश संसद का सत्र वर्ष में एक ही बार हो और थोड़े समय के लिए हो। इससे सदस्यों को अधिक समय तक अपने चुनाव क्षेत्रों में रहने और मतदाताओं से संपर्क स्थापित तथा उनकी राय जानने में मदद मिलेगी।

### 3. एक सदनात्मक संसद (One House Parliament)

बेन्थम का कथन था कि ब्रिटिश संसद एक सदनात्मक होना चाहिए। लार्डसभा का उन्मूलन कर देना चाहिए।

### 4. गुप्त मतदान (Vote by Secret Ballot)

उस समय हाथ उठाकर चुनाव कराने की प्रथा थी। अतएव, बेन्थम ने गुप्त मतदान-प्रणाली का समर्थन किया।

### 5. स्वतंत्र प्रेस (Free Press)

बेन्थम ने स्वतंत्र प्रेस का जोरदार समर्थन किया और उसके महत्व पर प्रकाश डाला। स्वतंत्र प्रेस के अभाव में सच्चा प्रजातंत्र नहीं स्थापित किया जा सकता है।

## निष्कर्ष

उपर्युक्त सुधारों के अतिरिक्त, बेन्थम ने भिक्षावृत्ति की मनाही तथा गरीबों के कल्याणार्थ बेन्थम ने गरीब-कानून बनाने का सुझाव दिया। गरीब विद्यार्थियों की सहायता के लिए फ्रूगैलिटी बैंक (Frugality Bank) की स्थापना का सुझाव दिया। उसका सुधार संबंधी सुझाव जीवन के प्रत्येक क्षेत्र को स्पर्श करता है। एबेन्स्टीन ने ठीक ही कहा है कि पिछली पाँच पीढ़ियों में ब्रिटेन में कोई ऐसा सुधार नहीं हुआ, जिसका मूल प्रेरणा स्रोत बेन्थम नहीं रहा हो। इस प्रकार ब्रिटिश सरकार और जीवन पर बेन्थम की सुधारवादी योजना की अमिट छाप पड़ी।

# 5

# राजनीतिक विचारधारा के इतिहास में बेन्थम की देन तथा प्रभाव
# (Bentham's Contributions and Influence in the History of Political Thought)

कुछ लेखकों का मत है कि राजनीतिक विचारधारा के इतिहास में बेन्थम को महत्वपूर्ण स्थान प्राप्त नहीं है। क्योंकि, उसके सभी विचार दूसरों से लिए गए हैं। जैसा कि वेपर का कथन है कि—बेन्थम ने अपने ज्ञान का सिद्धांत लॉक और ह्यूम से, सुख और दुःख का सिद्धांत हेलवेटियस से, सहानुभूति और घृणा का सिद्धांत ह्यूम से तथा उपयोगिता का विचार लगभग दस लेखकों से लिया है। मौलिकता के अभाव और पक्षपातपूर्ण परिकल्पनाओं के कारण उसके सिद्धांत उतने ही भ्रमपूर्ण और परस्पर विरोधी हैं, जितना कि वह उनसे संतुष्ट है।

इस आक्षेप के अतिरिक्त, बेन्थम का निम्नलिखित योगदान उल्लेखनीय है—

## 1. उपयोगितावाद (Utilitarianism)

बेन्थम के पूर्व, ह्यूम, प्रीस्टले, हचेसन, पेले, हेलवेटियस ने उपयोगिता सिद्धांत पर विचार किया। लेकिन, बेन्थम ही ऐसा विचारक निकला जिसने उपयोगितावादी स्कूल का जन्म दिया और उसका विकास पूर्णरूप से किया। वह उपयोगितावादी सिद्धांत के माध्यम से सामाजिक, कानूनी और राजनीतिक क्षेत्र में बहुत बड़ा परिवर्तन लाना चाहता था। वह अधिकतम व्यक्तियों का अधिकतम सुख चाहता था। बेन्थम की उपयोगिता का आधार—सुख और दुःख है। किसी भी वस्तु की

उपयोगिता सुख और दु:ख के आधार पर निश्चित करनी चाहिए। कोई भी व्यक्ति किसी कार्य को सुख के लिए ही करता है। बेन्थम ने चौदह सुख और बारह दु:ख का वर्गीकरण किया है। उसने सुख-दु:ख को नापने के लिए सुखमापक गणना-पद्धति का आविष्कार किया है। उसने दु:ख-सुख के विभिन्न स्रोतों पर भी विचार किया है। उसके अनुसार सुख का अंतर मात्रा में है गुण में नहीं। उसकी सभी चीजों का मापदंड वैयक्तिक सुख है।

### 2. सामाजिक समझौता का खंडन (Refutation of the Social Contract)

बेन्थम के पूर्व, राज्य की उत्पत्ति का आधार सामाजिक समझौता माना जाता था। हॉब्स, लॉक और रूसों इसके मुख्य प्रतिपादक थे। बेन्थम ने सामाजिक समझौते का घोर विरोध किया। उसके अनुसार ऐसा समझौता कभी नहीं हुआ था और यदि कोई ऐसा समझौता हुआ भी हो, तो वह वर्तमान पीढ़ी को उससे नहीं बाँध सकता था।

### 3. राज्य (State)

बेन्थम ने राज्य की उत्पत्ति और अस्तित्व का एकमात्र कारण उसकी उपयोगिता बताया है। उसके शब्दों में—राज्य व्यक्तियों का एक ऐसा समूह है, जो लोगों के लिए उपयोगिता को बनाए रखने तथा उसकी अभिवृद्धि करने के लिए संगठित किया जाता है।

बेन्थम के अनुसार राज्य का एकमात्र उद्देश्य—अधिकतम व्यक्तियों का अधिकतम सुख है। उसने व्यक्ति को साध्य और राज्य को साधन माना है। उसने व्यक्ति को राज्याज्ञा का विरोध करने का भी अधिकार दिया है।

### 4. प्राकृतिक नियम का खंडन (Refutation of the Natural Law)

बेन्थम ने प्राकृतिक नियमों के अस्तित्व का अपने उपयोगिता-सिद्धांत के आधार पर खंडन किया है। उसका कथन है कि राजनीतिक समाज का संप्रभु अपनी जिस महत्वपूर्ण इच्छा की अपने आदेश द्वारा अभिव्यक्ति करता है, वही नियम या कानून है। इसके विरुद्ध व्यक्तियों को कोई प्राकृतिक अधिकार नहीं है। अतएव, प्राकृतिक कानून की कल्पना नितांत अनुचित है। व्यवहार में मानवीय कानून का ही अस्तित्व संभव होता है।

### 5. प्राकृतिक अधिकार का खंडन (Refutation of the Natural Rights)

बेन्थम ने लॉक के प्राकृतिक अधिकारों का खंडन किया है। उसने कहा है कि मनुष्य केवल उन्हीं अधिकारों का उपभोग कर सकते हैं, जो उन्हें कानून द्वारा प्रदान किए जाते हैं। अधिकार राज्य में ही संभव है। राज्य ही अधिकार का निर्माता है। बेन्थम का विचार है कि व्यक्तियों के सभी अधिकार राज्य के

अंतर्गत आते हैं और उसकी सीमा के बाहर उनके कोई अधिकार नहीं है। अतएव, प्राकृतिक अधिकारों की बात निरी बकवास, आलंकारिक बकवास और शब्दाडंबरपूर्ण बकवास है। वस्तुतः, अधिकार मानव के सुखमय जीवन के नियम हैं, जिन्हें राज्य के कानूनों द्वारा मान्यता प्रदान की जाती है।

### 6. संप्रभुता (Sovereignty)

बेन्थम ने संप्रभुता का समर्थन किया है और उसे राज्य के लिए नितांत आवश्यक बताया है। उसने राज्य के भीतर या बाहर की किसी शक्ति को प्रभुसत्ता का विरोध करने का कोई कानूनी अधिकार नहीं दिया है। उसके अनुसार प्रभुसत्ता की शक्तियाँ असीमित और अपरिमित हैं। प्रभुसत्ता कोई भी कानून बना सकती है और कोई भी आदेश दे सकती है। उसकी आज्ञाओं का पालन अनिवार्य है, क्योंकि वही समस्त शक्तियों का उद्‌गम स्थान है। इस प्रकार, बेन्थम ने प्रभुसत्ता को संपूर्ण शक्तियों से संपन्न करके, निरपेक्ष और निष्प्रतिबंध माना है। यद्यपि, उसकी संप्रभुता असीमित और अपरिमित है, लेकिन वह लोकमत की परिधि के अंतर्गत है।

### 7. प्रजातंत्र का समर्थक (Supporter of Democracy)

बेन्थम की सरकार भी उपयोगिता पर आधारित है। उसका कहना है कि शासन ऐसे सिद्धांतों पर आधारित होना चाहिए कि जिससे अधिकतम व्यक्तियों का अधिकतम सुख सिद्ध हो सके। बेन्थम प्रजातंत्र को सर्वश्रेष्ठ शासन मानता है। उसका मत है कि राजतंत्र में सिर्फ सर्वोच्च शासक का हित ही साधा जाता है, कुलीनतंत्र में सिर्फ कुछ ही कुलीन और धनी व्यक्तियों का हित साधन होता है, जबकि प्रजातंत्र में अधिकतम व्यक्तियों के अधिकतम सुख की साधना की जाती है।

### 8. कानून में सुधार (Reforms in Law)

बेन्थम अपने युग का एक बहुत बड़ा सुधारक था। वह इंग्लैंड के प्रत्येक क्षेत्र में सुधार लाना चाहता था। उसके जीवन का मुख्य लक्ष्य था—तत्कालीन इंग्लैंड के कानूनों में सुधार करना। उसने कानून को प्रभुसत्ता का आदेश और उसकी इच्छा की अभिव्यक्ति बताया है। उसके अनुसार कानून के मुख्य चार उद्देश्य हैं—सुरक्षा, संपन्नता, आजीविका और समानता। उसका कथन है कि कानून सरल, स्पष्ट, उपयोगी, व्यावहारिक, जनोपयोगी और अधिकतम सुख की वृद्धि करने वाला होना चाहिए। उसने कानून को चार वर्गों में संहिताबद्ध किया है—नागरिक कानून, फौजदारी कानून, सांविधानिक कानून और अंतरराष्ट्रीय कानून।

बेन्थम के समय से अब तक विधि-व्यवस्था में जो सुधार हुए, वे बहुत कुछ उसी के प्रभाव के परिणाम है।

### 9. न्याय-व्यवस्था में सुधार (Reforms in Judicial System)

इंग्लैंड की तत्कालीन न्याय-व्यवस्था में गंभीर दोष थे। उसमें भ्रष्टाचार, अव्यवस्था, अनियमितता और अनिश्चितता भरा हुआ था। न्याय-व्यवस्था काफी खर्चीली थी। उसमें समय अधिक लगता था। छोटे अपराध के लिए मृत्युदंड दिया जाता था। न्याय रुपयों से खरीदा जाता था। न्याय-व्यवस्था में सुधार लाने के लिए, बेन्थम ने कहा कि निरर्थक और अव्यावहारिक कानूनों को रद्द करना चाहिए। वकीलों को ईमानदारी से काम करना चाहिए। मुकदमों का निर्णय एक न्यायाधीश के द्वारा होना चाहिए। कम समय और कम खर्च में लोगों को न्याय मिलना चाहिए। इंग्लैंड की न्याय-व्यवस्था में अनेक सुधार लाए गए।

### 10. दंड में सुधार (Reforms in Punishment)

बेन्थम के समय इंग्लैंड में दंड-व्यवस्था अमानुषिक और कठोर थी। एक चम्मच की चोरी के लिए प्राणदंड दिया जाता था। बेन्थम ने सुझाव दिया कि दंडों और अपराधियों का वर्गीकरण किया जाए। दंड का मुख्य उद्देश्य—अपराधों को रोकना और अपराधी का सुधार करना है। दंड की मात्रा अपराध की गुरुता के अनुपात में होनी चाहिए। दंड सुधारात्मक एवं शिक्षाप्रद होनी चाहिए। दंड जनमत के अनुकूल होनी चाहिए। बेन्थम अत्यन्त कठोर दंड का घोर विरोधी है। वह बहुत ही कम दशाओं में मृत्युदंड प्रस्तावित करता है। उसका विश्वास था कि बर्बर दंडों को समाप्त करके तथा अपराधियों का सुधार करके, उनको समाज के स्वावलम्बी और स्वाभिमानी सदस्यों में फिर स्थान दिया जा सकता है।

### 11. जेल में सुधार (Reforms in Jail)

बेन्थम के समय ब्रिटिश जेलखानों की दशा अत्यंत शोचनीय और असंतोषजनक थी। जेल में कैदियों के साथ पशुवत व्यवहार किया जाता था। उन्हें सड़ा खाना दिया जाता था। बेन्थम ने कहा कि जेल यातनागृह के स्थान पर सुधारगृह का काम करे। जेल में कैदियों को शिल्प आदि सिखाया जा सके, ताकि वे बाहर आकर रोटी कमा सकें। जेल में कैदियों को पढ़ने की सुविधा मिलनी चाहिए। कैदियों के लिए नैतिक और धार्मिक शिक्षा की भी व्यवस्था होनी चाहिए। बेन्थम ने एक आदर्श जेल—पेन ऑप्टिकन की योजना भी प्रस्तुत की। आगे चलकर बेन्थम द्वारा दिए गए जेल सुधारों को अनेक देशों ने स्वीकार किया।

### 12. शिक्षा में सुधार (Reforms in Education)

बेन्थम ब्रिटिश शिक्षा-पद्धति में सुधार लाना चाहता था। उसका विश्वास था मनुष्य जाति को शिक्षा से ही सुधारा जा सकता है। उसने शिक्षा की दो योजना प्रस्तुत की—प्रथम योजना, निर्धन और अनाथ बच्चों के लिए तथा दूसरी योजना, मध्यम और उच्चवर्गों के लिए। उसने निर्धन बच्चों के लिए निःशुल्क शिक्षा पर जोर दिया। उसने विज्ञान की शिक्षा पर बल दिया। वह मॉनीटर पद्धति का समर्थक था। आगे चलकर, ब्रिटिश सरकार ने उसकी शिक्षा योजना को व्यावहारिक रूप दिया।

### 13. संसदीय सुधार (Parliamentary Reforms)

बेन्थम तत्कालीन ब्रिटिश सरकार को सक्षम, सुदृढ़ और प्रगतिशील बनाने के पक्ष में था। इसके लिए, उसने सार्वभौमिक पुरुष मताधिकार, संसद का वार्षिक सत्र, एक सदनात्मक संसद, गुप्त मतदान, स्वतंत्र प्रेस, आदि सुझावों को प्रस्तावित किया। वह लार्डसभा के उन्मूलन के पक्ष में था।

### 14. व्यक्तिवाद का पोषक (Supporter of Individualism)

बेन्थम ने व्यक्तिवाद का पोषण किया है। उसने समाज या राज्य को केवल नाममात्र माना है। क्योंकि, उसके अनुसार वास्तविक सत्ता—व्यक्तियों की है, न कि राज्य की। राज्य की सत्ता केवल इस तत्व पर आधारित है कि वह व्यक्ति को अपने सुख की खोज और दुःख का अंत करने में सहायता दे।

### 15. उदारवाद (Liberalism)

बेन्थम को उदारवादी विचारक कहा गया है। इसके दो कारण हैं। एक तो, बेन्थम राज्य को सर्वोपरि नहीं मानता और उसे केवल व्यक्ति के हितों का साधन ही मानता है। दूसरे, वह व्यक्ति के हित के साथ समाज के हित को भी प्रधानता देता है। व्यक्तिवाद जब सामाजिक हित को स्वीकार कर लेता है तो वह उदारवाद बन जाता है। इस प्रकार, सर्वाधिक लोगों के सर्वाधिक हित में उदारवाद एक प्रकार से प्रकट हो गया है।

### 16. यथार्थवाद (Realism)

मैक्सी ने बेन्थम को सही यथार्थवादी माना है। बेन्थम ने सामाजिक समझौता का सिद्धांत, प्राकृतिक कानून और प्राकृतिक अधिकारों का खंडन किया है। उसने राजनीति को नैतिकता से पृथक किया है। उसने कानून की संप्रभुता को स्वीकार किया है तथा व्यक्ति को सुख प्राप्ति की प्रवृत्ति का सही निरूपण किया है।

### 17. कल्याणकारी राज्य (Welfare State)

बेन्थम अच्छी सरकार उसी को मानता है, जो अधिकतम सुख के सिद्धांत का अनुसरण करके, कानून बनाती है, उसको क्रियान्वित करती है तथा व्यक्तियों के सुख में अभिवृद्धि करती है। अपने इसी विश्वास के कारण उसका आग्रह यह था कि सरकार या राज्य को शिक्षा, सार्वजनिक स्वास्थ, सड़क और नहरों का निर्माण करके सार्वजनिक कल्याण का प्रयत्न करना चाहिए। इसलिए, उसे कल्याणकारी राज्य की व्याख्या करने वाला माना जाता है।

उपर्युक्त तथ्यों से स्पष्ट है कि राजनीतिक विचारधारा के इतिहास में बेन्थम का योगदान अभिष्ट है।

## बेन्थम का प्रभाव
## (Bentham's Influence)

बेन्थम के दर्शन का गहरा प्रभाव अनेक विद्वानों और देशों पर पड़ा। जॉन, ऑस्टिन, जेम्स मिल, जे॰ एस॰ मिल, जार्ज ग्रेट जैसे विद्वानों ने इसके दर्शन को काफी फैलाया। न केवल इंग्लैंड, बल्कि, फ्रांस, रूस, पुर्तगाल, स्पेन, मेक्सिको और दक्षिण अमरीका के विभिन्न देश भी उसकी प्रतिभा से अधिक प्रभावित थे। अंतरराष्ट्रीय क्षेत्र में बेन्थम को अत्यधिक सम्मान प्राप्त था। हैजलिट के शब्दों में—उसका नाम इंग्लैंड में कम, यूरोप में अधिकतर तथा चिली के मैदानों और मेक्सिको की खानों में सर्वाधिक मशहूर है। उसने नवीन विश्व को संविधान तथा भविष्य के लिए कानून प्रदान किया।

इंग्लैंड में जो भी महत्वपूर्ण सुधार हुए, उन सबका कारण बेन्थम की प्रेरणा ही थी। इस प्रकार के कुछ सुधार थे—स्त्रियों को कोड़े लगाए जाने के दंड की समाप्ति, अपराधियों को काले पानी की सजा में उपनिवेशों को भेजे जाने की प्रथा का अंत आदि। सुधार अधिनियम (Reforms Act 1832), दरिद्र रक्षा कानून (Poor Laws 1834) और अनाज नियम (Corn Laws 1854) बेन्थम के प्रभाव का प्रतिफल है।

बेन्थम के प्रभाव को निम्नलिखित विचारकों के विचारों से स्पष्ट किया जा सकता है—

**1. जे॰ एस॰ मिल**—बेन्थम को मानव जाति के सर्वाधिक बुद्धिमान और महान शिक्षकों में स्थान दिया जाना चाहिए, क्योंकि उसने मानवता को शाश्वत मूल्य के विचार प्रदान किए हैं।

**2. मेक्डॉनल्ड**—बेन्थम का अब भी महत्व है, क्योंकि उपयोगितावाद का अब भी महत्व है।[1]

---

1. "Bentham is still important because utilitarianism is still important."—McDonald.

**3. मैक्सी**—बेन्थम के यथार्थवाद ने उन्नीसवीं शताब्दी के राजनीतिक चिन्तन का परिमार्जन कर दिया है उसे अवरोधों के जमघट से मुक्त करके वैज्ञानिकता का रूप दिया।

**4. लंदन टाइम्स**—मृत्यु उपरांत भी बेन्थम का अँग्रेजी राजनीति पर निरंकुश शासन है, और समग्र रूप से यह उदार शासन है।[1]

उपर्युक्त तथ्यों से यह स्पष्ट है कि राजनीतिक विचारधारा के इतिहास में बेन्थम का प्रचंड प्रभाव रहा है। बेन्थम आधुनिक राजनीतिक का सृष्टा कहा जा सकता है।

---

1. "Bentham still exerts a posthumous over English politics and on the whole it is a benevolent despotism."—*London Times*, February 4, 1948.

# हीगल
## (Hegel)
## (1770-1831)

# 6

# हीगल का जीवन
# (The Life of Hegel)

**1. जन्म** (Birth)—हीगल का जन्म जर्मनी के स्टटगार्ट नामक नगर में 1770 ई० में हुआ था। उसके पिता वरटमवर्ग राज्य के वित्त-विभाग में सरकारी कर्मचारी थे। अतएव, हीगल को उत्तम प्रकार की शिक्षा प्राप्त करने का अवसर मिला।

**2. शिक्षा** (Education)—हीगल ने अपने नगर के ग्रामर स्कूल में विद्या-अर्जन का कार्य आरम्भ किया तथा अठारह वर्ष की आयु तक उसी स्कूल में शिक्षा प्राप्त की। वहाँ उसने कठोर परिश्रम अवश्य किया, लेकिन मेधावी छात्र के रूप में उसे यश प्राप्त नहीं हुआ।

1788 ई० में हीगल ने धर्मशास्त्र के छात्र के रूप में ट्यूबिनजन के विश्वविद्यालय में प्रवेश किया। वहाँ उसने 1790 ई० में दर्शनशास्त्र में डॉक्टर की उपाधि तथा 1793 ई० में धर्मशास्त्र का प्रमाण-पत्र प्राप्त किया।

ट्यूबिनजन में छात्र के रूप में हीगल ने धर्मशास्त्र के अध्ययन में विशेष रूचि व्यक्त नहीं की और उसने अपने निर्धारित पाठ्यक्रम की उपेक्षा की। लेकिन, उसने यूनानी और रोमन साहित्य का गठन अध्ययन करके, अपने समय का सदुपयोग किया। परिणामतः, वह यूनानी नगर-राज्य और पश्चिमी सभ्यता को यूनान के योगदान का बड़ा प्रशंसक बन गया। सम्भवतः, इसीलिए उसमें जर्मनी के एकीकृत होने का विचार उत्पन्न हुआ, जो उसके समय में अनेक राज्यों में विभक्त और एकता रहित था।

**3. पेशा** (Profession)—विश्वविद्यालय का अध्ययन समाप्त करने के बाद, हीगल ने स्विट्जरलैंड में बर्न नामक स्थान के लिए प्रस्थान किया। वहाँ उसने गृह-शिक्षक के रूप में 1797 ई० तक अपने जीवन का निर्वाह किया। इस अवधि में उसके अध्ययन और लेखन का मुख्य क्षेत्र धर्मशास्त्र था। उसने ईसाई धर्म के ग्रन्थों में ईसा के वास्तविक अर्थ को खोजने की चेष्टा की और ईसा की जीवनी भी लिखी।

1797 ई० में हीगल बर्न को छोड़कर फ्रैंकफर्ट आ गया और उसने वहाँ दो वर्ष तक गृह-शिक्षक के रूप में काम किया। अभी तक वह यह समझता था कि ईश्वर का ज्ञान केवल धर्म के द्वारा ही प्राप्त किया जा सकता है और दर्शनशास्त्र का संबंध केवल दृश्य जगत से होना चाहिए। लेकिन, उसमें इस विचार में शीघ्र ही परिवर्तन हो गया तथा उसमें यह विश्वास उत्पन्न हो गया कि ईश्वर का ज्ञान प्राप्त करने के लिए धर्म की अपेक्षा दर्शनशास्त्र अधिक उत्तम साधन है।

**4. जेना विश्वविद्यालय** (Jena University)—पिता के निधन के बाद, 1801 ई० में हीगल ने जेना विश्वविद्यालय में पुनः अध्ययन प्रारम्भ किया। जेना तत्कालीन जर्मनी के सांस्कृतिक पुनरुत्थान और पुनरजीवन का केन्द्र था। फिक्टे, शिलर, शेलिंग और श्लेगल जैसे विद्वान वहाँ आसीन थे। कुछ ही दिन बाद, हीगल वहाँ का शिक्षक बन गया तथा उसने तर्कशास्त्र और अध्ययनशास्त्र पर व्याख्यान देना आरम्भ किया। 1805 ई० में वह प्राध्यापक के स्थायी पद पर आसीन हुआ।

**5. जेना युद्ध** (Jena War)—1806 ई० में, नेपोलियन की सेना ने जेना नगर में प्रवेश किया। उस अवसर पर हीगल ने नगर की सड़कों पर से नेपोलियन को जाते हुए देखा और उसे विश्व की आत्मा कहकर उसकी प्रशंसा की। जेना के युद्ध में नेपोलियन ने जर्मनी की सेना को परास्त कर दिया और नगर पर अपना आधिपत्य जमा लिया। इसके कारण, हीगल को विश्वविद्यालय से हट जाना पड़ा। वह एक समाचारपत्र का सम्पादक बन बैठा। लेकिन, उसकी आर्थिक स्थिति अच्छी नहीं रही।

**6. विवाह** (Marriage)—1808 ई० में हीगल न्यूरेमवर्ग के एक माध्यमिक विद्यालय के प्रधानाध्यापक के पद पर आसीन हुआ और वह इस पद पर 1816 ई० तक रहा। 1811 ई० में उसने न्यूरेमवर्ग की एक महिला से विवाह कर लिया, जो आयु में उससे बाईस वर्ष कम थी। **तर्कशास्त्र का विज्ञान**—पुस्तक के प्रकाशन से उसकी ख्याति इतनी फैली कि उसे एरलानजन, बर्लिन और हीडलबर्ग विश्वविद्यालय से प्रोफेसर के पद के लिए निमंत्रण आया। उसने हीडलबर्ग विश्वविद्यालय का चयन किया।

**7. निधन** (Death)—1818 ई० में फिक्टे की मृत्यु के बाद, हीगल बर्लिन विश्वविद्यालय के दर्शनशास्त्र के प्रोफेसर के पद पर आसीन हुआ और 1831 ई० में उसने अपनी अंतिम साँस इसी पद पर ली। उसे राष्ट्रीय और अन्तरराष्ट्रीय ख्याति इसी पद पर मिली। इसीलिए, उसे न केवल दार्शनिकों का राजा बल्कि राजाओं का दर्शनिक कहा जाता है। उसके विचारों का प्रबल प्रभाव बिस्मार्क पर पड़ा, जिसने हीगल के विचारों को व्यावहारिक रूप प्रदान किया।

## हीगल की रचनाएँ
## (The Works of Hegel)

राजनीतिक विज्ञान पर हीगल की दो प्रमुख रचनाएँ हैं—

1. **अधिकार का दर्शन** (*The Philosophy of Right*, 1821)
2. **इतिहास का दर्शन** (*The Philosophy of History*, 1837)

**अन्य रचनाएँ**

3. **आत्मा का प्रत्यक्ष ज्ञानवाद** (*The Phenomenology of Spirit*, 1807)
4. **तर्कशास्त्र का विज्ञान** (*The Science of Logic*, 1816)
5. **दार्शनिक विज्ञानों का विश्वकोष** (*Encyclopaedia of the Philosophical Sciences*)
6. **धर्म के दर्शन पर व्याख्यान** (*Lectures on the Philosophy of Religion*)
7. **सौन्दर्यशास्त्र पर व्याख्यान** (*Lectures on Aesthetics*)

# 7

# हीगल का द्वन्द्ववाद
# (Dialectics of Hegel)

## द्वन्द्वात्मक पद्धति की उत्पत्ति
## (Origin of Dialectic Method)

अंग्रेजी के डायलेक्टिक (Dialectic) शब्द की उत्पत्ति, यूनानी भाषा के डायलेगो (Dialego) शब्द से हुई है। डायलेगो का अर्थ है—वाद-विवाद या तर्क-वितर्क। प्राचीन यूनानी परस्पर वाद-विवाद या तर्क और प्रति तर्क करके सत्य को प्रमाणित करते थे तथा नये सत्य का अन्वेषण करते थे। सुकरात ने इस पद्धति का विशेष रूप से प्रयोग किया था। वह विभिन्न व्यक्तियों या अपने विरोधियों से निरन्तर प्रश्न पूछकर और वाद-विवाद द्वारा उनके तर्कों को अपने तर्कों से खण्डित करके, अंतिम सत्य तक पहुँचने का प्रयास करता था।

## द्वन्द्वात्मक पद्धति का अर्थ
## (Meaning of Dialectic Method)

हीगल ने द्वन्द्ववाद शब्द का प्रयोग सुकरात से विभिन्न अर्थ में किया है। उसने संपूर्ण विश्व को एक ही समष्टि माना है और उसकी समस्त वस्तुओं को विश्व-आत्मा से ओतप्रोत बताया है। उसने विश्व-आत्मा को निरपेक्ष विचार, आत्मा, विवेक और दैवी मन भी कहा है।

हीगल का मत है कि विश्व का इतिहास—विचार, विवेक या विश्व-आत्मा के विकास का इतिहास है और यह विकास—द्वन्द्ववाद के फलस्वरूप होता है। उसकी दृष्टि में निरपेक्ष विचार का मुख्य स्रोत—ईश्वर है और ईश्वर ही

उस शक्ति को प्रदान करता है, जिसके फलस्वरूप संसार के इतिहास में इस विचार का विकास होता है। यही शक्ति—द्वन्द्ववाद है। इतिहास की विकास—प्रक्रिया के समान यह शक्ति भी निरन्तर आगे बढ़ती रहती है। मनुष्य इस शक्ति पर नियंत्रण नहीं कर सकते हैं, बल्कि यह मनुष्यों पर नियंत्रण रखती है। द्वन्द्ववाद की शक्ति अनिवार्य रूप से गतिशील है। इतिहास में यह शक्ति, मनुष्यों को सदैव स्वतंत्रता-प्राप्ति के लक्ष्य की ओर अग्रसर करती है। लेकिन, इसकी प्रगति एक दिशा में न हो कर, निम्न स्तर से उच्च स्तर की ओर होती है तथा संघर्ष का परिणाम होती है।

## द्वन्द्वात्मक पद्धति का स्वरूप
## (Form of Dialectic Method)

**वाद, प्रतिवाद और संवाद (Thesis, Antithesis and Synthesis)**

हीगल का मत है कि मानव सभ्यता का विकास कभी-भी एक सीधी रेखा में नहीं होता, बल्कि तूफान में थपेड़े खाते हुए एक जहाज की तरह वह टेढ़े-मेढ़े रास्ते को तय करती हुई अपने विकास पथ पर आगे बढ़ती है। प्रत्येक विचार की तीन अवस्थाएँ होती हैं—वाद, प्रतिवाद और संवाद। इनको कभी-कभी कथन, खण्डन और समाधान भी कहा जाता है।

सभ्यता के विकास क्रम को इस द्वन्द्वात्मक पद्धति के अनुसार समझाते हुए हीगल कहता है कि सबसे पहले प्रत्येक विचार का एक मौलिक रूप होता है जो वाद के रूप में होता है। विकसित होने की प्रकृति के कारण धीरे-धीरे यह विकसित होकर अपने में निहित अन्तर्विरोधों के कारण अपने विपरीत रूप को जन्म देता है जो उसके प्रतिवाद का रूप ग्रहण कर लेता है। विकास प्रक्रिया बराबर जारी रहती है। अतः, प्रारम्भ में इन दोनों रूपों में संघर्ष होता है, जिससे अन्ततः उनमें समन्वय और संतुलन स्थापित होता है तथा वह संवाद के रूप में प्रकट होता है।

यह संवाद, वाद और प्रतिवाद दोनों के सत्य तत्वों का सम्मिश्रण और असत्य तत्वों का लोप होने के कारण, इन दोनों से विकास की उच्च स्थिति का द्योतक होता है।

लेकिन विकास की प्रक्रिया यहाँ आकर रुकती नहीं, बल्कि निरन्तर जारी रहती है। अतः, कालान्तर में यह संवाद पुनः वाद में अपने अपकों परिवर्तित कर लेता है और पुनः अपने प्रतिवाद को जन्म देता है जिससे पुनः संवाद की स्थिति पैदा होती है। इस तरह वाद-विवाद और संवाद की यह प्रक्रिया निरन्तर चलती रहती है, जिसके फलस्वरूप विचार निम्नस्तर से उच्च स्तर पर पहुँचता

जाता है। जैसे-जैसे विचार का विकास होता जाता है, वैसे-वैसे मानव-इतिहास का विकास होता चला जाता है।

## द्वन्द्वात्मक पद्धति की विशेषताएँ (Features of Dialectic Method)

हीगल के द्वन्द्वात्मक पद्धति की निम्नलिखित विशेषताएँ विशेष रूप से उल्लेखनीय हैं—

1. **ऐतिहासिक आवश्यकता** (Historical Necessity)—द्वन्द्वात्मक पद्धति स्वतः प्रेरित और स्वतः संचालित चरित्र की प्रकृति से विभूषित है जिसकी वजह से वह निरन्तर प्रगतिगामी है। उसकी स्वतः संचालित होने की शक्ति का आधार उसमें निहित अन्तः विरोधी संघर्ष की प्रवृत्ति है। यह संघर्ष निरन्तर चलता रहता है। हीगल ने इसे ऐतिहासिक आवश्यकता के नाम से पुकारा है।

2. **पूर्ण आत्मोपलब्धि** (Full Self-realization)—हीगल के अनुसार मानव प्रगति को निर्धारित करने वाली तत्व विश्वात्मा का विवेक है। यह विवेकपूर्ण विश्वात्मा अपने विकास के लिए विभिन्न अवस्थाओं को धारणा करती है तथा अपने लक्ष्य की सिद्धि पर उन्हें छोड़कर आगे बढ़ जाती है, क्योंकि उसका अन्तिम लक्ष्य पूर्ण आत्मोपलब्धि प्राप्त करना है।

3. **विरोध** (Contradiction)—हीगल की मान्यता है कि एक वस्तु का महत्व उसकी विरोधी वस्तु को देखकर ही लगा सकते हैं। जैसे—प्रेम का महत्व घृणा, सुख का दु:ख और प्रकाश का अन्धकार के परिप्रेक्ष्य में समझा जा सकता है।

4. **संघर्ष** (Struggle)—हीगल के अनुसार विकास दो परस्पर विरोधी वस्तुओं या शक्तियों में द्वन्द्व या संघर्ष का परिणाम है। अर्थात् संघर्ष ही विकास का माध्यम है।

इस प्रकार सामाजिक प्रगति विरोधी तत्वों के माध्यम से होती है।

## विवेकमय वास्तविक है और वास्तविक ही विवेकमय है (The Rational is the Real and the Real is the Rational)

हीगल की प्रसिद्ध उक्ति है—जो चीज वास्तविक है वह विवेकमय है और जो विवेकमय है वह वास्तविक है। इस कथन में हीगल ने एक प्रकार से अद्वैत दर्शन की व्याख्या की है। उनके विवेकमय का तात्पर्य है निरपेक्ष चेतना या परम सत्य और वास्तविक का तात्पर्य है प्रकृति। परम सत्य या शाश्वत चेतना

ही प्रकृति का रूप धारण करती है और प्रकृति अपने विकास द्वारा पुनः अपनी मूल शाश्वतता को प्राप्त कर लेती है। दोनों तात्विक रूप से एक ही चीज है, अन्तर केवल अवस्था में है। जो कुछ भी जगत में आभासित होता है, वह मूल शाश्वत चेतना की ही स्थूल अवस्था है जिसमें उसने अपने आपको उँड़ेल रखा है और इस प्रकार सूक्ष्म ने अपने आपको स्थूल में बद्ध कर लिया है तथा चूँकि अपने को जड़ प्रकृति के रूप में ढालने के साथ ही इस बाह्य अस्तित्व के अन्दर वह प्रविष्ट भी कर गयी है, यह उसमें से अपने अनन्त स्वरूपों, आकृतियों और दृश्यमान चीजों की निधि में प्रस्फुटित होती रहती है। वह अपने दृश्य के चारों ओर मोटी पपड़ी का आवरण पैदा कर लेती है, ऐसा आवरण कि जिसके साथ (विकास की मात्रा) आरम्भ करने के लिए चेतना घुल-मिल जाती है और जिसे तोड़कर ही कोई विचार इसके अन्तर में होने वाले स्पन्दन को पा सकता है और बाह्य जगत में भी उसकी धड़कन को अनुभव कर सकता है।

हीगल के ये शब्द भारतीय दर्शन की झंकार है। अपनी भाषा में कहा जाए तो ब्रह्म ने अपने आपको जड़ प्रकृति में अभिव्यक्त होने के साथ अपने को अन्तरात्मा के रूप में जगत की प्रत्येक चीज के अन्दर प्रविष्ट कर दिया। यह अन्तरात्मा प्रकृति के साथ इतनी घुल-मिल गयी कि वह उससे अपने को भिन्न नहीं मानती। यह अहम् या माया का आवरण है जो जड़ और चैतन्य के बीच में एक आवरण जैसा है। यदि इस आवरण का भेदनकर लिया जाए तो जड़ और चेतन बाह्य और अन्तर का भेद समाप्त हो जाता है तथा अन्दर और बाहर में तब तक एक ही चेतना स्पन्दित होती हुई अनुभूति होती है।

हीगल के अनुसार इस संसार में शाश्वत चेतना (ब्रह्म) के सिवाय और कुछ भी सत्य है ही नहीं। दूसरे शब्दों में, इस जगत के अन्दर जो कुछ है वह एक ही चेतना या परम सत्य का स्वरूप है। इसमें राज्य भी सम्मिलित है।

इस प्रक्रिया के अंतर्गत संसार की समस्त वस्तुओं, व्यवस्थाओं, संस्थाओं, आदि के विकासक्रम की ऐतिहासिकता को समझा जा सकता है। इनके कुछ उदाहरण नीचे दिए जाते हैं—

## द्वन्द्व की सामाजिक व्यवस्था
## (Dialectic of Social Order)

सामाजिक संगठनों के विकास क्रम के संबंध में हीगल का विचार है कि मनुष्य एक सामाजिक प्राणी है। सामाजिक जीवन की प्राथमिक इकाई परिवार है जिसे द्वन्द्ववाद की प्रक्रिया के अंतर्गत हीगल वाद कहता है। इसमें प्रेम और

एकता होती है। लेकिन, परिवार सभी आवश्यकताओं की पूर्ति नहीं करता है। अतएव, प्रतिवाद के रूप में बुर्जुआ समाज का जन्म होता है जिसमें पारस्परिक कटुता और प्रतियोगिता होती है। अतः, परिवार और समाज की कमियों को त्यागते हुए और उनकी अच्छाइयों के सम्मिश्रण से राज्य का निर्माण होता है जिसे संवाद कहा जाता है। इसमें प्रेम, सहयोग और एकता होती है। विश्वात्मा इसमें पूर्णत्व को प्राप्त कर लेती है।

## कानून का द्वन्द्व
## (Dialectic of Law)

कानून के क्षेत्र में हीगल ने कानून को वाद, नैतिकता को प्रतिवाद और सामाजिक नीतिशास्त्र को संवाद माना है।

### सरकार का द्वन्द्व (Dialectic of Government)

शासन-प्रणालियों और सरकार के अंगों के संबंध में भी हीगल इस द्वन्द्ववाद की पद्धति को लागू करता है। उसके अनुसार शासन-प्रणालियों का प्रारम्भिक रूप स्वेच्छाचारी तंत्र होता है, जो वाद है। इसमें स्वेच्छाचारी शासक व्यक्तियों की स्वतंत्रता का दमन करते हैं, अतः, इसके प्रतिवाद के रूप में लोकतंत्र प्रकट होता है। उसमें व्यक्तियों को थोड़ी स्वतंत्रता प्राप्त रहती है। परन्तु वह अपूर्ण है। अतः, इसके पश्चात् संवाद के रूप में वैधानिक राजतंत्र का जन्म होता है। जिसमें स्वेच्छाचारी तंत्र का तत्त्व राजतंत्र में और लोकतंत्र का तत्व वैधानिकता में विद्यमान रहता है तथा वाद और प्रतिवाद की बुराइयों की समाप्ति हो जाती है।

सरकार के अंगों के संबंध में विधायी अंग को हीगल वाद, प्रशासनिक (जिसमें न्यायिक अंग भी सम्मिलित है) को प्रतिवाद और वैधानिक राज को संवाद के रूप में चित्रित करता है।

### इतिहास में द्वन्द्व (Dialectic in History)

राज्यों के विकास-क्रम में हीगल प्राचीन भारत और चीन की राजनीतिक व्यवस्थाओं तथा यूनान और रोम की व्यवस्थाओं को वाद, मध्ययुगीन लोकतंत्री संघर्ष को प्रतिवाद एवं अपने युग में इच्छित जर्मनी के वैधानिक राजतंत्र की व्यवस्था को संवाद मानता है।

द्वन्द्ववादी त्रयी के उक्त दृष्टान्त निम्नलिखित चार्ट में सुविधा के लिए सम्मिलित किए गये हैं—

| विकास की व्यवस्थायें | वाद | प्रतिवाद | संवाद |
|---|---|---|---|
| 1. सामाजिक व्यवस्था | परिवार | बुर्जुआ समाज | राज्य |
| 2. विधि व्यवस्था | कानून | नैतिकता | नीतिशास्त्र |
| 3. शासन व्यवस्था | स्वेच्छाचारी तंत्र | लोकतंत्र | वैधानिक राजतंत्र |
| 4. शासनिक अंगों की व्यवस्था | विधायिका | प्रशासनिक अंग | वैधानिक राजा |
| 5. राज्य व्यवस्था | प्राचीन युग में चीन, भारत, यूनान, रोम की शासन व्यवस्थाएँ | मध्ययुगीन यूरोप में लोकतंत्र के लिए संघर्ष का युग | हीगल द्वारा अभिलाषित जर्मनी का वैधानिक राजतंत्र |
| 6. हीगलवादी निष्कर्ष सम्भाव्य भावी स्वरूप | आधुनिक राष्ट्रीय राज्य | संयुक्त राष्ट्रसंघ | विश्व राज्य |

## द्वन्द्वात्मक-पद्धति का मूल्यांकन
## (Evaluation of Dialectic Method)

हीगल की द्वन्द्वात्मक-पद्धति के गुण-दोष निम्नलिखित हैं—

**गुण (Merit)**

1. सेबाइन के अनुसार "द्वन्द्वात्मक-पद्धति ने सामाजिक अध्ययनों में कुछ नए परिणाम निकाले हैं। ये परिणाम ऐसे हैं, जो अन्यथा सामने नहीं आ सकते थे।"
2. यह पद्धति क्रांति और पुनरुद्धार का प्रतीक है।
3. हीगल के द्वन्द्ववाद का आरम्भ विशुद्ध तर्क की सर्वाधिक अमूर्त धारणा से होता है, जिसका केवल नाममात्र के लिए अस्तित्व होता है।
4. हीगल का द्वन्द्ववाद, मानव-सभ्यता के विकास की एक नवीन धारणा उपस्थित करता है।
5. हीगल की द्वन्द्वात्मक-पद्धति केवल दर्शन और इतिहास के विकास पर ही लागू नहीं होती है, बल्कि ऐसी प्रत्येक विषय वस्तु पर लागू होती है, जिसमें प्रगतिशील परिवर्तन और विकास की धारणाएँ निहित रहती हैं।
6. हीगल की द्वन्द्वात्मक-पद्धति को कार्ल मार्क्स ने अपनाया।
7. हीगल की द्वन्द्वात्मक-पद्धति ने विज्ञान और दर्शन में समन्वय स्थापित किया।

**दोष (Demerit)**

1. आलोचकों का कथन है कि हीगल ने इस पद्धति का बहुत ही मनमाने ढंग से प्रयोग किया है और खींचतान करके ऐसे तथ्यों पर भी लागू करने की चेष्टा की है, जिन पर कि इसे सफलतापूर्वक लागू नहीं किया जा सकता है।
2. इस पद्धति के द्वारा विभिन्न वस्तुओं के बीच विरोध की निराधार और अनावश्यक कल्पना की गयी है। यह सर्वथा तर्क विरुद्ध और असंगत है।
3. इस पद्धति में वैज्ञानिकता का अभाव हैं इसमें किसी भी वस्तु को मनमाने ढंग से वाद और किसी को प्रतिवाद के रूप में माना जा सकता है तथा मनमाने तर्कों को प्रस्तुत करके उसका समर्थन किया जा सकता है। अतः, इस पद्धति के अनुसार किसी भी अच्छी व्यवस्था को बुरी और बुरी व्यवस्था को अच्छी साबित किया जा सकता है।
4. केटलिन के अनुसार—"अपने विभिन्न अनुभवों को वाद-प्रतिवाद-संवाद के त्रिकोण में विभक्त करना एक मनोरंजक बौद्धिक व्यायाम मात्र है।"
5. यह पद्धति अत्यधिक अस्पष्ट है।
6. द्वन्द्वात्मक-पद्धति को तर्कशास्त्र की अपेक्षा नीतिशास्त्र के रूप में समझना अधिक आसान है।

## निष्कर्ष

इस पद्धति में विभिन्न दोषों के होते हुए भी इसकी बहुत उपयोगिता है। क्योंकि, यह वस्तुओं के स्वरूप को स्पष्ट करने में बड़ी सहायक है। सुख की यथार्थ अनुभूति दुःख पाने के बाद होती है। विरोधी तत्वों को जाने बिना हम सत्य को ठीक-ठीक नहीं पहचान पाते। जीवन संघर्षों का रंगमंच है तथा इन संघर्षों और विरोधों में समन्वय का कितना महत्व है, यह सिद्ध करने की आवश्यकता नहीं है। हीगल का द्वन्द्ववाद इसी तथ्य की ओर हमारा ध्यान आकर्षित करता है। हीगल का यह विचार भी विशेष प्रेरणादायक है कि प्रगति कठिन और जटिल होते हुए भी विकासमान है, ऊर्ध्वमुखी है।

# 8

# हीगल के राज्य-संबंधी विचार
# (Hegel's Views on State)

## भूमिका
## (Introduction)

हीगल प्लेटो और अरस्तू की तरह राज्य को मनुष्य के व्यक्तित्व के विकास के लिए एक आवश्यक और अत्याज्य संस्था मानता है। उसका कथन है कि आत्म-चेतना[1] का विकास राज्य के अंतर्गत ही संभव है। विश्वात्मा[2] के विकास के लिए आत्म-चेतना और स्वतंत्रता आवश्यक है। प्रारंभ में बच्चा इसे परिवार में पाता है। लेकिन, आगे चलकर उसका और वृहद रूप उसे नागरिक समाज[3] में मिलता है तथा फिर उसका सबसे वृहद रूप राज्य में मिलता है। इस प्रकार, राज्य एक पूर्ण संस्था है, जिसके अंतर्गत आत्म-चेतना और स्वतंत्रता दोनों की प्राप्ति होती है।

## राज्य की उत्पत्ति
## (Origin of State)

हीगल हॉब्स, लॉक और रूसो के इस विचार को अस्वीकार करता है कि राज्य की उत्पत्ति सामाजिक समझौते के आधार पर हुई है। उसके अनुसार राज्य ऐतिहासिक विश्व-प्रक्रिया का एक पहलू है, क्योंकि वह विश्व में आत्म-तत्व (geist) की अभिव्यक्ति है। हीगल का कहना है कि जीस्ट अपने लक्ष्य तक पहुँचने के लिए विश्व में अनेक वस्तुओं का रूप धारण करता है। वह जड़ वस्तुओं,

1. Self-consciousness 2. World Spirit 3. Civil Society

वनस्पतियों, पक्षियों और पशुओं के संसार में से गुजरता हुआ, ऊपर उठता हुआ चला जाता है। यह प्रक्रिया उस समय समाप्त होती है, जब जीस्ट मानव की स्थिति को प्राप्त कर लेता है तथा राज्य के रूप में अपनी अभिव्यक्ति करता है।

इस प्रकार, हीगल का मत है कि जीस्ट जो नैतिक व्यवस्था का आधार है—परिवार, नागरिक समाज और अन्त में राज्य का रूप ग्रहण करता है।

उपर्युक्त कथन से यह स्पष्ट है कि सामाजिक संस्थाओं के प्रादुर्भाव के क्रम में परिवार का स्थान सर्वप्रथम है, जिसके मौलिक तत्व—प्रेम और त्याग की भावनाएँ होती हैं। इस प्रकार, हीगल ने राज्य की उत्पत्ति में परिवार को प्रथम चरण या वाद (thesis) माना है। लेकिन, परिवार व्यक्ति की सभी आवश्यकताओं की पूर्ति नहीं कर सकता। अतः, व्यक्ति ने परिवार के छोटे दायरे से निकलकर नागरिक समाज के दायरे में प्रवेश किया। हीगल ने इस समाज को पूँजीवाद समाज कहा है और इसको परिवार का प्रतिवाद (anti-thesis) बताया है।

हीगल के अनुसार, परिवार की मुख्य विशेषताएँ—उसके सदस्यों के पारस्परिक प्रेम और सहानुभूति की भावनाएँ थीं। इसके विपरीत, नागरिक समाज की प्रमुख विशेषताएँ उसके सदस्यों की पारस्परिक स्पर्धा और प्रतियोगिता की भावनाएँ थीं, क्योंकि वे अपने-अपने हितों को प्राथमिकता देते थे। फलस्वरूप, परिवार और नागरिक समाज अर्थात् वाद और प्रतिवाद में संघर्ष आरम्भ हो गया। यह संघर्ष व्यक्तियों की उन्नति में बाधक सिद्ध हुआ, इसलिए यह बहुत समय तक नहीं चला। व्यक्ति शीघ्र ही यह अनुभव करने लगे कि संघर्ष की एक निश्चित सीमा होनी चाहिए, ताकि उनकी आत्म-उन्नति में बाधा उपस्थित न हो।

इस विचार के उदय के कारण, परिवार और नागरिक समाज का संवाद (synthesis) हुआ, जिसके फलस्वरूप राज्य की उत्पत्ति हुई। राज्य ने परिवार और नागरिक समाज-दोनों के गुणों का सामंजस्य करके, दोनों को अपने में विलीन कर लिया। इस प्रकार, हीगल ने अपनी द्वन्द्वात्मक पद्धति के अनुसार—वाद, प्रतिवाद और संवाद को राज्य की उत्पत्ति का आधारभूत कारण माना है। वेपर के शब्दों में, यह संवाद-वाद और प्रतिवाद, दोनों के सर्वोत्तम तत्वों को सुरक्षित रखता है। यह न तो परिवार को नष्ट करता है और न पूँजीवाद समाज को, बल्कि दोनों को एकता और सामंजस्य प्रदान करता है। यही संवाद—राज्य है।[1]

---

1. "The synthesis, which preserves what is best in thesis and antithesis, which swallows up neither family nor bourgeois society, but which gives a unity and harmony to them is the state."—Wayper.

## राज्य की विशेषताएँ
## (Characteristics of State)

हीगल के राज्य की निम्नलिखित विशेषताएँ उल्लेखनीय हैं—

**1. राज्य एक अत्याज्य संस्था है** (State is an Inevitable Institution)—हीगल ने राज्य को एक सर्वोच्च, आवश्यक और अत्याज्य संस्था माना है। इस संबंध में वह प्लेटो और अरस्तू का अनुसरण करता है। उसका कथन है कि राज्य के अन्तर्गत ही कोई व्यक्ति अपने व्यक्तित्व का विकास कर सकता है। राज्य से परे रहकर कोई भी व्यक्ति अपने व्यक्तित्व का विकास करना तो दूर रहा, अपना अस्तित्व भी कायम नहीं रख सकता है। अतः, राज्य एक शाश्वत और अत्याज्य संस्था है।

**2. राज्य ईश्वरीय विचार है** (State is the Divine Idea)—हीगल का कहना है कि राज्य पृथ्वी पर ईश्वरीय विचार है। जीस्ट की पूर्ण भौतिक अभिव्यक्ति-राज्य के माध्यम से होती है। ईश्वर अपनी दैवी इच्छा को प्रकट करने के लिए राज्य को अपना साधन बनाता है। हीगल का कथन है कि "राज्य पृथ्वी पर ईश्वर का आगमन है।"[1] इस प्रकार, उसने राज्य को एक ईश्वरीय संस्था के रूप में स्वीकार किया है।

**3. राज्य साध्य और व्यक्ति साधन है** (The State is an End and Individual a Means)—हीगल ने राज्य को साध्य तथा व्यक्ति को साधन माना है। उसका कथन है कि राज्य स्वयं परम सत्य और वास्तविक है। इसलिए वह स्वयं में साध्य है। व्यक्ति राज्य का प्रतिबिम्बं मात्र है। अतः, साधनमात्र से अधिक नहीं है। व्यक्ति में जो कुछ वास्तविकता, आध्यात्मिक सत्य तथा सार्थकता है, वह केवल इसलिए कि व्यक्ति राज्य का सदस्य है। इस प्रकार, हीगल की दृष्टि में, "राज्य अपने आप में निरपेक्ष और निश्चित साध्य है।"[2]

**4. राज्य का आंगिक विचार** (Organic View of the State)—हीगल ने राज्य के संबंध में आंगिक सिद्धांत का प्रतिपादन किया है। उसका कथन है कि राज्य और व्यक्ति दोनों एक दूसरे के लिए आवश्यक है। एक के अभाव में दूसरे के अस्तित्व की कल्पना नहीं की जा सकती है। एक का विकास दूसरे के विकास पर आश्रित है। इस प्रकार, अन्य आदर्शवादी विचारकों की तरह हीगल ने भी राज्य के आंगिक सिद्धांत का समर्थन किया है।

---

1. "The state is the march of god upon the earth."—Hegel.
2. "The state is absolute, fixed end in itself."—Hegel.

**5. राज्य सर्वोच्च नैतिक संस्था है** (State is the Highest Moral Institution)—हीगल ने राज्य को सर्वश्रेष्ठ नैतिक संस्था माना है। उसने राज्य को नैतिक संपूर्णता बताया है, जो उसको समाप्त मानवकृत वस्तुओं से उच्चतर स्थान प्रदान करती है। उसका मत है कि राज्य सभी नैतिक बन्धनों से मुक्त है, क्योंकि वह स्वयं नैतिक विचार है।[1] उसने एक निरपेक्ष राज्य की कल्पना की है। उसका कहना है कि संसार की सभी चीजें शासक की है, ईश्वर की नहीं।

**6. राज्य गलती नहीं कर सकता** (State is Infallible)—हीगल का कथन है कि राज्य कभी-भी गलती नहीं कर सकता। प्रो० गार्नर के शब्दों में—हीगल की दृष्टि में राज्य एक ईश्वरीय राज्य है, जो कभी गलती नहीं कर सकता। जो सर्वशक्तिमान है और नागरिकों के अपने हित में प्रत्येक बलिदान का अधिकारी है।

**7. स्वतंत्रता कानून के पालन में निहित है** (Freedoms Consist in Obediance to Law)—हीगल का कहना है कि स्वतंत्रता राज्य के कानून में निहित है। इसका यह अर्थ हुआ कि राज्य के कानून के पालन में ही वैयक्तिक स्वतंत्रता निहित है। कानून का निर्माण सामान्य इच्छा के आधार पर होता है।

**8. व्यक्ति राज्य के अधीन** (Individual Sub-ordinated to State)—हीगल ने व्यक्ति के व्यक्तित्व को राज्य के व्यक्तित्व में समाहित कर दिया है। उसका कथन है कि राज्य स्वयं व्यक्ति के संपूर्ण व्यक्तित्व का प्रतिनिधित्व करता है। राज्य व्यक्ति के हित के लिए सदा प्रयत्नशील रहता है। इसलिए, व्यक्ति को राज्य के आदेशानुसार कार्य करना चाहिए। व्यक्ति को अपनी यथार्थ इच्छा को राज्य की वास्तविक इच्छा के सामने त्याग करना चाहिए। राज्य के प्रत्येक नागरिक का यह मौलिक कर्तव्य होगा कि वह उसकी आज्ञा का पालन करें।

उपर्युक्त तथ्यों से यह स्पष्ट है कि हीगल एक आदर्शवादी विचारक है, जिसकी दृष्टि में राज्य एक शाश्वत और सर्वश्रेष्ठ संस्था है। उसने राज्य को साध्य और व्यक्ति को साधन माना है। उसकी दृष्टि में राज्य विश्वात्मा का प्रतिनिधित्व करता है। इसलिए, व्यक्ति के संपूर्ण व्यक्तित्व का विकास राज्य के अन्तर्गत ही संभव है। उसने राज्य को एक ईश्वरीय संस्था माना है। इसलिए, उसने राज्य को पृथ्वी पर ईश्वर का आगमन माना है। उसने एक निरपेक्ष राज्य का चित्र उपस्थित किया है।

---

1. "The state is the realised ethical idea".—Hegel.

## मूल्यांकन
## (Evaluation)

आलोचकों ने हीगल के निरपेक्ष राज्य की आलोचना भी की है। उन लोगों का कथन है कि राज्य साध्य नहीं, बल्कि साधन होना चाहिए। व्यक्ति को पूर्णरूप से राज्य के अधीन नहीं रखना चाहिए। राज्य के अंतर्गत व्यक्ति का स्थान प्रमुख रहता है। क्योंकि, वही सजीव प्राणी है और उसने अपने सुखों के लिए ही राज्य जैसी संस्था का निर्माण किया है और कर रहा है। इसलिए, हीगल ने जो निरंकुश राज्य का चित्र उपस्थित किया है, वह केवल विचारों में है, उसका वास्तविकता और व्यावहारिकता से कोई संबंध नहीं है। बेन्थम, मिल और स्पेंसर जैसे व्यक्तिवादी विचारकों ने राज्य के स्थान को गौण माना है और व्यक्ति के स्थान को ऊँचा उठाया है। अतएव, इस संबंध में हीगल ने राज्य पर जो अपना विचार दिया है, वह एक विवादास्पद प्रश्न और आलोचना का विषय बन गया है।

## हीगल के राज्य तथा व्यक्ति के संबंध में विचार
## (Hegel's Views on State and Individual Relationship)

हीगल ने राज्य तथा व्यक्ति के संबंध में जो विचार व्यक्त किया है, उनका विवेचन निम्नलिखित रूप से किया जा सकता है—

**राज्य तथा व्यक्ति में कोई विरोध नहीं (No Antagonism between State and Individual)**

व्यक्तिवादियों और उपयोगितावादियों ने राज्य तथा व्यक्ति को एक-दूसरे का विरोधी बताया है। हीगल ने उनके इस विचार का खण्डन किया है। उसकी दृष्टि में राज्य तथा व्यक्ति के हितों में किसी प्रकार का विरोध नहीं है। इस मत के समर्थन में वह निम्नलिखित तर्क उपस्थित करता है—

**1. व्यक्ति, राज्य में ही पूर्णता प्राप्त करता है** (Individual Attains Fullness in the State)—हीगल का विचार है कि राज्य तथा व्यक्ति में विरोध इसलिए नहीं है, क्योंकि व्यक्ति राज्य में ही अपनी पूर्णता को प्राप्त करता है।

**2. राज्य में व्यक्तित्व का विस्तार** (Extension of Individuality in the State)—हीगल का दूसरा तर्क यह है कि राज्य तथा व्यक्ति में विरोध इसलिए नहीं है, क्योंकि राज्य के सदस्य के रूप में ही मनुष्य के व्यक्तित्व का विस्तार होता है एवं उसके व्यक्तित्व में उत्तम गुणों का समावेश होता है। कोकर के शब्दों में—हीगल के अनुसार, मानव-व्यक्तित्व में जो कुछ भी सर्वश्रेष्ठ है, वह सब उसके समाज की सावयव सदस्यता के कारण ही है।

**3. व्यक्ति की स्वतंत्रता, राज्य में ही संभव है** (Individual's Freedom is Possible in the State)—हीगल का विचार है कि राज्य तथा व्यक्ति में विरोध इसलिए नहीं है, क्योंकि व्यक्ति की स्वतंत्रता राज्य में ही संभव है। राज्य व्यक्तिगत स्वतंत्रता पर अंकुश लगाकर, समग्र रूप में समाज की स्वतंत्रता की वृद्धि करता है, और इस प्रकार व्यक्ति की स्वतंत्रता के क्षेत्र का विस्तार करता है। हीगल के शब्दों में—राज्य को व्यक्ति की स्वतंत्रता को वास्तविक रूप प्रदान करने वाला माना जाना चाहिए।

**4. राज्य स्वयं व्यक्ति है** (State is Himself Individual)—हीगल ने राज्य को स्वयं व्यक्ति मानकर, राज्य तथा व्यक्ति के विरोध को समाप्त कर दिया है।

**5. राज्य, व्यक्तियों का है और व्यक्ति, राज्य के है** (State and Individual are Co-related)—हीगल का मत है कि जीस्ट (geist) संसार की विभिन्न वस्तुओं में से गुजरता हुआ, अंत में मनुष्य और राज्य के रूप में अपने को प्रकट करता है। उसके इस कथन का अर्थ यह है कि चूँकि जीस्ट—व्यक्ति और राज्य दोनों में विद्यमान है, इसलिए इन दोनों में किसी प्रकार के विरोध की कल्पना करना सर्वथा असंगत है।

उपर्युक्त तर्कों के आधार पर राज्य तथा व्यक्ति में कोई विरोध नहीं है।

## राज्य व्यक्ति से उच्चतर है
## (The State is Higher than Individual)

हीगल ने राज्य को व्यक्ति से उच्चतर स्थान प्रदान किया है। उसने राज्य को नैतिक सम्पूर्णता, मूर्तिमान स्वतंत्रता, समस्त बन्धनों से मुक्त, कानूनों और अधिकारों का मूल स्रोत, पृथ्वी पर ईश्वर का आगमन और ईश्वरीय विचार, तथा अन्ततोगत्वा पूर्ण विवेक का साकार रूप बताकर, सर्वोच्च सत्ता और इसलिए व्यक्ति से उच्चतर माना है।

हीगल ने राज्य को व्यक्ति से उच्चतर सिद्ध करने के लिए निम्नलिखित तर्क प्रस्तुत किया है—

**1. व्यक्ति का अस्तित्व केवल राज्य के स्वरूप के रूप में है**—हीगल ने व्यक्ति के अस्तित्व और उसके जीवन की वास्तविकता को केवल राज्य के सदस्य के रूप में ही स्वीकार किया है। गेटेल के शब्दों में—"व्यक्ति के जीवन की वास्तविकता, राज्य का सदस्य होने में है। राज्य से पृथक अथवा बाहर होकर उसका कोई अस्तित्व नहीं रह जाता है।"

**2. राज्य, व्यक्ति के नैतिक व सामाजिक विकास को संभव बनाता है**—हीगल के अनुसार—राज्य सामाजिक और नैतिक विचार का यथार्थ स्वरूप है।[1]

अपनी इस परिभाषा द्वारा हीगल ने राज्य के परिवेश में सांसारिक और आध्यात्मिक, दोनों क्षेत्रों का समावेश कर दिया है। इसका स्पष्ट आशय यह है कि व्यक्ति—राज्य की सीमाओं के अंतर्गत निवास करके ही, अपने भौतिक एवं अभौतिक लक्ष्यों को प्राप्त कर सकता है। व्यक्ति सामाजिक प्राणी होने के कारण अपना सामाजिक विकास और अपनी अंतर्निहित नैतिकता के कारण अपना आध्यात्मिक विकास कर सकता है।

**3. राज्य साध्य है और व्यक्ति राज्य का साधन है**—हीगल का विचार है कि राज्य इस संसार में जीस्ट की प्रगति का भौतिक साधन है। अतः, राज्य साध्य है और वह व्यक्ति को साधन के रूप में प्रयोग कर सकता है।

**4. व्यक्ति का कर्तव्य, राज्य के आदेशों का पालन करना है**—हीगल ने व्यक्ति का कर्तव्य—राज्य के आदर्शों का पालन करना बताया है। उसने किसी भी दशा में व्यक्ति को राज्य की आज्ञाओं और कानूनों का उल्लंघन करने की अनुमति नहीं दी है।

**5. राज्य, व्यक्ति के अधिकारों का जन्मदाता है**—व्यक्ति के केवल वही अधिकार हो सकते हैं, जो उसे राज्य से प्राप्त होते हैं। इस प्रकार, हीगल ने राज्य को व्यक्ति के अधिकारों का जन्मदाता माना है।

## व्यक्तिवाद की अस्वीकृति
## (Rejection of Individualism)

हरमॉन का कथन है, "हीगल ने सतरहवीं और अठारहवी शताब्दियों में विकसित होने वाले व्यक्तिवाद की घोर निन्दा की है तथा उसे पूर्णतया अस्वीकार किया है।"[2]

## निष्कर्ष

हीगल ने राज्य को सब कुछ और व्यक्ति को कुछ नहीं माना है। राज्य-ईश्वरीय, निरंकुश, सर्वशक्तिशाली तथा चरम सत्तावादी है। व्यक्ति राज्य के हित और गौरव की वृद्धि करने के लिए केवल एक साधन है। व्यक्ति और उसमें जीवन का महत्व केवल राज्य के सदस्य के रूप में है, क्योंकि राज्य में ही उसे स्वतंत्रता,

---

1. "The state is the reality of the socio-ethical idea."—Hegel.
2. "Hegel's rejection of the individualism that had developed in the seventeenth and eighteenth centuries was thorough going."—Harmon.

नैतिकता तथा अधिकारों की प्राप्ति होती है। अतएव, राज्य को व्यक्ति से भक्ति, त्याग तथा बलिदान की मांग करने का निरपेक्ष अधिकार है।

हरमॉन के शब्दों में, "यद्यपि हीगल नागरिक समाज में कुछ स्वतंत्रता का समर्थन करता है, लेकिन वह संकीर्ण मनोवृत्ति के खतरे को भी जानता है। अतएव, वह इस मनोवृत्ति पर नियंत्रण रखने के लिए राज्य को उच्चत्तर स्थिति प्रदान करता है।"[1]

1. "Hegel advocates some freedom in civil society, but he also recognises the danger of particularism and maintains the superior position of the state in order to check it."—Harmon.

# 9

# हीगल के स्वतंत्रता-संबंधी विचार
# (Hegel's Views on Freedom)

## भूमिका
## (Introduction)

हीगल के स्वतंत्रता-संबंधी विचार, व्यक्तिवादी विचारकों द्वारा प्रतिपादित किए जाने वाले विचारों से न केवल भिन्न, बल्कि उनके विपरीत भी है। व्यक्तिवादी विचारकों ने वैयक्तिक स्वतंत्रता पर अतिशय बल दिया है। उनका कथन है कि व्यक्ति को अपनी इच्छानुसार कार्य करने तथा जीवन व्यतीत करने की स्वतंत्रता होनी चाहिए। राज्य को उसकी स्वतंत्रता पर कम-से-कम प्रतिबंध लगाना चाहिए।

हीगल ने व्यक्तिवादी विचारकों की स्वतंत्रता-संबंधी इस धारणा को सर्वथा असंगत और अनुपयुक्त बताया है। उसने वैयक्तिक स्वतंत्रता के विचार को अस्वीकार किया है। उसकी दृष्टि में, राज्य की अधीनता स्वीकार करना व्यक्ति की सच्ची स्वतंत्रता बताया है तथा राज्य के माध्यम से सामाजिक स्वतंत्रता की प्राप्ति को आदर्श स्वतंत्रता घोषित किया है।

## हीगल की स्वतंत्रता का विश्लेषण
## (Analysis of the Hegel's Freedom)

हीगल की स्वतंत्रता-संबंधी धारणा, राजनीतिक चिन्तन का विवादग्रस्त, विषय बन गयी है। जिसका विश्लेषण अग्रलिखित रूप से किया जा सकता है—

**1. स्वतंत्रता के चार युग** (Four Ages of Freedom)— हीगल का विश्वास था कि विश्व का इतिहास, वास्तव में विश्वात्मा के क्रमिक विकास की प्रक्रिया है तथा इस विकास के साथ-साथ स्वतंत्रता का भी विकास होता है। प्रत्येक युग में कोई विशेष जाति–विश्व–आत्मा और स्वतंत्रता के विचार का प्रतिनिधित्व करती है। इस धारणा के आधार पर, हीगल ने स्वतंत्रता के विकास के चार युग खोज निकाले हैं—प्राच्य, यूनानी, रोमन और जर्मन।

हीगल के अनुसार, प्राच्य युग में केवल निरंकुश शासक, यूनान और रोम में कुछ व्यक्ति तथा जर्मन में सभी व्यक्ति स्वतंत्र थे। उसके शब्दों में—प्राच्य-निवासी जानते थे कि केवल एक ही व्यक्ति, अर्थात् निरंकुश राजा स्वतंत्र है। यूनान और रोम के निवासी जानते थे कि कुछ व्यक्ति स्वतंत्र है। जर्मनी के निवासी जानते हैं कि सब व्यक्ति स्वतंत्र हैं।[1]

**2. स्वतंत्रता-प्राप्ति मानव का लक्ष्य है** (Human's Aim is to Achieve Freedom)—हीगल का कथन है कि—मानव का लक्ष्य-सुख नहीं है। उसका लक्ष्य स्वतंत्रता है, तथा वह केवल राज्य की अधीनता स्वीकार करके ही इस लक्ष्य को प्राप्त कर सकता है।[2]

**3. स्वतंत्रता, मानव का विशिष्ट गुण है** (Freedom is the Specific Quality of Man)—हीगल ने स्वतंत्रता को मानव के जीवन का सार और उसका विशिष्ट गुण माना है। उसने लिखा है कि स्वतंत्रता, मानव का विशिष्ट गुण है। अपनी स्वतंत्रता का परित्याग करना, अपनी मानवता का परित्याग करना है। अत:, स्वतंत्र न होना, अपने मानव-अधिकारों और अपने कर्तव्यों का भी परित्याग करना है।

**4. स्वतंत्रता एक सामाजिक तथ्य है** (Freedom is a Social Fact)—हीगल के लिए व्यक्ति की स्वतंत्रता एक सामाजिक तथ्य है, क्योंकि समाज से पृथक् उसकी कोई स्वतंत्रता नहीं है। व्यक्ति सामाजिक कार्यों में भाग लेकर और सामाजिक संस्थाओं के द्वारा ही स्वतंत्रता को प्राप्त कर सकता है। सेबाइन के शब्दों में, प्लेटो और अरस्तू के समान हीगल का स्वतंत्र नागरिकता का सिद्धांत व्यक्तिगत अधिकारों पर नहीं, बल्कि सामाजिक कार्यों पर आधारित है।"[3]

---

1. "The orient knew only that one (i.e. the despot) is free; the Greek and Roman world, that some are free; the German world knows that all are free."—Hegel.
2. "Happiness is not the goal of man, the goal is freedom, and this can be accomplished only through subjection to the state."—Harmon.
3. "Hegel's theory of free citizenship, like that of Plato and Aristotle, ran not in terms of private rights but of social functions."—Sabine.

**5. स्वतंत्रता और सत्ता में विरोध नहीं** (No Conflict between Freedom and Authority)—हीगल का विचार है कि व्यक्ति की स्वतंत्रता का अर्थ—राज्य के प्रतिबंधों से मुक्ति नहीं है, बल्कि स्वेच्छा से उनको स्वीकार करना है। स्वतंत्र व्यक्ति वही है जो राज्य द्वारा अभिव्यक्त होने वाली विश्व-आत्मा की इच्छा के अनुसार कार्य करता है। इस प्रकार के कार्य करके ही वह पूर्ण स्वतंत्रता का अनुभव करता है। हरमान के शब्दों में—हीगल के सिद्धांतों में स्वतंत्रता और सत्ता में विरोध नहीं है। हीगल के सिद्धांत के इस पक्ष में और रूसो की सामान्य इच्छा की धारणा में प्रत्यक्ष समानता है।[1]

**6. स्वतंत्रता का अर्थ, राज्य की अधीनता है** (Freedom Means, Subjection to State)—हीगल के अनुसार, स्वतंत्रता का अर्थ—राज्य के बंधनों से मुक्ति नहीं है, बल्कि इसका अर्थ—राज्य की अधीनता है। स्वतंत्रता-सत्ता से छुटकारा नहीं है, बल्कि उसकी मातहती है। स्वतंत्रता की चरम प्राप्ति यही है। इस विरोधाभास को समझने की सब में क्षमता नहीं है। लेकिन, इतिहास की प्रगति सिद्ध करती है कि इस प्रकार की क्षमता को अधिक व्यक्ति प्राप्त कर रहे हैं।

**7. स्वतंत्रता का राज्य विस्तार करता है** (State Enlarges Freedom)—हीगल का मत है कि राज्य वास्तविक विवेक है और राज्य के कानून-विश्व-आत्मा के साकार रूप है। अत:, केवल वहीं व्यक्ति स्वतंत्र है, जो कानूनों का पालन करता है। उसका तर्क है कि राज्य द्वारा व्यक्ति के आवेगों, इच्छाओं और भावनाओं पर लगाए जाने वाले प्रतिबंध उसकी स्वतंत्रता को सीमित नहीं करते हैं, बल्कि उसकी स्वतंत्रता के लिए अनिवार्य हैं। क्योंकि, वे उसका विस्तार करते हैं।

**8. स्वतंत्रता, विवेक के आदेशों का पालन करने में है** (Freedom Consists in Obedience of Reason's Dictates)—हीगल का कथन है कि स्वतंत्रता-विवेक के आदेशों का पालन करने में है। कांट के समान विवेक से हीगल का अभिप्राय, व्यक्ति के विवेक से नहीं है, बल्कि राज्य के कानूनों में निहित समाज के विवेक से है। व्यक्ति का विवेक सदैव विश्वसनीय नहीं होता है। इसका कारण यह है कि उसमें काम, क्रोध, राग, द्वेष, मोह, स्वार्थ, आदि की भावनाएँ होती हैं। अतएव, वह अपने विशिष्ट हितों और तात्कालिक कारणों के वशीभूत होकर, अविवेकपूर्ण कार्य कर सकता है। राज्य के कानूनों में निहित

---

1. "There is, in Hegel's theory, no conflict between freedom and authority the similarity of this aspect of Hegel's theory to Rousseau's view of the general will is apparent."—Harmon.

विवेक इस दोष से सदैव मुक्त रहता है। क्योंकि, वह विशिष्ट न होकर सार्वभौम होता है। अतः, व्यक्ति-राज्य और उसके कानूनों के अनुसार अपने व्यवहार को समायोजित करके ही सच्ची स्वतंत्रता का उपभोग करता है।

**9. स्वतंत्रता कर्तव्यपालन में निहित है** (Freedom Means to Obey Duty)—हीगल का मत है कि व्यक्ति अपने कर्तव्यों का पालन करके ही वास्तविक स्वतंत्रता की प्राप्ति करता है। व्यक्ति को वास्तविक स्वतंत्रता तभी प्राप्त होती है, जब वह अपनी इच्छाओं के वशीभूत होकर कोई कार्य न करें, बल्कि अपने कर्तव्यों का पालन करें। अतएव, कर्तव्य पालन का बंधन—व्यक्ति की स्वतंत्रता पर प्रतिबंध न लगाकर, उसको वास्तविक स्वतंत्रता प्रदान करता है।

**10. स्वतंत्रता को राज्य सम्भव बनाता है** (State Makes Freedom Possible)—हीगल का विश्वास है कि विश्वात्मा स्वतंत्र है। अतएव, विश्वात्मा का विकास स्वतंत्रता का विकास है। इसलिए, मानव-जाति के विकास का इतिहास स्वतंत्रता के विकास का इतिहास है। राज्य-विश्वात्मा के विकास की चरम अभिव्यक्ति है। इसलिए, राज्य स्वतंत्रता के विकास की भी चरम अभिव्यक्ति है। राज्य ही व्यक्ति की स्वतंत्रता को संभव बनाता है।

राज्य-विश्वात्मा का साकार रूप है। अतएव, राज्य के आदेशों का पालन करना, व्यक्ति की वास्तविक इच्छा है। वस्तुतः, उसकी वास्तविक इच्छा—राज्य के आदेश ही हैं। इस प्रकार, राज्य के आदेश ही व्यक्ति को अपनी स्वतंत्रता प्राप्त करने का एकमात्र अवसर प्रदान करते हैं।

## हीगल की स्वतंत्रता-संबंधी धारणा की आलोचना (Criticism of Hegel's Conception of Freedom)

विभिन्न आलोचकों ने हीगल के स्वतंत्रता-संबंधी धारणा की आलोचना निम्नलिखित रूप से की है—

**1. निरंकुश राज्य** (Absolute State)—हीगल ने राज्य को सर्वोच्च, सर्वशक्तिमान और कभी गलती न करने वाला बताया है। उसके अनुसार, राज्य की शक्ति निरंकुश है और सभी व्यक्तियों एवं संस्थाओं पर उसका पूर्ण आधिपत्य है। उनको राज्य के विरुद्ध कोई भी कार्य करने की स्वतंत्रता प्राप्त नहीं है। इस प्रकार, हीगल ने राज्य की शक्ति को असीमित तथा अमर्यादित बनाकर, व्यक्ति की स्वतंत्रता का पूर्ण हनन किया है।

**2. व्यक्ति का महत्व नहीं** (No Importance of Individual)—हीगल ने व्यक्ति को लेशमात्र भी महत्व नहीं दिया है और प्रत्येक परिस्थिति में राज्य की इच्छा को व्यक्ति की इच्छा से श्रेष्ठतर माना है।

**3. विद्रोह करने का अधिकार नहीं** (No Right to Revolt)—हीगल ने व्यक्ति को किसी भी परिस्थिति में राज्य के कानूनों की अवहेलना करने या राज्य के विरुद्ध विद्रोह करने की स्वतंत्रता प्रदान नहीं की है। इस प्रकार, हीगल ने व्यक्ति के स्वतंत्रता के अधिकार को राज्य की वेदी पर बलिदान कर दिया है।

**4. नागरिक स्वतंत्रता नहीं** (No Civil Freedom)—हीगल ने नागरिक स्वतंत्रता को, जिसमें लेखन, भाषण अथवा विचार-अभिव्यक्ति की स्वतंत्रता और प्रतिनिधियों का निर्वाचन करने की स्वतंत्रता सम्मिलित है, आध्योपरांत अस्वीकार किया है।

**5. राज्य की अधीनता** (Subjection to State)—हीगल का कथन है कि वही व्यक्ति वास्तव में स्वतंत्र है, जो राज्य को विश्वात्मा की अभिव्यक्ति मानता है और उसकी अधीनता स्वीकार करता है। जर्मनी की प्रगति और एकता के लिए, राज्य की अधीनता को हीगल ने स्वीकार किया है।

## निष्कर्ष

मैक्सी के अनुसार, हीगल ने इस तर्क को सत्य सिद्ध किया कि वैयक्तिक स्वतंत्रता केवल राज्य में और राज्य के द्वारा ही संभव हो सकती है। राज्य पूर्ण विवेक है और उसकी इच्छा के अनुकूल आचरण करना ही मनुष्य की सर्वोचित एवं सर्वोच्च स्वतंत्रता है।[1]

---

1. "It was Hegel who pressed the argument that individual freedom can only exist in and through the state, that the state is absolutely rational, and that compliance with its will is man's triest and highest freedom."—Maxey.

# 10

# हीगल के संविधान, सरकार, कानून, संप्रभुता, संपत्ति तथा दंड पर विचार
# (Hegel's Views on the Constitution, Government, Law, Sovereignty, Property and Punishment)

## हीगल का संविधान पर विचार
## (Hegel's Views on the Constitution)

हीगल के अनुसार संविधान कोई आकस्मिक कृति नहीं है, बल्कि उसका निर्माण समानता प्राप्त राजनीतिक और सामाजिक संस्थाओं में आबद्ध सदियों के साथ रहने वाली जनता द्वारा पालन की जाने वाली परम्पराओं के परिणामस्वरूप होता है।

हीगल का मत है कि संविधान का राज्य से अविच्छिन्न संबंध होता है। राज्य के विकास के साथ संविधान का विकास होता है और उसमें परिवर्तन भी होता है। अतएव, संविधान के सर्वोत्तम रूप के संबंध में वाद-विवाद करना, अथवा उसकी रचना करने का प्रयत्न करना, अथवा यह पूछना कि उसकी रचना कौन करता है—मूर्खतापूर्ण बातें है। प्रत्येक राज्य का संविधान उसके ऐतिहासिक विकास का परिणाम होता है तथा भवन के समान उसका निर्माण नहीं किया जा सकता है।

हीगल के शब्दों में—संविधान को निर्मित वस्तु नहीं समझा जाना चाहिए। इसके विपरीत, उसे अपने आप में और अपने द्वारा विद्यमान माना जाना चाहिए। अत:, उसे दैवी, शाश्वत और निर्मित वस्तुओं से श्रेष्ठ माना जाना चाहिए।[1]

## हीगल का सरकार पर विचार
## (Hegel's Views on Government)

**1. सरकार के तीन अंग** (Three Organs of the Govt.)—हीगल के अनुसार सरकार की शक्तियाँ तीन प्रकार की होती हैं—

(क) विधायी (Legislative)

(ख) प्रशासकीय (Administrative), जिसमें न्यायिक (Judicial) शक्ति सम्मिलित रहती है तथा

(ग) राजतंत्रीय (Monarchic)।

हीगल ने प्रशासनिक शक्ति को कार्यपालिका का समानार्थी माना है।

हीगल के अनुसार—व्यवस्थापिकावाद, प्रशासकीय प्रतिवाद और राजतंत्र संवाद है।

**2. वैधानिक राजतंत्र का समर्थक** (Supporter of Constitutional Monarchy)—हीगल वैधानिक राजतंत्र का समर्थन करता है तथा उसे निरंकुश राजतंत्र, प्रजातंत्र और कुलीनतंत्र से श्रेष्ठ घोषित करता है। वैधानिक राजतंत्र एक प्रकार की मिश्रित सरकार की व्यवस्था का द्योतक है। इसमें प्रजातंत्र, कुलीनतंत्र और राजतंत्र के तत्त्व विद्यमान रहते हैं। व्यवस्थापिका अंग प्रजातंत्र का, प्रशासनिक संगठन कुलीनतंत्र का और वैधानिक राजतंत्र का प्रतीक है।

हीगल वंशानुगत और वैधानिक राजा के शासन का समर्थन करता है। उसके अनुसार राजा संप्रभु है, लेकिन उसकी शक्तियाँ सीमित हैं। वह अपने कौउन्सिलर के परामर्शानुसार ही कार्य करने को बाध्य है। राजा राज्य की सर्वोच्चता और एकता का प्रतीक है। संप्रभुता उसमें निवास करती है। वह कभी-भी स्वेच्छाचारी शासक नहीं बन सकता है।

हीगल ग्रेट ब्रिटेन की संसदीय प्रणाली को पसंद नहीं करता था। वह प्रजा के राजा जैसे राजा का आकांक्षी था और उसी का उसने अपने विचारों के माध्यम से समर्थन किया है।

---

1. "Constitution should not be regarded as something made. It must be treated rather as something existent in and by itself, as divine therefore, and constant and exalted above the things that are made."—Hegel.

**3. शक्ति-विभाजन** (Separation of Powers)—हीगल माण्टेस्क्यू द्वारा प्रतिपादित शक्ति-विभाजन के सिद्धांत में विश्वास नहीं रखता है तथा उनकी शक्तियों को एक दूसरे से स्वतंत्र और एक दूसरे पर नियंत्रण रखने वाली नहीं मानता है। बल्कि, तीनों शक्तियों को एक-दूसरे की पूरक और एक महान समष्टि के विभिन्न अविच्छेदनीय अंगों के रूप में सिद्ध करता है।

इसके साथ ही, हीगल माण्टेस्क्यू द्वारा प्रस्तावित कार्यपालिका, व्यवस्थापिका और न्यायपालिका के स्थान पर व्यवस्थापिका, प्रशासकीय और राजतंत्र की तीन शक्तियों को प्रस्तावित करता है। वह न्यायपालिका को शासन का स्वतंत्र अंग स्वीकार नहीं करता, बल्कि उसे प्रशासकीय की एक शाखा मानता है तथा उसके स्थान पर राजतंत्र को स्थापित करता है। अपनी शासन-व्यवस्था में हीगल राजा को इसलिए महत्वपूर्ण स्थान प्रदान करता है, क्योंकि वह कार्यपालिका और व्यवस्थापिका में समन्वय स्थापित करने वाला राज्य की एकता और सर्वोच्चता का प्रतीक तत्व है।

**4. कार्यमूलक प्रतिनिधित्व में विश्वास** (Faith in Functional Representation)—हीगल व्यवस्थापिका को द्विसदनीय मानता है। उसने कार्यमूलक प्रतिनिधित्व का समर्थन किया है और क्षेत्रीय प्रतिनिधित्व का खण्डन किया है। उसका तर्क है कि क्षेत्रीय प्रतिनिधित्व से एक व्यक्ति चुनकर जाता है, जो सभी के हितों को ठीक से संसद में नहीं रख सकता है। इसलिए चुनाव में, ससंद सदस्यों का चयन कार्य के आधार पर होना चाहिए, क्षेत्र के आधार पर नहीं। इस प्रकार, उसने क्षेत्रीय प्रतिनिधित्व के स्थान पर कार्यमूलक-पद्धति जैसे सिद्धांत का प्रतिपादन किया है।

**5. कार्यपालिका अधिक शक्तिशाली** (Executive More Powerful) —हीगल ने कार्यपालिका की तुलना में व्यवस्थापिका को बहुत कम महत्व प्रदान किया है। कार्यपालिका ही शक्ति का मुख्य स्रोत है। वह कार्यकालिका को व्यवस्थापिका के अधीन नहीं मानता है। उसका कथन है कि—राज्य के संगठन और आवश्यकताओं को समझने में उच्चतम सरकारी अधिकारियों में अधिक गम्भीर और व्यापक दृष्टि होती है।

अतएव, वे व्यवस्थापिका की सहायता की अनुपस्थिति में भी अच्छी तरह से शासन का संचालन करने में समर्थ होते हैं। इसलिए, सामान्य रूप से कानून निर्माण का कार्य राज्य कर्मचारियों के हाथों में ही केन्द्रित होना चाहिए।

## मूल्यांकन
## (Evaluation)

हीगल ने एक वंशानुगत और वैधानिक राजा के शासन को जर्मनी के लिए उपयुक्त बतलाया है। उसका यह विचार तत्कालीन जर्मनी की परिस्थितियों में लाभदायक सिद्ध हो सकता है। लेकिन, इस समाजवादी और प्रजातांत्रिक युग में कोई भी सीमित राजतंत्र को स्वीकार नहीं कर सकता है। आज प्रत्येक जनता जागरूक हो गयी है और वह अपने राजनीतिक चेतना के आधार पर राजनीतिक अधिकारों का उपयोग करना चाहती है। अतः, समाजवादी प्रजातंत्र अभी का नारा है और प्रत्येक राष्ट्र इसे मूर्त रूप देने की कोशिश कर रहा है। ऐसी स्थिति में हीगल का वंशानुगत सीमित राजतंत्र अव्यावहारिक दिखाई पड़ता है।

## हीगल का कानून पर विचार
## (Hegel's Views on Law)

1. **कानून इतिहास के विकास का परिणाम है** (Law is the Result of the Evolution of History)—हीगल ने प्राकृतिक कनूनों के सिद्धांत का खण्डन किया है तथा समाज या राज्य के कानूनों को इतिहास के विकास का परिणाम माना है। सेबाइन के शब्दों में—हीगल ने अपरिवर्तनशील प्राकृतिक कानूनों की व्यवस्था के स्थान पर इतिहास में निरपेक्ष के विवेक युक्त उद्‌घाटन को प्रतिष्ठित किया है।[1]

अतएव, हीगल की मान्यता है कि व्यक्ति न तो कानूनों का निर्माण कर सकते हैं और न किसी निश्चित मापदण्ड से उनके औचित्य का निर्णय कर सकते हैं। उनके औचित्य का निर्णय किस प्रकार किया जा सकता है, इस संदर्भ में डनिंग ने लिखा है-—कानूनों के औचित्य का निर्णय किसी निश्चित मापदण्ड के द्वारा नहीं, बल्कि इतिहास द्वारा व्यक्त की जाने वाली संस्कृति और आत्म-चेतना की विभिन्न अवस्थाओं के संदर्भ में किया जाता है।

2. **स्वेच्छा से स्वीकृत कानून** (Self Accepted Law)—हीगल का विचार है कि समाज के अपनी आवश्यकताओं के अनुसार स्वयं के कानून होते हैं। व्यक्ति इन कानूनों का पालन करके ही अपनी स्वतंत्रता का उपभोग कर सकते हैं। क्योंकि, कानूनों का निर्माण उनके द्वारा नहीं किया गया है, इसलिए वे उनका उल्लंघन नहीं कर सकते हैं। उनके उल्लंघन का परिणाम—सामाजिक क्रांति हो सकती है, जिसका हीगल घोर विरोधी है। उसका मत है कि जिस प्रकार प्रकृति

1. "In place of the eternal system of unchangeable natural law, Hegel put the rational unfolding of the Absolute in history."—Sabine.

में क्रांति नहीं होती है, उसी प्रकार समाज में भी नहीं होनी चाहिए। एबेन्टीन के शब्दों में—हीगल का तर्क है कि "जिस प्रकार हम प्राकृतिक अवस्था में कानूनों का ज्ञान प्राप्त करके और स्वेच्छा से उनकी अधीनता स्वीकार करके, न कि व्यर्थ में उनमें परिवर्तन करके, स्वतंत्रता का अनुभव करते हैं, उसी प्रकार हम समाज के कानूनों को स्वेच्छा से स्वीकार करके स्वतंत्रता का उपभोग कर सकते हैं।"

## हीगल का संप्रभुता पर विचार (Hegel's Views on Sovereignty)

**संप्रभुता राजा में** (Sovereignty in the Monarch)—हीगल के अनुसार राज्य की संप्रभुता का निर्धारण किसी व्यक्ति के द्वारा होता है, जो उसकी धारणा में राजा ही हो सकता है। राजा के बिना जनता एक असंगठित जन-समूह है, क्योंकि राज्य की सामूहिक सदस्यता के लिए राजा का होना आवश्यक है। इस दृष्टि से हीगल के विचार में राज्य की संप्रभुता राजा में निवास करती है।

हीगल के शब्दों में—यद्यपि राज्य संप्रभु है, तथापि संप्रभु की इच्छा की अभिव्यक्ति किसी व्यक्ति द्वारा की जानी अनिवार्य है। यदि संप्रभुता का निवास जनता में है, तो भी प्रत्येक वास्तविक परिस्थिति में जनता की इच्छा के औचित्य का निर्णय किसी नेता द्वारा किया जाना आवश्यक है। संप्रभुता राज्य के कानूनी व्यक्तित्व में निवास करती है, न कि नागरिकों के समूह या जनता में। इस व्यक्तित्व की एक व्यक्ति के रूप में अभिव्यक्ति होनी चाहिए और वह व्यक्ति—राजा हो सकता है। सारांश में—प्रभुसत्ता विधिवत् रूप में राजा को समर्पित की जानी चाहिए।[1]

संप्रभुता के संबंध में उपर्युक्त विचार व्यक्त करके, हीगल ने यह सिद्धांत प्रतिपादित किया कि राजा राज्य के व्यक्तित्व का धारण कर्ता अथवा राज्य का मूर्त रूप है। जिसका तात्कालिक प्रभाव निम्न प्रकार गेटेल ने लिखा है—हीगल के सिद्धांत का तात्कालिक प्रभाव यह हुआ कि लोगों का ध्यान राज्य प्रभुसत्ता के सिद्धांत की ओर से हटकर, राजा एवं प्रभुसत्ता की प्रत्यक्ष एकात्मकता की ओर चला गया। हीगल ने वैधानिक राजतंत्र को प्रजातंत्र से निश्चित रूप से श्रेष्ठ माना।[2]

---

1. "Sovereignty is to be ascribed formally to the Monarch."—Dunning.
2. "The immediate effect of Hegel's teaching was to divert attention from his theory of state sovereignty to its apparent identification of sovereignty with the monarch. Hegel considered constitutional monarchy decidedly superior to demorcracy."—Gettell.

## हीगल का संपत्ति पर विचार
## (Hegel's Views on Property)

**संपत्ति मानव व्यक्तित्व की अनिवार्य शर्त** (Property Indispensable Condition of Human Personality)—हीगल का विचार है कि संपत्ति का निर्माण राज्य या समाज नहीं करता है, बल्कि वह मानव-व्यक्तित्व की अनिवार्य शर्त है।[1]

संपत्ति-मानव-व्यक्तित्व की अनिवार्य शर्त इसलिए है, क्योंकि इसके अभाव में मानव-व्यक्तित्व का विकास असंभव है। संपत्ति ही मानव-व्यक्तित्व के विकास को पूर्णता पर पहुँचाती है। संपत्ति के माध्यम से व्यक्ति, अपनी इच्छा को क्रियाशील रखता है। संपत्ति उसकी स्वतंत्र इच्छा का प्रतीक है। वह अपनी इच्छानुसार किसी भी वस्तु को संपत्ति मान सकता है क्योंकि, दास में स्वतंत्र इच्छा नहीं होती है, इसलिए वह स्वयं दूसरे की संपत्ति होता है।

इस प्रकार, हीगल ने व्यक्ति के लिए संपत्ति को आवश्यक माना है। लेकिन, साथ ही उसने यह अस्वीकार किया है कि व्यक्ति के लिए कोई विशिष्ट संपत्ति आवश्यक है इस संदर्भ में, हीगल का मत है कि—यह आवश्यक है कि मेरे पास संपत्ति हो, पर यह बात निस्सार है कि यह विशिष्ट संपत्ति मेरी हो।[2]

## हीगल का दंड पर विचार
## (Hegel's Views on Punishment)

**दंड—समाज और अपराधी दोनों की दृष्टि से आवश्यक** (Punishment —Necessary from the Point of View of Society and Culprit Both)—कांट की तरह हीगल ने भी दंड के प्रश्न पर नैतिक दृष्टि से विचार किया है। उसने दंड को राज्य का महत्वपूर्ण अस्त्र बताया है और यह विचार व्यक्त किया है कि यदि कोई व्यत्ति-राज्य के आदेशों का अतिक्रमण करता है, तो उसे दंड देना राज्य का कर्तव्य हो जाता है। दंड-समाज और अपराधी दोनों की दृष्टि से आवश्यक है।

---

1. "Property, according to Hegel's theory, is not created by the state or even by society, but is an indispensable condition of human personality." —Sabine.

2. "That I should hold property is necessary, but my holding of this particular property is contingent."—Hegel.

दंड का अभिप्राय यह है कि व्यक्ति के द्वारा व्यक्ति, समाज और न्याय-विधान के प्रति जो अनुचित कार्य किया गया है, उसका उससे बदला लिया जाय। इस प्रकार, हीगल के अनुसार दंड के दो उद्देश्य हैं—प्रथम, व्यक्ति के प्रति किए गए अनुचित कार्य का सार्वजनिक प्रतिकार, द्वितीय, व्यक्ति के माध्यम से समाज तथा न्याय के कानून के विरुद्ध किए गए अनुचित कार्य का प्रतिकार।[1]

1. "Public redressal of the outrage done to the individual in the first place and through him, to the community and the law of justice in the second." —Hegel.

# 11

# हीगल के युद्ध, राष्ट्र-राज्य तथा अन्तरराष्ट्रीयता पर विचार
# (Hegel's Views on War, Nation-state and Internationalism)

## हीगल का युद्ध पर विचार
## (Hegel's Views on War)

हीगल ने युद्ध का समर्थन किया है और उसकी भूरि-भूरि प्रशंसा की है। उसके शब्दों में—राष्ट्र का सर्वोत्तम रूप वह है जब वह युद्ध में संलग्न रहता है।[1]

हीगल ने युद्ध के समर्थन में निम्नलिखित तर्क दिया है—

**1. राज्य को जीवित रहने के लिए** (For the Survival of the State)

हीगल का कथन है कि राज्य युद्ध के कारण ही जीवित रहता है। जो राज्य युद्ध या संघर्ष नहीं करता है, वह मृत हो जाता है। युद्ध के समय, राज्य काफी निरंकुश हो जाता है और अपनी शक्ति का प्रदर्शन खुलकर करता है। युद्ध के समय राज्य का जीवन और उद्देश्य व्यक्ति के जीवन और उद्देश्य से बढ़कर है। इसलिए, व्यक्ति को राज्य के हित में अपने जीवन और उद्देश्य का बलिदान कर देना चाहिए। इसके साथ ही, व्यक्ति को अंपनी निजी संपत्ति का भी लोभ नहीं करना चाहिए।

1. "The nation is at its best, when it is engaged in war."—Hegel.

**2. राज्य की आंतरिक शक्ति के लिए** (For the Internal Power of the State)

हीगल का विचार है कि राज्य में स्थायी शान्ति—आंतरिक असंतोष और भ्रष्टाचार को जन्म देती है। जिससे राज्य की शक्ति क्षीण हो जाती है। इसके विपरीत, युद्ध से आंतरिक असंतोष और भ्रष्टाचार कम होते हैं। फलस्वरूप, राज्य की शक्ति में वृद्धि होती है। हीगल के शब्दों में—सफल युद्ध, आंतरिक असंतोष को रोकते हैं और राज्य की आंतरिक शक्ति को सुदृढ़ बनाते हैं।[1]

**3. राज्य के व्यक्तित्व के निर्माण के लिए** (For the Building of the Personality of the State)—हीगल का मत है कि राज्य को एक ऐसे विशिष्ट वर्ग की आवश्यकता होती है, जो साहसी और युद्ध प्रिय हो तथा जो राज्य की सेवा में अपना बलिदान करने के लिए सदैव तैयार रहे। इस वर्ग की सृष्टि-युद्ध द्वारा होती है। यह वर्ग-राज्य के निर्माण और अस्तित्व को सुरक्षित रखने के लिए आवश्यक है। युद्ध मनुष्यों के हृदय में साहस, देशभक्ति, शूरवीरता, एकता तथा त्याग की भावना को जागृत करता है। गेटेल के शब्दों में—युद्ध वास्तव में ऐसी भट्टी है, जिसमें तपकर, ही राज्य के सच्चे व्यक्तित्व का निर्माण होता है।

**4. व्यक्तियों के नैतिक स्वास्थ्य के लिए** (For the Ethical Health of the People)—हीगल का कथन है कि स्थायी शांति से व्यक्ति निष्क्रिय हो जाते हैं। उनका नैतिक पतन हो जाता है। इस पतन से रक्षा करने के लिए युद्ध आवश्यक है। युद्ध नैतिक गुणों के विकास के लिए आवश्यक है। हीगल के शब्दों में—युद्ध का उच्चतर महत्व यह है कि इसके द्वारा व्यक्तियों का नैतिक स्वास्थ्य सुरक्षित रखा जाता है।[2]

**5. मानव-प्रगति तथा सभ्यता के विकास के लिए** (For the Human Progress and Development of Civilization)—युद्ध मानव-प्रगति के लिए आवश्यक है। स्थायी शांति की कामना एक स्वपन्न है। राष्ट्रों के झगड़ों का निपटारा युद्ध के द्वारा ही संभव है। स्थायी शांति मानव-जाति को भ्रष्ट करती है। हीगल का कहना है कि जिस प्रकार समुद्र में शांति के समय उत्पन्न होने वाली गंदगी प्रबल तूफान से नष्ट हो जाती है, उसी प्रकार मानव समाज की गंदगी युद्ध से शुद्ध हो जाती है। हीगल आगे कहता है कि बन्दूक और बारुद

---

1. "Successful wars check domestic unrest and consolidate the power of the state at home."—Hegel.
2. "War has the higher significance that by its agency the ethical health of people is maintained."—Hegel.

का आविष्कार संयोगवश नहीं हुआ, बल्कि मानवता को इसकी आवश्यकता थी।[1] अतएव, युद्ध मानव-प्रगति एवं सभ्यता के विकास का सूचक है।

**6. विश्व-आत्मा की अभिव्यक्ति के लिए** (For the Expression of the World Spirit)—विश्व के इतिहास में युद्ध का एक महत्वपूर्ण हाथ रहा है। युद्ध के कारण ही विभिन्न युगों में विभिन्न राज्य शक्तिशाली बने हैं। हीगल की दृष्टि में, विश्व-आत्मा के अनुसार ही युद्ध होता है। उसी की इच्छानुकूल कोई राष्ट्र जीतता है और कोई राष्ट्र पराजित होता है। विश्व-आत्मा अपने उद्देश्यों की प्राप्ति राष्ट्रों के युद्ध के माध्यम से ही करती है। युद्ध में पुराने राष्ट्र का पतन और नए राष्ट्रों का उदय होता है। एबेन्स्टीन के शब्दों में—हीगल ने इस बात की खोज की है कि विश्वात्मा ने चार मुख्य युगों में क्रमशः अपनी अभिव्यक्ति की है और प्रत्येक युग ने अपने स्वयं के सिद्धांत का प्रतिनिधित्व किया है।

इस प्रकार, विश्व-आत्मा की अभिव्यक्ति के लिए युद्ध आवश्यक है।

## मूल्यांकन
## (Evaluation)

उपर्युक्त तथ्यों से यह स्पष्ट है कि हीगल ने युद्ध को राष्ट्र के विकास के लिए आवश्यक माना है। उसका कथन है कि युद्ध विश्वात्मा की अभिव्यक्ति है। स्थायी शांति राष्ट्र को भ्रष्ट कर देती है। राष्ट्र को जीवित रखने के लिए युद्ध आवश्यक है। हीगल का यह विचार कि जब तक राष्ट्रों के बीच सर्वशक्तिशाली और सर्वश्रेष्ठ राष्ट्र बनने की होड़ लगी रहेगी, तब तक युद्ध का मार्ग अपनाना ही होगा। विश्व इतिहास की आधुनिक परिस्थिति को देखते हुए यह कहना पड़ता है कि युद्ध शाश्वत है। लेकिन, मानवता और नैतिकता के दृष्टिकोण से युद्ध वांछनीय नहीं है। किसी भी कीमत पर एक मानववादी विचारक होने के नाते युद्ध का समर्थन नहीं किया जा सकता है।

यहाँ पर, हीगल ने आदर्शवादी विचार न देकर, युद्ध पर एक व्यावहारिक विचार दिया है, जो चिरन्तन और शाश्वत है।

## हीगल का राष्ट्र-राज्य पर विचार
## (Hegel's Views on Nation-state)

हीगल ने राष्ट्र-राज्य की भूरि-भूरि प्रशंसा की है। उसने जर्मन राज्य को विश्व में सर्वश्रेष्ठ राज्य सिद्ध करने का प्रयत्न किया है। इसलिए, वह

1. "The gun, for instance, he (Hegel) tells us, is not a chance invention...humanity needed it, and it made its appearance forthwith."—Wayper.

अन्तरराष्ट्रीय संस्था या संगठन या अन्तरराष्ट्रीय राज्य में विश्वास नहीं करता है।

**1. प्रत्येक राज्य स्वतंत्र तथा संप्रभु** (Every State Independent and Sovereign)—हीगल का कथन है कि प्रत्येक राज्य अपना स्वतंत्र अस्तित्व रखता है। इसलिए, उसको विश्व में स्वयं विकास करने का मौलिक अधिकार प्राप्त है। वह एक संप्रभु राज्य के रूप में स्वयं विकसित होगा। वह किसी की आज्ञा का पालन नहीं करेगा। हीगल राष्ट्र-राज्य को मानव समाज के राजनीतिक संगठन का अंतिम और परम विकसित रूप मानता है। उसकी यह दृढ़ धारणा है कि इसके बाद मानव समाज के राजनीतिक रूप का इससे किसी और उच्च अवस्था में विकास संभव नहीं है।

**2. राष्ट्र का पुनर्निमाण** (Reconstruction of Nation)—हीगल का मत है कि राष्ट्र का पुननिर्माण उसी समय हो सकता है, जब राष्ट्रीय संस्थाओं को सुरक्षित रखा जाये, राष्ट्रीय संगठन के भूतकाल के साधनों का प्रयोग किया जाये और व्यक्ति को राष्ट्रीय संस्कृति की परम्परा से अवगत किया जाये।

इसीलिए, उसने अपने राजनीतिक दर्शन में राष्ट्रीय-राज्य को बहुत महत्व दिया है।

हीगल का विचार है कि राज्य ही राष्ट्रीय विकास का साध्य एवं संचालक है। राष्ट्र जिस चीज की भी सृष्टि करता है तथा मानव-सभ्यता के लिए जो भी चीज नैतिक और आध्यात्मिक दृष्टि से उपयोगी होती है, राज्य में उस सब का समावेश हो जाता है।

जब राष्ट्रीय इच्छा अपने को संस्थाओं और राष्ट्रीय संस्कृति के रूप में व्यक्त करती है, तभी राष्ट्र का जन्म होता है। जब कोई व्यक्ति, राष्ट्रीय कार्य को एक नैतिक लक्ष्य के रूप में स्वीकार करता है और वह इसके आधार पर उठने वाले समस्त कर्तव्यों का पालन करता है, तब उसकी रचनात्मक शक्तियाँ प्रस्फुटित हो जाती है तथा वह वास्तव में स्वतंत्र नैतिक व्यक्ति बन जाता है।

**3. मानव सभ्यता की प्रगति में योगदान** (Contribution in the Progress of Human Civilisation)—विभिन्न राष्ट्रों की राष्ट्रीय प्रतिभा विभिन्न होती है। इस प्रतिभा के अनुसार ही वे मानव-सभ्यता की प्रगति में योगदान देते हैं। जो राष्ट्र किसी प्रकार का योगदान नहीं देता है, उसका कोई ऐतिहासिक महत्व नहीं रहता है। प्रत्येक राष्ट्र का मूल्यांकन मानवजाति की उन्नति में कितना योगदान देता है, इस आधार पर होना चाहिए।

**4. राष्ट्र-राज्य सर्वोच्च** (Nation-state Supreme)—हीगल ने राष्ट्र-राज्य और राष्ट्रीयता में अडिग विश्वास प्रकट किया है। उसकी ऐसी संस्थाओं के औचित्य में पूर्ण आस्था है, जिनमें राष्ट्रीय जीवन व्यक्त होता है। उसका विचार है कि राष्ट्र-राज्य मानव-संगठन का सर्वोच्च रूप है और राजनीतिक शक्ति का सजीव प्रतीक है। राष्ट्र-राज्य विश्व-आत्मा की अभिनव अभिव्यक्ति होने के कारण वास्तव में दैवी है।

**5. राष्ट्र-राज्य व्यावहारिक** (Nation-state Practicable)—हीगल का मत है कि अन्तरराष्ट्रीय संबंध नैतिक नियमों द्वारा संचलित नहीं होते हैं, इसका मुख्य कारण है कि सम्पूर्ण मानव-जाति संगठित नहीं है, और न उनका अपना नियम और कानून है। उसने काण्ट और फिक्टे के विश्व-राज्य के विचार की आलोचना की है। उसका कथन है कि विश्व-आत्मा संभव नहीं है। राष्ट्र-राज्य ही मूर्त रूप ले सकता है। इसलिए, हीगल को एक राष्ट्रवादी कहा जाता है। आगे चलकर बिस्मार्क ने हीगल के राष्ट्र-राज्य के विचार को व्यावहारिक रूप देने का प्रयत्न किया है।

## मूल्यांकन
## (Evaluation)

हीगल ने जर्मन राज्य को ध्यान में रखते हुए राष्ट्र के सिद्धांत का समर्थन किया है। लेकिन, उसका यह संकीर्ण दृष्टिकोण है। एक मानव होने के नाते, अन्तरराष्ट्रीय संस्था और विश्व-बन्धुत्व की भावना में विश्वास करना ही होगा। लेकिन, इस संदर्भ में, हीगल काफी पीछे है।

### हीगल का अंतरराष्ट्रीयता पर विचार (Hegel's Views on Internationalism)

हीगल एक राष्ट्रवादी होने के नाते अन्तरराष्ट्रीयता में विश्वास नहीं करता है। इसके समर्थन में, वह निम्नलिखित तर्कों को उपस्थित करता है—

**1. अन्तरराष्ट्रीय कानूनों की अस्वीकृति** (Rejection of International Laws)—राष्ट्रवादी होने के कारण हीगल ने राज्यों के पारस्परिक संबंधों को विनियमित करने के लिए किसी प्रकार की अन्तरराष्ट्रीय व्यवस्था या अन्तरराष्ट्रीय कानूनों को स्वीकार नहीं किया है। उसके विचार से अन्तरराष्ट्रीय कानून केवल परम्पराएँ हैं, जिनको स्वीकार करना या न करना प्रभुसत्ता-संपन्न राज्यों की इच्छा पर निर्भर है।

अतएव, हीगल ने बलपूर्वक घोषित किया है कि राज्यों के पारस्परिक संबंधों को अन्तरराष्ट्रीय कानूनों की किसी व्यवस्था पर आधारित नहीं किया जा सकता है।

**2. नैतिक नियमों से स्वतंत्र** (Free from Ethical Laws)—हीगल ने अन्तरराष्ट्रीय क्षेत्र में राज्यों को नैतिक नियमों से स्वतंत्र रखा है। उसका कथन है कि इस क्षेत्र में राज्य का केवल एक उद्देश्य है। वह उद्देश्य है—अपने हितों की सुरक्षा। इस उद्देश्य की प्राप्ति के लिए हीगल ने राज्य को सभी प्रकार के नैतिक नियमों के बंधन से मुक्त कर दिया है। हीगल के शब्दों में—राज्य स्वनिश्चित निरपेक्ष बुद्धि है, जो अच्छे और बुरे किसी प्रकार के अमूर्त नियमों को स्वीकार नहीं करता है।[1]

इससे यह स्पष्ट है कि अन्तरराष्ट्रीय क्षेत्र में राज्य के ऊपर किसी प्रकार का नैतिक बंधन नहीं हो सकता है। इसका कारण यह है कि राज्य एक स्वतंत्र व्यक्ति है और इसलिए राज्य को स्वतंत्र एवं प्रभुसत्ता-संपन्न रहने का अधिकार प्राप्त है। विश्व के सभी राज्यों को इसी रूप में माना जाना और सम्मानित किया जाना चाहिए। उनके कार्य उनकी स्वयं की इच्छ से ही निधारित होते हैं। अतएव, उनके पारस्परिक संबंधों में सार्वभौमिक नैतिकता का कोई स्थान नहीं हो सकता है। इस नैतिकता का आधार केवल उनकी पारस्परिक संधियों और समझौते हो सकते हैं। लेकिन, यदि परिस्थितियों में परिवर्तन हो जाता है, तो ये संधियाँ और समझौते अमान्य हो जाते हैं।

**3. युद्ध द्वारा पारस्परिक झगड़ों का निर्णय** (Settlement of Mutual Disputes by War)—हीगल ने यह विश्वास प्रकट किया है कि राज्यों के पारस्परिक झगड़ों और उनकी विरोधी इच्छाओं का निर्णय अन्ततोगत्वा युद्ध द्वारा ही हो सकता है। उसके शब्दों में—यदि राज्य एक-दूसरे से किसी बात पर असहमत है और यदि उनकी विशिष्ट इच्छाओं में सामंजस्य स्थापित नहीं किया जा सकता है, तो उनके झगड़ों का निर्णय केवल युद्ध द्वारा ही किया जा सकता है।[2]

## निष्कर्ष

उपर्युक्त विचारों के कारण आलोचकों ने हीगल पर उत्कट अराजकतावादी होने का आरोप लगाया है। एबेन्स्टीन के शब्दों में—इस प्रश्न के विषय में कि राज्यों को एक साथ किस प्रकार रहना चाहिए, हीगल उत्कट अराजकतावादी है।[3]

---

1. "The state is the self-certain absolute mind which acknowledges no abstract rules of good and evil."—Hegel.
2. "If states disagree and their particular wills cannot be harmonized, the matter can only be selted by war."—Hegel.
3. "When it comes to the question of how states are to live together, Hegel is an enthusiastic anarchist."—Ebenstein.

हीगल का विचार है कि राज्यों के पारस्परिक संबंध उनकी सद्इच्छाओं पर आधारित होना चाहिए। क्योंकि, इन इच्छाओं के अभाव में राज्यों के पारस्परिक संबंध स्थापित नहीं हो सकते हैं और उनमें युद्ध छिड़ जाना स्वाभाविक होता है।

हीगल का विश्वास है कि राज्यों में पारस्परिक संबंध भी स्थापित नहीं हो सकते हैं, जब प्रत्येक राज्य की स्वतंत्र सत्ता और विशिष्ट इच्छा का सम्मान किया जाये। इसका कारण यह है कि उनमें पारस्परिक संबंधों का आधार केवल उनकी स्वयं की इच्छाएँ ही हो सकती हैं, न कि कोई अन्तरराष्ट्रीय कानून।

# 12

# राजनीतिक विचारधारा के इतिहास में हीगल का प्रभाव तथा योगदान
# (Hegel's Influence and Contributions in the History of Political Thought)

## हीगल का प्रभाव
## (Hegel's Influence)

राजनीतिक चिन्तन पर हीगल के प्रभाव को निम्नलिखित रूप से प्रदर्शित किया जा सकता है—

**1. जर्मनी पर प्रभाव** (Influence on Germany)—हीगल के विचारों का सबसे अधिक प्रभाव जर्मनी की जनता, राजनीतिज्ञों तथा विचारकों पर पड़ा। बिस्मार्क ने हीगल के सिद्धांतों का अनुसरण करके, शक्ति पर आधारित राष्ट्र-राज्य का निर्माण तथा प्रजातंत्र की तुलना में शक्तिशाली राजतंत्र की स्थापना को अपने जीवन का एकमात्र लक्ष्य बनाया।

ट्रीटश्के, ड्रायसन, सेविग्नी जैसे जर्मन चिन्तकों के विचारों पर हीगल का गहरा प्रभाव पड़ा। उसके विचारों से शक्ति ग्रहण करके उन्होंने अपनी सैद्धांतिक मान्यताओं का प्रतिपादन किया।

आगे चलकर, हिटलर ने हीगल के विचारों को मूर्त रूप दिया।

**2. इटली पर प्रभाव** (Influence on Italy)—इटली में हीगल की विचारधाराओं को ऑगस्टोवीरा (Augustovera), बेन्डेटो क्रॉस (Benedetto Croce) तथा मुसोलिनी ने विशेष रूप से लोकप्रिय बनाया।

**3. अमेरिका पर प्रभाव** (Influence on America)—अमेरिका में मारिस, पामर, रायस और जॉन डिवी[1] जैसे विद्वान हीगल के दर्शन से प्रभावित हुए।

**4. इंग्लैण्ड पर प्रभाव** (Influence on England)—इंग्लैण्ड में हीगल के विचारों से प्रभावित होकर टी॰ एच॰ ग्रीन के नेतृत्व में ऑक्सफोर्ड आदर्शवादी विचारधारा का विकास हुआ। बोसाँके और ब्रेडले ने उस परम्परा का अनुसरण किया।

**5. मार्क्स पर प्रभाव** (Influence on Marx)—हीगल का प्रभाव साम्यवादी और समाजवादी विचारधारा के विकास पर पड़ा। मार्क्स ने द्वन्द्वात्मक पद्धति का विचार हीगल से ग्रहण किया और उसे भौतिकवादी साँचे में ढालकर अपने क्रांतिकारी विचारों का प्रतिपादन किया। आज विश्व की अधिकांश जनता मार्क्स के विचारों से प्रभावित होकर उसके सिद्धांतों के अनुसार अपने जीवन के पुनर्निर्माण के कार्य में संलग्न है।

**6. सामाजिक विज्ञान पर प्रभाव** (Influence on Social Science)—मैक्सी का कथन है कि "हीगल के विचारों और कार्य-पद्धति ने सामाजिक विज्ञान पर गहरा प्रभाव डाला है।[1] सेबाइन का भी विचार है कि—"हीगल के राजनीतिक चिन्तन को स्वच्छन्द कल्पना कहकर तिरस्कृत करना सरल नहीं है, क्योंकि वह एक ऐसा बीज था, जिसने उन्नीसवीं शताब्दी में सामाजिक दर्शन के प्रत्येक पहलू पर प्रभाव डाला, अच्छा भी और बुरा भी।" सामाजिक दर्शन में महत्वपूर्ण परिवर्तन यह हुआ कि विवेक की अभिव्यक्ति, व्यक्तियों में नहीं, बल्कि सामाजिक समुदायों, राष्ट्रों, राष्ट्रीय संस्कृतियों एवं संस्थाओं में मानी जाने लगी।

**7. उदारवादियों तथा अनुदारवादियों पर प्रभाव** (Influence on Liberalists and Conservatives)—हीगल का यह सिद्धांत है कि संपूर्ण नागरिक समाज—राज्य के अधीन है। उदारवादियों को हीगल के इस सिद्धांत में राज्य द्वारा सामाजिक सुधार किए जाने का आधार प्राप्त हुआ है। इसके विपरीत, अनुदारवादियों को इस सिद्धांत में आर्थिक राष्ट्रवाद को विकसित करने का आधार मिला है।

## हीगल का योगदान
## (Hegel's Contribution)

हीगल के प्रमुख योगदान का उल्लेख अग्रलिखित रूप से किया जा सकता है—

---

1. "Hegel's views and methodology have deeply affected the social sciences." —Maxey.

**1. द्वंद्वात्मक पद्धति** (Dialectical Method)—हीगल ने अपने द्वंद्ववाद द्वारा ऐसी पद्धति प्रदान की, जिसकी सहायता से मस्तिष्क परिवर्तन की प्रक्रिया को भली-भाँति समझ सकता था। उसने अपनी पद्धति के द्वारा इस विश्वास को जन्म दिया कि किसी वस्तु के यथार्थ रूप को, उसके विपरीत रूप से तुलना करके ही जाना जा सकता है। भलाई के यथार्थ रूप को, उसके विपरीत रूप बुराई से तुलना करके ही समझा जा सकता है।

**2. राज्य का आंगिक सिद्धांत** (Organic Theory of the State)—व्यक्तिवादियों ने राज्य और व्यक्ति के हितों को एक-दूसरे का विरोधी बतलाया है। हीगल ने इस विचार को तिरस्कृत करके, यह सिद्धांत प्रतिपादित किया कि राज्य और व्यक्ति के हितों में किसी प्रकार का संघर्ष नहीं है। राज्य-व्यक्ति की उन्नति के लिए अनिवार्य है और व्यक्ति राज्य का अभिन्न अंग है। हीगल ने राज्य के आंगिक सिद्धांत पर बल दिया और यह मत प्रकट किया कि व्यक्ति के केवल अधिकार ही नहीं, बल्कि कर्तव्य भी होते हैं।

**3. राज्य ईश्वरीय विचार है** (State is the Divine Idea)—हीगल का कहना है कि राज्य पृथ्वी पर ईश्वरीय विचार है। जीस्ट की पूर्ण भौतिक अभिव्यक्ति-राज्य के माध्यम से होती है। ईश्वर अपनी दैवी इच्छा को प्रकट करने के लिए राज्य को अपना साधन बनाता है। हीगल का कथन है कि राज्य पृथ्वी पर ईश्वर का आगमन है। इस प्रकार, उसने राज्य को एक ईश्वरीय संस्था के रूप में स्वीकार किया है।

**4. स्वतंत्रता** (Freedom)—हीगल का कथन है कि मानव का लक्ष्य-सुख नहीं, बल्कि स्वतंत्रता है। स्वतंत्रता-मानव का एक विशिष्ट गुण है। स्वतंत्रता एक सामाजिक तथ्य है। स्वतंत्रता और सत्ता में विरोध नहीं है। स्वतंत्रता का अर्थ राज्य की अधीनता है। राज्य के कानूनों के पालन में ही स्वतंत्रता है। राज्य स्वतंत्रता का विस्तार करता है। स्वतंत्रता-विवेक के उपदेशों का पालन करने में है। स्वतंत्रता कर्तव्य पालन में निहित है। राज्य ही स्वतंत्रता को संभव बनाता है।

**5. प्रगति का विचार** (The Idea of Progress)—हीगल का मत है कि सभी वस्तुओं का निरन्तर विकास होता रहता है, जिसके फलस्वरूप वे अधिक उत्कृष्ट रूप धारण करती चली जाती है। इस दृष्टि से राज्य के विषय में उसका विचार अत्यन्त गतिशील है। अपने इसी विचार के कारण उसने यह सिद्धांत प्रतिपादित किया है—विवेक द्वारा प्रगति होती है।

**6. राजनीति तथा भौतिकता में घनिष्ठ संबंध** (Close Relation between Politics and Morality)—मेकियावेली ने राजनीति और नैतिकता को पृथक्

माना। हीगल ने इस विचार का खण्डन किया और कहा कि राजनीति तथा नैतिकता में घनिष्ठ संबंध है। दोनों एक दूसरे के पर्यायवाची है।

**7. संविधान** (Constitution)—हीगल के अनुसार संविधान का विकास होता है, निर्माण नहीं। उसका मत है कि संविधान, राष्ट्रीय भावना के विकास का परिणाम होता है। इस भावना के विकास के साथ-साथ संविधान का भी विकास होता है। अतएव, संविधान का निर्माण करना, राष्ट्रीय भावना के प्रतिकूल कार्य करना है।

**8. सरकार** (Government)—हीगल ने वैधानिक राजतंत्र का समर्थन किया है। उसने सरकार की कार्य-कुशलता में अभिवृद्धि करने के लिए व्यवस्थापिका, प्रशासकीय और राजतंत्रीय के अधिकार-क्षेत्रों को एक-दूसरे से पृथक् रखा है, लेकिन, राज्य की एकता को सुरक्षित रखने के लिए, इन तीन अंगों के सम्मिश्रण पर बल दिया है।

**9. कानून** (Law)—हीगल ने प्राकृतिक कानूनों के सिद्धांत का खण्डन किया है तथा समाज या राज्य के कानूनों को इतिहास के विकास का परिणाम माना है। सेबाइन के शब्दों में—"हीगल ने अपरिवर्तनशील प्राकृतिक कानूनों की व्यवस्था के स्थान पर इतिहास में निरपेक्ष के विवेक युक्त उद्घाटन को प्रतिष्ठित किया है।"[1]

**10. संप्रभुता** (Sovereignty)—हीगल के अनुसार राज्य की संप्रभुता का निर्धारण किसी व्यक्ति के द्वारा होता है, जो उसकी धारणा में राजा ही हो सकता है। राजा के बिना जनता एक असंगठित जन-समूह है, क्योंकि राज्य की सामूहिक सदस्यता के लिए राजा का होना आवश्यक है। इस दृष्टि से हीगल के विचार में राज्य की संप्रभुता राज्य में निवास करती है।

**11. संपत्ति** (Property)—हीगल का विचार है कि संपत्ति का निर्माण राज्य या समाज नहीं करता है, बल्कि वह मानव-व्यक्तित्व की अनिवार्य शर्त है। मानव-व्यक्तित्व के विकास के लिए संपत्ति का होना आवश्यक है।

**12. दंड** (Punishment)—हीगल ने दंड के प्रश्न पर नैतिक दृष्टि से विचार किया है। उसने दंड को राज्य का महत्वपूर्ण अस्त्र बताया है और यह विचार व्यक्त किया है कि यदि कोई व्यक्ति-राज्य के आदेशों का अतिक्रमण करता है, तो उसे दंड देना राज्य का कर्तव्य हो जाता है। दंड—समाज और अपराधी दोनों की दृष्टि से आवश्यक है।

---

1. Sabine.

**13. युद्ध** (War)—हीगल ने युद्ध का समर्थन किया है और उसकी भूरि-भूरि प्रशंसा की है। राज्य को जीवित रहने के लिए, राज्य की आंतरिक शक्ति के लिए, राज्य के व्यक्तित्व के निर्माण के लिए, व्यक्तियों के नैतिक स्वास्थ्य के लिए, मानव-प्रगति के लिए तथा विश्व-आत्मा की अभिव्यक्ति के लिए—हीगल ने युद्ध को आवश्यक बताया है।

**14. राष्ट्र-राज्य** (Nation-state)—हीगल ने राष्ट्र-राज्य की भूरि-भूरि प्रशंसा की है। उसने जर्मन राज्य को विश्व में सर्वश्रेष्ठ राज्य सिद्ध करने का प्रयत्न किया है। उसका विचार है कि राष्ट्र-राज्य मानव-संगठन का सर्वोच्च रूप है और राजनीतिक शक्ति का सजीव प्रतीक है। राष्ट्र-राज्य विश्व-आत्मा की अभिनव अभिव्यक्ति होने के कारण वास्तव में दैवी है।

**15. अंतरराष्ट्रीयता** (Internationalism)—हीगल एक राष्ट्रवादी होने के नाते अंतरराष्ट्रीयता में विश्वास नहीं करता है। उसने अन्तरराष्ट्रीय कानूनों को अस्वीकार किया है। सभी राज्य नैतिक बंधनों से मुक्त रहते हैं। युद्ध के द्वारा राष्ट्र के पारस्परिक झगड़ों का निपटारा होता है। अंतरराष्ट्रीयता में विश्वास नहीं करने के कारण हीगल को अराजकतावादी कहा गया है।

उपर्युक्त तथ्यों से यह स्पष्ट है कि राजनीतिक विचारधारा के क्षेत्र में हीगल की देन काफी व्यापक और अमिट है।

# जॉन स्टुअर्ट मिल

# John Stuart Mill

# (1806-1873)

# 13

# जॉन स्टुअर्ट मिल का जीवन
# (The Life of John Stuart Mill)

## पृष्ठभूमि
## (Background)

उपयोगितावाद का अंतिम एवं व्यक्तिवाद का प्रथम मीलस्तंभ जॉन स्टुअर्ट मिल था। उसने अपने पिता जेम्स मिल तथा अपने वैचारिक गुरु बेन्थम की इच्छा के अनुसार और उनके प्रयासों के फलस्वरूप एक सशक्त उपयोगितावाद के प्रचारक के रूप में अपना सार्वजनिक और वैचारिक जीवन प्रारंभ किया। कालांतर में परिस्थितियों से प्राप्त अनुभवों एवं डार्विन, स्पेंसर और काम्टे के विचारों तथा वड्र्सवर्थ और कॉलरिज के काव्यों से उसकी विचारधारा में बदलाव आया। फलस्वरूप उसने बेन्थम के परंपरावादी उपयोगितावाद विचारधारा में परिवर्तन कर उसकी संशोधित एवं नई व्याख्या प्रस्तुत की। उसने अपनी विचारधारा में उपयोगितावाद के साथ-साथ व्यक्तिवादी दर्शन का सर्वप्रथम समावेश किया। उसने बेन्थम द्वारा प्रतिपादित उपयोगितावाद को भौतिकता की सीमा से बाहर निकालकर उसे नैतिकता से जोड़ा।

**जन्म (Birth)**

जॉन स्टुअर्ट मिल जेम्स मिल का ज्येष्ठ पुत्र था। उसका जन्म 20 मई, 1806 को लंदन में हुआ था। जेम्स मिल बेन्थम का शिष्य और घनिष्ठ मित्र था। अतः, वह अपने पुत्र मिल को बेन्थमवादी साँचे में ढालना चाहता था। मिल का बचपन बेन्थम के शिष्यों और मित्रों के बीच व्यतीत हुआ। उसके

मस्तिष्क पर बेन्थम के सिद्धांतों की अमिट छाप पड़ी। लेकिन, आगे चलकर मिल ने बेन्थमवाद में काफी संशोधन किया।

## शिक्षा (Education)

मिल की शिक्षा का प्रारंभ उसके पिता के कठोर नियंत्रण में हुआ। उसके पिता की तीव्र इच्छा थी कि उसका पुत्र बेन्थमवादी परम्पराओं का सुयोग्य अनुयायी बने। मुरे के शब्दों में, "अपने पिता का प्रभाव उस पर इतना अधिक है कि ऐसा मालूम होता है मानो वह कभी पैदा ही नहीं हुआ हो।" मिल ने तीन वर्ष की अवस्था में यूनानी और अँग्रेजी भाषाओं का अध्ययन आरंभ किया। आठ वर्ष की अवस्था तक उसने यूनानी भाषा में लिखे हुए जेनोफन, हेरोडोटस, आइसोक्रेटीज और डायोनीज के ग्रंथों का तथा प्लेटो के छह संवादों का अध्ययन कर लिया था। इसके साथ ही, उसने अँग्रेजी में ह्यूम और गिबन की रचनाओं को पढ़ लिया था। आठ से बारह वर्ष की आयु तक उसने लैटिन भाषा, ज्यामिति और बीजगणित का अध्ययन किया। बारह वर्ष की अवस्था में उसने दर्शनशास्त्र और अरस्तू के तर्कशास्त्र का अध्ययन किया। उसने मनोविज्ञान, रिकार्डो और एडम स्मिथ की अर्थशास्त्र-संबंधी पुस्तकों का अध्ययन किया।

तेरह वर्ष की अवस्था तक मिल को स्वयं अध्ययन करने के अतिरिक्त, अपने पिता के निरीक्षण में अपने छोटे भाइयों और बहनों को प्रतिदिन छह बजे से नौ बजे तक और दस से एक बजे तक पढ़ाना पड़ता था। अध्ययन और अध्यापन में इतना अधिक व्यस्त रहने के कारण उसे खेल और मनोरंजन के लिए एक क्षण का भी अवकाश नहीं मिलता था और न उसका पिता, जो उसे प्रकांड विद्वान बनाना चाहता था, इन बातों को पसंद करता था। मिल ने अपनी **आत्मकथा** में लिखा है, "मेरे पास बच्चों की कहानियों की पुस्तकें और खिलौने बहुत ही कम थे और केवल वही थे, जो मुझे कभी-कभी निजी संबंधी या परिचित व्यक्ति से उपहार में मिल जाते थे।"

## यात्रा (Visit)

चौदह वर्ष की अवस्था में मिल को बेन्थम के भाई सेमुअल बेन्थम के साथ एक वर्ष के लिए फ्रांस भेजा गया। वहाँ उसने फ्रांसीसी भाषा, रसायनशास्त्र, उच्च गणित और वनस्पतिशास्त्र का अध्ययन किया। वहाँ पर उसने पर्वतमालाओं का भ्रमण किया और प्राकृतिक सौंदर्य के प्रति अनुराग उत्पन्न किया। वहाँ से लौटने पर, उसने बेन्थम की रचनाओं का अध्ययन किया, जिनका प्रचंड प्रभाव उसके मस्तिष्क पर पड़ा और उसके जीवन में एक नया मोड़ आया।[1] मिल

1. "The reading of this book was an epoch in my life, one of the turning points in my mental history."—Mill.

ने जॉन ऑस्टिन से रोमन कानून और अन्य कानूनों की शिक्षा ग्रहण की। वह वकील बनना चाहता था, लेकिन बाद में उसे कानून से घृणा हो गई।

### उपयोगितावादी सोसाइटी की स्थापना एवं संपादन-कार्य (Establishment of the Utilitarian Society and Editing Work)

मिल ने बेन्थम से प्रभावित होकर उपयोगितावादी सोसाइटी की स्थापना की। इसके अंतर्गत वह अन्य सदस्यों के साथ बेन्थमवाद पर वाद-विवाद करता था। आगे चलकर वह स्पेकुलेटिंग डिबेटिंग सोसाइटी और पॉलिटिकल एकॉनॉमी क्लब का सदस्य बना। उसने **लंदन रिव्यू** और **वेस्टमिंस्टर रिव्यू** के संपादक के रूप में भी कार्य किया और अनेक लेखों का प्रकाशन किया। इससे उसकी ख्याति बौद्धिक जगत में काफी फैल गई।

### पेशा (Profession)

1823 ई॰ में, जब मिल सतरह वर्ष का था, ईस्ट इंडिया कंपनी में अपने पिता की अधीनता में क्लर्क के रूप में प्रवेश किया। उसका कार्य भारत को भेजे जाने वाले पत्रों का मसविदा तैयार करना था। 1856 ई॰ में वह इस कार्यालय का अध्यक्ष बन गया और 1858 ई॰ तक, जब कंपनी समाप्त हुई, इसी पद पर आसीन रहा। जब ब्रिटिश संसद ने कंपनी को समाप्त करने का निश्चय किया, तब उसने संचालकों के आग्रह पर संसद के लिए एक आवेदनपत्र तैयार किया। इसके विषय में लॉर्ड ग्रे का मत था कि उसने ऐसा राजनीतिक अभिलेख अपने जीवन में कभी नहीं पढ़ा।

### रोग (Disease)

1826 ई॰ में जबकि वह मात्र बीस वर्ष का था—साधारण हृदय रोग से ग्रसित हुआ। उसने इसे अपने 'मानसिक इतिहास का संकट' कहा है। इससे उसके स्वास्थ्य का काफी ह्रास हुआ और वह उदासीन रहने लगा। उसका ध्यान वर्ड्सवर्थ, कॉलरिज और गेटे की रचनाओं की ओर गया। इन रचनाओं के अध्ययन से उसे ऐसे सत्य के दर्शन हुए, जिसकी बेन्थम को एक झलक भी नहीं मिली थी।

### विवाह (Marriage)

1830 ई॰ में मिल का संपर्क श्रीमती हेरियट टेलर से हुआ। यह महिला श्रेष्ठ बौद्धिक गुणों से संपन्न थी। उसका विवाह जॉन टेलर से हुआ था, जो औषधि-विक्रेता था और मिल का पड़ोसी था। मिल और श्रीमती टेलर की मित्रता बीस वर्षों तक लगातार चलती रही। 1851 ई॰ में जॉन टेलर की मृत्यु

के बाद, मिल ने परिवार के विरोध होने पर भी श्रीमती टेलर से विवाह कर लिया। इस प्रतिभाशाली महिला का उसके विचारों को उदार बनाने में बहुत गहरा प्रभाव पड़ा और वह मिल की रचनाओं में मानवीय तत्व का स्रोत बन गई। मिल ने **स्वतंत्रता** निबंध में स्पष्ट लिखा है, "मेरे लेखों में जो भी सर्वोत्तम है, वह उसी की प्रेरणा के कारण है, जो मेरी मित्र और पत्नी थी। उसकी सत्य और सद् की उत्कृष्ट भावना मेरी सबसे प्रबल प्रेरणा थी और उसकी प्रशंसा मेरा प्रमुख पुरस्कार था।"

**पुनः यात्रा (Again Visit)**

1958 ई॰ में ईस्ट इंडिया कंपनी के समाप्त होने पर, मिल अपनी पत्नी के साथ भ्रमण के लिए दक्षिणी फ्रांस गया। वहाँ एविग्नॉन नामक स्थान में उसकी पत्नी की मृत्यु क्षयरोग से हो गई और वहीं उसकी समाधि बना दी गई। भग्न-हृदय मिल ने इंग्लैंड लौटकर कुछ वर्षों तक एकांत में लेखन-कार्य किया। उसके बाद, उसकी रुचि राजनीति के प्रति आकृष्ट हुई।

**सांसद (Parliamentarian)**

1865 ई॰ में मिल वेस्टमिंस्टर से ब्रिटिश संसद का सदस्य निर्वाचित किया गया। उसने अपने संसदीय जीवन में महिला मताधिकार, मजदूर वर्ग का हित और आयरलैंड के भूमिसुधार पर विशेष बल दिया। संसद में उसका काफी ओजस्वी और प्रभावशाली भाषण होता था। इस संदर्भ में ग्लैडस्टन का कहना था, "जब जॉन स्टुअर्ट मिल बोलता था, तब मुझे ऐसा लगता था कि मैं किसी संत की वाणी सुन रहा हूँ।" मिल 1866 ई॰ तक संसद का सदस्य रहा। उसके बाद, वह निर्वाचित न हो सका।

**मृत्यु (Death)**

अंतिम समय में, मिल ने एविग्नॉन में अपना समय व्यतीत किया। 8 मई, 1873 को मिल का देहावसान हो गया और उसकी पत्नी की समाधि के पास एक समाधि में उसे लिटा दिया गया। बारकर ने मिल के प्रति अपनी श्रद्धांजलि अर्पित करते हुए लिखा है, "जॉन स्टुअर्ट मिल उन्नीसवीं शताब्दी के सबसे बुद्धिमान और सबसे उदार स्वभाव वाले व्यक्तियों में से एक है।"[1]

---

1. "John Stuart Mill is one of the finest and most generous natures of the nineteenth century."—Barker.

## मिल की रचनाएँ (Works of Mill)

मिल का रचना-क्षेत्र बहुत व्यापक था। उसने राजनीतिशास्त्र, अर्थशास्त्र, तर्कशास्त्र, आचारशास्त्र, न्यायशास्त्र, अध्यात्मशास्त्र, आदि महत्वपूर्ण विषयों पर रचनाएँ की। इनमें से कुछ रचनाएँ उसके जीवनकाल में और कुछ उसकी मृत्यु के बाद प्रकाशित हुईं। उसकी महत्वपूर्ण रचनाएँ अग्रलिखित हैं—

1. **प्लेटो संवाद** (*Plato's Dialogues*, 1835)
2. **तर्कशास्त्र की पद्धति** (*System of Logic,* 1843)
3. **अर्थशास्त्र के सिद्धांत** (*Principles of Political Economy*, 1848)
4. **स्वतंत्रा पर निबंध एवं प्रतिनिधि सरकार** (*Essay on Liberty and Representative Government*, 1859)—संसार की सभी भाषाओं में स्वतंत्रता पर लिखी जाने वाली पुस्तकों में मिल की यह पुस्तक संभवतः सर्वश्रेष्ठ है। इसमें उसने व्यक्ति की स्वतंत्रता के संबंध में अपने विचारों को व्यक्त करके, व्यक्तिवाद के विकास में काफी योगदान दिया है।
5. **संसदीय सुधार पर विचार** (*Thought on Parliamentary Reform*, 1859)
6. **प्रतिनिधि-शासन पर विचार** (*Considerations on Representative Government*, 1860)—इसमें मिल ने प्रतिनिधि-शासन के संबंध में अनेक सुंदर विचार व्यक्त किए हैं। इनमें से अनेक विचारों को मान्यता प्रदान करके, प्रजातांत्रिक सुधार किए गए हैं।
7. **उपयोगितावाद** (*Utilitarianism*, 1863)
8. **विलियम हेमिल्टन के दर्शन की समीक्षा** (*Examination of William Hamilton's Philosophy, 1865*)
9. **स्त्रियों की पराधीनता** (*Subjection of Women,* 1869)
10. **आत्मकथा** (*Autobiography*, 1873)
11. **धर्म पर तीन निबंध** (*Three Essays on Religion,* 1874)

## मिल पर प्रभाव (Influence on Mill)

मिल पर सबसे अधिक प्रभाव उसके पिता जेम्स मिल का तथा बेन्थम का पड़ा। उसने बेन्थमवाद का अध्ययन करके अपनी मानसिक शक्ति का विकास

किया। जॉन ऑस्टिन, रिकार्डो, माल्थस और एडम स्मिथ की आर्थिक उदारतावाद की विचारधारा का उस पर व्यापक प्रभाव पड़ा। वर्ड्सवर्थ, कॉलरिज, गेटे और हम्बोल्ड्ट जैसे विद्वानों का प्रभाव मिल पर काफी पड़ा। मिल कॉलरिज के इस बात से सहमत था कि सरकार जनता के जीवनस्तर को ऊँचा उठा सकती है। श्रीमती टेलर का प्रभाव तो अवर्णनीय है। उपयोगितावाद, आत्मकथा, स्वतंत्रता और प्रतिनिधि सरकार—इन चार पुस्तकों पर श्रीमती टेलर के प्रभाव स्पष्ट रूप से अंकित हैं।

# 14

# मिल का उपयोगितावाद
## (Utilitarianism of Mill)

उपयोगितावाद का बीजारोपण अरिस्तिपस के विचारों में हो चुका था। आगे चलकर एपिक्यूरियन संप्रदाय ने इस पर विचार किए। लेकिन, आधुनिक युग में ह्यूम पहला दार्शनिक है, जिसने उपयोगितावाद को जन्म दिया। उसके बाद, प्रिस्टले, हचेसन और हेलवेशियस ने इस सिद्धांत की व्याख्या की। वस्तुतः, बेन्थम ही ऐसा विचारक निकला, जिसने उपयोगितावादी स्कूल को जन्म दिया और उसका विकास पूर्ण रूप से किया।

बेन्थम एक बहुत बड़ा सुधारक था। वह अपने उपयोगितावादी सिद्धांतों के माध्यम से सामाजिक, राजनीतिक और कानूनी क्षेत्र में बहुत बड़ा परिवर्तन लाना चाहता था। उसका कहना था कि इंग्लैंड के सामान्य कानून में परिवर्तन लाना चाहिए और पुराने नियमों की मान्यता व्यक्तिगत सुख पर होनी चाहिए। उसने कहा कि व्यक्तिगत अधिकारों की आधारशिला उपयोगितावाद होनी चाहिए। प्रत्येक व्यक्ति को अपनी संपत्ति रखने और सुख अर्जन करने का अधिकार होना चाहिए। इसी संदर्भ में, उसने उपयोगितावादी सिद्धांत का प्रयोग किया है।

मिल ने बेन्थम के इस उपयोगितावाद को एक विश्वास, एक सिद्धांत, एक दर्शन और एक धर्म के रूप में ग्रहण किया[1] तथा इसके प्रचार को अपने जीवन का लक्ष्य बनाया। लेकिन, मिल का बौद्धिक क्षितिज और भावनात्मक आधार बेन्थम से कहीं अधिक व्यापक था और उसमें मानवीयता के उस तत्व की

1. "In the Benthamite principle of utility Mill found a creed, a doctrine, a philosophy and a religion."

प्रधानता थी, जिससे बेन्थम लगभग अछूता ही था। इसके साथ-ही-साथ बेन्थम के उपयोगितावाद की आलोचनाएँ की जा रही थी। (i) बेन्थम का उपयोगितावाद ऐंद्रिक वासनाओं पर अधिक बल देता है और मानव जीवन को दूषित करने वाला है। (ii) इंग्लैंड की बदलती हुई राजनीतिक परिस्थिति में बेन्थम का सिद्धांत संकीर्ण समझा जाने लगा था।

मिल ने उपयोगितावाद को समयानुकूल बनाने के विचार से अपने **उपयोगितावाद** नामक निबंध में उसकी पुनर्व्याख्या करके उसका नवीन रूप प्रस्तुत किया। डॉयल का भी कथन है, "व्यक्तिगत प्रवृत्ति और राजनीतिक परिस्थिति की आवश्यकताओं ने जॉन स्टुअर्ट मिल को राज्य के उपयोगितावाद दर्शन का एक नए आधार पर नवनिर्माण करने के लिए बाध्य किया।"[1]

## उपयोगितावाद का अर्थ
## (Meaning of Utilitarianism)

मिल ने उपयोगितावाद का अर्थ निम्न शब्दों में स्पष्ट किया है, "उपयोगितावाद का मत—उपयोगिता या अधिकतम सुख के सिद्धांत को नैतिकता का आधार मानता है। यह मत स्वीकार करता है कि सब कार्य उस अनुपात में ठीक हैं, जिस अनुपात में वे सुख की वृद्धि करते हैं, और उस अनुपात में गलत हैं, जिस अनुपात में वे सुख के विपरीत होते हैं। सुख का अभिप्राय है—आनंद की प्राप्ति और दु:ख का अभाव। दु:ख का अर्थ है—कष्ट की प्राप्ति और सुख का अभाव। उपयोगितावाद के सिद्धांत द्वारा स्थापित किए जाने वाले नैतिक मापदंड की धारणा को पूर्णरूप से स्पष्ट करने के लिए कुछ और बातों की व्याख्या की जानी आवश्यक है, विशेष रूप से उन बातों की, जो सुख और दु:ख की धारणाओं में सम्मिलित हैं। लेकिन, ये व्याख्याएँ जीवन के उस सिद्धांत को प्रभावित नहीं करती हैं, जिस पर नैतिकता का यह सिद्धांत आधृत है—सुख की प्राप्ति और दु:ख से मुक्ति, जीवन के एकमात्र अभीष्ट लक्ष्य हैं, और सब वांछनीय वस्तुएँ, इसलिए वांछनीय हैं; क्योंकि उनमें सुख का निवास होता है या वे सुख की वृद्धि और दु:ख का निवारण करती हैं।"[2]

मिल ने उपयोगितावाद का जो अर्थ अंकित किया है वह बहुत कुछ बेन्थम के अर्थ के समान है। वह बेन्थम के सुखवाद की धारणा को स्वीकार करता

---

1. "Personal inclination as well as the exigencies of the political situation drove J.S. Mill to reconstruct the utilitarian philosophy of the state on a new basis." —Doyle Phyllis, *A History of Political Thought*, 1966.
2. *Utilitarianism, Liberty and Representative Government*, Everyman's Library, 1910.

है और सुख की प्राप्ति तथा दु:ख से मुक्ति को मानव-जीवन का एकमात्र अभीष्ट लक्ष्य मानता है। लेकिन, आगे चलकर, उसने उपयोगितावाद में ऐसे संशोधन किए हैं, जिनसे उसका रूप पूर्णतया परिवर्तित हो गया है।

## बेन्थम के उपयोगितावाद में मिल द्वारा संशोधन (Mill's Alteration in Bentham's Utilitarianism)

मिल ने जिन संशोधनों द्वारा बेन्थम के उपयोगितावाद में परिवर्तन किया है, उनका उल्लेख निम्नलिखित रूप से किया जा सकता है—

**1. मिल का मनुष्य परमार्थी** (Mill's Man is Selfless)—बेन्थम की उपयोगितावादी विचारधारा के अनुसार मनुष्य बिल्कुल स्वार्थी होता है। वह अपना सुख चाहता है। वह स्वकेंद्रित होता है और उसका सीधा लक्ष्य अपना सुख है। वह दूसरे के सुख और दु:ख को नहीं समझ सकता। इसके विपरीत, मिल ने मनुष्य को परमार्थी बताया है। वह दूसरे के सुख को अपने जीवन का लक्ष्य बनाता है और दूसरे के सुख में अपना सुख देखता है। मिल ने स्वयं लिखा है, "मैं इस विश्वास से कभी नहीं डिगा कि व्यवहार में सभी नियमों की कसौटी और जीवन का लक्ष्य सुख है। लेकिन, अब मैं सोचने लगा हूँ कि इस लक्ष्य की प्राप्ति तभी हो सकती है, जब सुख को सीधा लक्ष्य न बनाया जाए। वे ही मनुष्य सुखी हैं, जो अपने स्वयं के सुख के स्थान पर किसी अन्य विषय पर अपने विचार केंद्रित करते हैं।"

इस प्रकार, मिल का यह दृष्टिकोण उपयोगितावादी सिद्धांत के बिल्कुल विपरीत है।

**2. सुख का गुण और मात्रा दोनों में विभेद** (Pleasures Differ in Quality and Quantity Both)—बेन्थम ने अपने उपयोगिता-सिद्धांत में सुखों में केवल मात्रा का अंतर देखा है, गुणों का नहीं। उसका कहना है, "यदि सुख की मात्रा बराबर हो, तो पुश्पिन[1] नामक बच्चों का खेल भी उतना ही श्रेष्ठ है, जितना कि काव्य पाठ।"[1] अर्थात्, बेन्थम के अनुसार पुश्पिन नामक खेल और कविता दोनों के आनंद का गुणात्मक स्वरूप एक-सा है और केवल मात्रा में ही भेद होता है। मिल बेन्थम की इस मान्यता का खंडन करते हुए कहता है कि सुख मात्रा और गुण दोनों में पृथक-पृथक होता है।

इस संदर्भ में, मिल लिखता है, "इस बात को मानना उपयोगितावादी सिद्धांत के अनुरूप ही है कि कुछ प्रकार के सुख अन्य प्रकार के सुखों से अधिक वांछनीय और महत्वपूर्ण हैं, इसलिए जहाँ हम अन्य वस्तुओं के मूल्यांकन में

---

1. "Quantity of pleasure being equal, pushpin is as good as poetry."

गुण और मात्रा दोनों का ध्यान रखते हैं, वहाँ सुख के मूल्यांकन को केवल मात्रा पर आधृत करना एक मूर्खतापूर्ण बात होगी।"

इस प्रकार, मिल के अनुसार कविता से प्राप्त होने वाला सुख पुश्पिन के खेल से प्राप्त सुख से उच्च और श्रेष्ठ है। यह इस बात से स्पष्ट है कि योग्य और अनुभवी व्यक्ति निम्न सुखों की अपेक्षा उच्च सुखों की आकांक्षा करते हैं। मिल अपने इस मत के समर्थन में लिखता है, "एक संतुष्ट सूअर होने की अपेक्षा एक असंतुष्ट मनुष्य होना कहीं अधिक श्रेष्ठ है। एक संतुष्ट मूर्ख बने रहने की अपेक्षा एक असंतुष्ट सुकरात होना अधिक श्रेष्ठ है।"[1]

मिल का कहना है कि मूर्ख या सूअर इसलिए भिन्न हैं कि वे केवल अपना ही पक्ष जानते हैं, लेकिन मनुष्य और सुकरात दोनों दूसरे के पक्ष को भी जानते हैं।

वस्तुत:, मिल ने सुख और दु:ख के स्रोतों के आधार पर श्रेष्ठतर सुख और दु:ख का मूल्यांकन करना नहीं चाहा है, बल्कि उसके मूल्यांकन की आधारशिला गौरव-भावना है।

इस प्रकार, मिल ने विभिन्न सुखों में मात्रात्मक भेद के साथ गुणात्मक भेद को भी स्वीकार करते हुए उपयोगितावाद को अधिक मानवीय बना दिया है।

**3. सुखमापक गणनाविधि असंगत** (Hedonistic Calculus Absurd)—बेन्थम सुख के केवल मात्रात्मक अंतर को स्वीकार करता है। इसलिए, उसकी धारणा है कि विभिन्न प्रकार के सुखों को मापा जा सकता है। इसके लिए, उसने सुखमापक गणनाविधि को प्रस्तावित किया है।

लेकिन, मिल ने सुख के मात्रात्मक के साथ गुणात्मक अंतर को माना है। अतएव, उसने बेन्थम के सुखमापक गणनाविधि को असंगत बताया है। उसका कथन है कि सुख और दु:ख को किसी भी कीमत पर सही रूप से मापा नहीं जा सकता है। सुखों का वस्तुगत माप संभव नहीं है। किसी सुख या दु:ख के बारे में वही बता सकता है, जिसने उसका स्वयं अनुभव किया है।

**4. मिल का उपयोगितावाद नैतिक है, राजनीतिक नहीं** (Mill's Utilitarianism is Ethical, not Political)—बेन्थम ने अपने उपयोगितावाद में राजनीतिक तत्व को अधिक महत्व प्रदान किया है। वह अधिकतम व्यक्तियों के अधिकतम हित के सिद्धांत को एक नैतिक सिद्धांत की अपेक्षा राजनीतिक सिद्धांत मानता है। इसके विपरीत, मिल ने अपने उपयोगितावाद में राजनीतिक तत्व को कोई महत्व न देकर, नैतिक तत्व पर बल दिया है।

---

1. "It is better to be a human being dissatisfied than a pig satisfied, better to be a Socrates dissatisfied than a fool satisfied."—J.S. Mill.

बेन्थम का कथन है कि शासक को नीतियों का और विधायक को कानूनों का निर्माण करने में अधिकतम सुख के सिद्धांत का प्रयोग करना चाहिए। वे इन कार्यों को निष्पक्ष रूप से तभी कर सकते हैं, जब वे यह मानकर चलें कि व्यक्तियों के सुखों में केवल मात्रात्मक अंतर होता है, गुणात्मक नहीं। उनके द्वारा इस प्रकार किए जाने वाले कार्यों से अधिकतम व्यक्तियों को अधिकतम सुख प्राप्त हो सकता है। मिल ने बेन्थम के इन विचारों में आमूल परिवर्तन कर दिया है।

मिल का कथन है कि शासक या राज्य का लक्ष्य केवल नागरिकों के सुखों में वृद्धि करना ही नहीं, बल्कि उनके नैतिक गुणों का विकास करना भी होना चाहिए। इस संदर्भ में, मिल का तर्क है कि सभी व्यक्ति स्वार्थी होने के कारण अपने सुखों को दूसरों के सुखों से अधिक महत्वपूर्ण समझते हैं। फलस्वरूप, उनके सुखों में संघर्ष होना अनिवार्य है। ऐसी स्थिति में, राज्य या विधायक द्वारा केवल सुखों के मात्रात्मक अंतर पर ध्यान देकर अधिकतम व्यक्तियों के अधिकतम सुख के लिए किसी नीति या कानून का निर्माण किया जाना असंभव है।

अतएव, मिल का निष्कर्ष यह है कि अधिकतम सुख के सिद्धांत को नैतिकता पर आधृत किया जाना चाहिए। उसने अपने इस निष्कर्ष की पुष्टि ईसा मसीह के स्वर्णिम नियम से की है, "ईसा मसीह के स्वर्णिम नियम में हमें उपयोगितावादी नैतिकता की पूर्ण आत्मा के दर्शन होते हैं। ईसा का उपदेश है कि तुम दूसरों के साथ वैसा ही व्यवहार करो, जैसा अपने साथ चाहते हो। तुम अपने पड़ोसी से वैसा ही प्रेम करो, जैसा अपने से करते हो। उपयोगितावादी नैतिकता का सर्वोत्कृष्ट आदर्श यही है।"

इस प्रकार, मिल ने बेन्थम के उपयोगितावाद में नैतिक तत्व का समावेश करके उसमें एक अत्यंत महत्वपूर्ण संशोधन किया है। उसने बेन्थम द्वारा महत्व दिए जाने वाले राजनीतिक तत्व को महत्वहीन बनाकर, उपयोगितावाद को नैतिकता के धरातल पर स्थापित किया है।

**5. सुख-दुःख के आंतरिक स्रोत** (Internal Sanction of Pleasure and Pain)—बेन्थम ने वैयक्तिक और सामाजिक हितों में एकरूपता स्थापित करने के लिए प्राकृतिक, शारीरिक, सामाजिक, राजनीतिक और धार्मिक मान्यताओं का उल्लेख किया है। ये मान्यताएँ सुख और दुःख में तालमेल स्थापित करती हैं। मिल ने इनकी आलोचना करते हुए कहा है कि ये सुख-दुःख के बाहरी स्रोत हैं। ये वैयक्तिक और सामाजिक हितों में स्थायी एकरूपता स्थापित नहीं कर सकतीं।

मिल ने सुख-दु:ख के आंतरिक स्त्रोत पर विशेष बल दिया है। उसका मत है कि हमारा अंत:करण ही सुख और दु:ख का अनुभव करता है, जो कार्य अच्छा और नैतिक होता है, उससे हमारे अंत:करण को सुख प्राप्त होता है। इसके विपरीत, जो कार्य बुरा और अनैतिक होता है, उससे हमारे अंत:करण को दु:ख का अनुभव होता है। महान व्यक्तियों ने इसी आंतरिक सुख की प्राप्ति के लिए महान बलिदान किए हैं। ईसा मसीह इसी सुख के लिए हँसते-हँसते सूली पर चढ़ गए।

उपर्युक्त तर्कों के आधार पर मिल का निष्कर्ष यह है कि वास्तविक सुख, अंत:करण से संबंधित होने के कारण आंतरिक होता है, भौतिक या बाह्य नहीं। उसके शब्दों में, "अंत:करण भावनाओं का पिंड है, जिसे हमारे दुराचार के कारण कष्ट होता है और यदि हम सदाचार के नियमों का उल्लंघन करके कोई कार्य करते हैं, तो हमें पश्चाताप की अग्नि में जलना पड़ता है। अंत:करण का तत्व तो यही है, उसके मूल और स्वरूप के विषय में चाहे जो भी विचार हों। अंत:करण कल्याण की भावना का शक्तिशाली आधार है। अत:, इसे सामान्य सुख का नैतिक मापदंड मान लेने पर यह उपयोगितावादी नैतिकता का नैतिक बल बन जाएगा।"

इस प्रकार, मिल ने बेन्थम के उपयोगितावाद में अंत:करण का समावेश करके, एक नया संशोधन उपस्थित किया है।

**6. लक्ष्य स्वतंत्रता, उपयोगिता नहीं** (End is Liberty, not Utility)—बेन्थम का दृष्टिकोण सभी वस्तुओं के संबंध में उपयोगितावादी है। इसी कारण, उसने स्वतंत्रता और उपयोगिता में उपयोगिता को उच्च स्थान प्रदान किया है। वह स्वतंत्रता को उपयोगिता के अधीन एक साधन मानता है, लक्ष्य नहीं। इसके विपरीत, मिल ने स्वतंत्रता को लक्ष्य माना है और उपयोगिता को साधन। उसके अनुसार व्यक्तियों के व्यक्तित्व का विकास सर्वोपरि है और यह विकास स्वतंत्रता के बिना संभव नहीं हो सकता है। अत:, व्यक्तियों के लिए स्वतंत्रता नितांत अनिवार्य है। स्वतंत्रता के संबंध में मिल का दृष्टिकोण नैतिकवादी है, बेन्थम के समान उपयोगितावादी नहीं।

**7. इतिहास और परंपरा का महत्व** (Importance of History and Traditions)—बेन्थम के अनुसार, उपयोगितावाद समस्त विश्व पर समान रूप से लागू होता है। लेकिन, मिल का कथन है कि अलग-अलग क्षेत्रों का अपना इतिहास और परंपराएँ होती हैं, जिनका महत्व उनके लिए किसी भी अन्य बात से कम नहीं होता। ये इतिहास और परंपराएँ प्रत्येक समाज के अंतर्गत कुछ विशेष चारित्रिक विशेषताओं को जन्म देती है। इसलिए कोई भी राजनीतिक या सामाजिक

अवस्था ऐसी नहीं हो सकती, जो सब जातियों के लिए समान रूप से अनुकूल हो सके। अतः, उपयोगितावाद सार्वभौम नहीं हो सकता। इतिहास और परंपराओं की भिन्नता और महत्व को भी ध्यान में रखना चाहिए।

**8. समाजवादी तत्व**—मिल उपयोगितावाद में पहले व्यक्तिवाद का और फिर समाजवाद का समर्थन करके बेन्थम से बहुत आगे निकल गया है। परंतु, उसने उपयोगितावाद के आधार पर समाजवाद के विषय में जो विचार प्रकट किए हैं, उनका संबंध वास्तविक जगत से न होकर काल्पनिक संसार से है।"[1]

**9. नैतिक तत्व**—मिल ने उपयोगितावाद में नैतिक तत्व का समावेश करके उसे मानव जीवन के अनुकूल बनाने का प्रयत्न किया है। इस प्रयास में उसने बेन्थम के परंपरागत नैतिकता की मान्यता को असंगत बना दिया है। मुरे ने इसके लिए मिल की आलोचना करते हुए यह लिखा है, "बेन्थम के लिए उपयोगिता का सिद्धांत एक ऐसा मापदंड था, जिससे परंपरागत नैतिकता का मूल्यांकन करके उसमें सुधार किया जा सकता था। पर, मिल ने इसे ऐसा सिद्धांत बना दिया, जिससे उन मान्यताओं के औचित्य को सिद्ध करके उनके बौद्धिक स्वरूप की व्याख्या की जा सकती थी। अतः, इसमें कोई आश्चर्य की बात नहीं कि बेन्थम के सिद्धांत की अपेक्षा मिल का सिद्धांत असंगत है।"

उपर्युक्त तथ्यों से यह स्पष्ट है कि मिल का व्यक्ति परमार्थी है। सुख का गुण और मात्रा दोनों में विभेद किया जा सकता है। सुख को मापा नहीं जा सकता है। उपयोगितावाद की आधारशिला नैतिकता होनी चाहिए। मनुष्य का लक्ष्य स्वतंत्रता होना चाहिए। सुख के आंतरिक स्रोत अधिक महत्वपूर्ण होते हैं। उपयोगितावाद में इतिहास और परंपराओं का भी आदर किया जाना चाहिए। इस प्रकार, मिल ने बेन्थम के उपयोगितावाद में संशोधन करके और उसकी पुनर्व्याख्या करके, उसके स्वरूप को प्रायः पूर्णतया परिवर्तित कर दिया है।

लेकिन, प्रश्न यह उठता है कि मिल ने क्यों नहीं एक नए सिद्धांत का प्रतिपादन किया। इस संबंध में दो तर्क दिए जाते हैं, (i) बेन्थम का उपयोगितावादी सिद्धांत अर्द्धविकसित था। इसलिए, मिल ने उसका पूर्ण विकास किया। (ii) मिल को बेन्थम और अपने पिता जेम्स मिल के प्रति अगाध श्रद्धा थी, इसलिए भी वह उससे अलग नहीं होना चाहता था।

1. "Mill's Socialism is Utopian."—Crane Brinton.

## आलोचनाएँ
## (Criticisms)

मिल के उपयोगितावाद की आलोचनाएँ अग्रलिखित रूप से की गई हैं—

**1. गुणात्मक सुख विवादास्पद** (Qualitative Pleasure Disputed)—मिल ने सुख की मात्रा के साथ उसके गुण पर जोर दिया है। लेकिन, उसका यह गुणात्मक सुख भी पूर्णतः विवादास्पद है।

उसने उच्च और निम्न सुखों में अंतर तो बताया है, पर इस अंतर को नापने के लिए कोई मापदंड निर्धारित करने की चेष्टा नहीं की है। इस संदर्भ में सेबाइन ने लिखा है, "मिल का कहना था कि सुखों को उनके नैतिक गुण के अनुसार श्रेष्ठ या निकृष्ट माना जा सकता है। इससे उनका अभिप्राय यह था कि वह एक मापदंड को मापने के लिए दूसरे मापदंड की माँग कर रहा था। यह एक प्रकार का विरोधाभास है और इसने उपयोगितावाद को पूर्णतया अनिश्चित सिद्धांत बना दिया है। मिल ने सुखों के गुण का निर्णय करने के लिए कोई मापदंड नहीं बताया और यदि बताया होता, तो वह मापदंड सुख कदापि नहीं होता।"

**2. सुख** (Pleasure)—मिल ने केवल यही कहा है कि मनुष्य सुख अवश्य चाहता है। लेकिन, वह यह प्रमाणित करने में असमर्थ रहा है कि मनुष्य को सुख की आकांक्षा करनी चाहिए।

**3. सामाजिक सुख** (Social Good)—मिल यह कहता है, प्रत्येक मनुष्य व्यक्तिगत कल्याण के साथ सार्वजनिक कल्याण की बात सोचता है। लेकिन, यह विवादास्पद है। वैयक्तिक सुख के साथ सामाजिक सुख संभव नहीं है।

**4. स्वतंत्रता** (Liberty)—मिल ने वैयक्तिक स्वतंत्रता का समर्थन कर उपयोगितावाद को समृद्ध किया है। लेकिन, वह अधिकारों के संबंध में कोई स्पष्ट सिद्धांत प्रतिपादित नहीं करता है, जिससे स्वतंत्रता की धारणा कुछ ठोस अर्थ प्राप्त कर पाती। उसकी स्वतंत्रता संबंधी धारणा को खोखली बताया गया है।

**5. नए विचार नहीं** (No New Thought)—आलोचकों का कथन है कि मिल पुराने और नए विचारों को समन्वित करने में पूर्णतः असमर्थ रहा है। उसने बेन्थम के उपयोगितावाद में चिप्पियाँ लगाई हैं, कोई नया विचार नहीं दिया है।

## निष्कर्ष

मिल के सिद्धांत भी विवादग्रस्त, असंगत और भ्रांतिपूर्ण हैं। वस्तुतः, उसने बेन्थम के उपयोगितावाद की कठोरता का मृदुकरण कर उसे उदार और मानवीय तो बनाया है,[1] लेकिन साथ-ही-साथ उसे अनिश्चित, भ्रांत, असंगत और अव्यावहारिक भी बना दिया है। अतएव, मिल का उपयोगितावाद भी त्रुटियों और विरोधाभासों से भरा हुआ है। लेकिन, उसके पक्ष में यह कहा जा सकता है कि बेन्थम का उपयोगितावाद जो आलोचनाओं का शिकार होकर मृतप्राय हो चुका था, उसमें मिल ने संशोधन कर नए जीवन का संचार किया।

अंत में, मुरे का निष्कर्ष सत्यता के काफी निकट है—"मिल का उपयोगिता-सिद्धान्त का वर्णन बेन्थम के सिद्धान्त में कोई महत्पूर्ण तथ्य नहीं जोड़ता है। इसके विपरीत, उसका वर्णन इस सिद्धांत के अर्थ और महत्व को अत्यधिक धूमिल कर देता है।"[2]

---

1. "Mill softened down the harshness of Benthamite ethics, and in so doing, he made utilitarianism at once more humane and less consistent."
2. "Mill's account of the principle of utility adds nothing of value to Bentham's; on the contrary, it greatly obscures the meaning and significance of the principle."

# 15

# स्वतंत्रता
## (Liberty)

सतरहवीं शताब्दी में लोग सर्वशक्तिशाली दैवी राज्य से मुक्ति पाना चाहते थे। उन्नीसवीं शताब्दी में वे सर्वशक्तिशाली मानवीय राज्य से मुक्ति चाहने लगे। अर्थात्, राज्य इतना शक्तिशाली हो गया था कि वैयक्तिक स्वतंत्रता बिल्कुल समाप्त हो गई थी। उसी समय विभिन्न विचारकों ने वैयक्तिक स्वतंत्रता पर सोचना प्रारंभ किया। इंग्लैंड में उग्र-आंदोलन हो रहा था। बेन्थम का अधिकतम सुख के सिद्धांत का व्यापक प्रचार हो रहा था। लोग मताधिकार, शिक्षा और स्थानीय स्वशासन के पुनर्विकास की माँग कर रहे थे। सरकार अनेक कानूनों का निर्माण कर जनता की स्वतंत्रता और गतिविधियों को सीमित करने का प्रयास कर रही थी।

फैक्ट्री-कानूनों के कारण मजदूरों के दैनिक जीवन पर सरकार का इतना कठोर नियंत्रण स्थापित हो गया था कि उनकी व्यक्तिगत स्वतंत्रता पूर्णतया नष्ट हो गई थी। मजदूरों को भरपेट भोजन, वस्त्र, आवास, आदि की सुविधाएँ नहीं थीं। बाल-श्रम संबंधी कानूनों के कारण बालकों की स्वतंत्रता का हनन हो गया था; क्योंकि वे अपनी जीविका का उपार्जन करने के लिए विवश हो गए थे। इंग्लैंड में आम जनता की स्वतंत्रता भी खतरे में थी। डॉयल के शब्दों में, "कार्य और विचार की स्वतंत्रता, जो अहम्-भाव का परिणाम है, दाँव पर लगी हुई थी।"[1]

---

1. "Liberty of action and thought, the corollary of egoism, was at stake."—Doyle.

मिल व्यक्तिगत स्वतंत्रता का पुजारी था। उसने स्वयं अपनी आँखों से देखा कि सरकार व्यक्ति को कानूनों की जंजीरों में जकड़कर उसकी स्वतंत्रता की परिधि को संकुचित करने की चेष्टा कर रही थी। ऐसी स्थिति में, मिल ने **ऑन लिबर्टी** ग्रंथ का प्रकाशन कर, वैयक्तिक स्वतंत्रता का कड़े शब्दों में समर्थन किया है, जिसकी तुलना केवल मिल्टन के **ऐरोपेजिटिका** से की जा सकती है।

## स्वतंत्रता का सिद्धांत
## (Doctrine of Liberty)

मिल ने अपनी पुस्तक **ऑन लिबर्टी** में जिस स्वतंत्रता का समर्थन किया है, उसका आधार सुख का सिद्धांत है। उसका मत है कि विभिन्न व्यक्तियों को विभिन्न कार्यों से सुख की प्राप्ति होती है। अतः, उनके सुख में अधिकतम वृद्धि करने के लिए उन्हें अधिकतम स्वतंत्रता प्राप्त होनी चाहिए। बशर्ते कि उनके कार्यों से दूसरों के सुखों में किसी प्रकार की बाधा न पड़े। मिल के शब्दों में, "सच्ची स्वतंत्रता वही है, जिससे हम अन्य व्यक्तियों को उनके सुखों से वंचित न करके या उनके सुखों में बाधा उपस्थित न करके, अपनी स्वयं की विधि से अपने हित का अनुसरण कर सकें। मानव-जाति का इस बात से अधिक हित हो सकता है कि वह प्रत्येक व्यक्ति को अपनी इच्छा के अनुसार अपना जीवन व्यतीत करने की आज्ञा दे, न कि इस बात से कि वह शेष व्यक्तियों की इच्छा के अनुसार,. उसे अपना जीवन व्यतीत करने के लिए बाध्य करे।"[1]

उपर्युक्त कथन से यह स्पष्ट है कि मिल ने जिस स्वतंत्रता का समर्थन किया है, उसका आधार—व्यक्ति का सुख है और उसका स्वरूप व्यापक होते हुए भी नियंत्रित है।

मिल ने लोकप्रिय सरकार, सरकारी कर्मचारी और अत्याचारी राज्य की शक्तियों पर प्रतिबंध लगाना चाहा है। उसका मत है कि किसी भी व्यक्ति के व्यक्तित्व का संपूर्ण विकास स्वतंत्रता के अभाव में संभव नहीं है। स्वतंत्र वातावरण में ही व्यक्ति अपने व्यक्तित्व का विकास कर सकता है। अतः, मिल का कथन है कि प्रत्येक व्यक्ति अपने ऊपर अपने शरीर और मस्तिष्क का संप्रभु है।[2]

## स्वतंत्रता के प्रकार
## (Kinds of Liberty)

मिल ने व्यक्ति की स्वतंत्रता के प्रसंग में अनेक प्रकार की स्वतंत्रताओं का उल्लेख किया है; जैसे—विचार अभिव्यक्ति, वाद-विवाद, भावना, संपर्क, रुचि,

1. Mill, *On Liberty.*
2. "Over himself, over his own body and mind, the individual is sovereign."—Mill.

धर्म और कार्य, आदि की स्वतंत्रता। उसका मत है कि जिस समाज में इन स्वतंत्रताओं का सम्मान नहीं होता है, वहाँ व्यक्ति स्वतंत्र नहीं है, चाहे उसकी सरकार का स्वरूप जो भी हो।

मिल ने उपर्युक्त सभी स्वतंत्रताओं को दो बड़े क्षेत्रों के अंतर्गत स्थान दिया है—विचार और भाषण की स्वतंत्रता और कार्य की स्वतंत्रता।

## विचार और भाषण की स्वतंत्रता (Liberty of Thought and Expression)

**एक व्यक्ति के भी विचार का दमन नहीं** (No Suppression of the Opinion of Even One Man)—मिल का विचार है कि प्रत्येक व्यक्ति को विचार और भाषण की स्वतंत्रता होनी चाहिए। राज्य, समाज या बहुमत को उसमें किसी प्रकार का हस्तक्षेप करने का अधिकार नहीं होना चाहिए। इस विषय में मिल इतना उदार है कि उसने सनकी और झक्की व्यक्तियों को भी वैचारिक स्वतंत्रता प्रदान की है। इस संबंध में, उसका कहना है कि बौद्धिक या वैचारिक स्वतंत्रता न केवल व्यक्ति के लिए, बल्कि समाज के लिए भी हितकर है। इसका कारण यह है कि कोई भी व्यक्ति ऐसे विचार व्यक्त कर सकता है, जो समाज के लिए उपयोगी सिद्ध हो सकते हैं। अतः, यदि संपूर्ण समाज का एक मत हो और एक व्यक्ति का दूसरा मत हो, तो भी उसे अपने विचार को प्रकट करने की स्वतंत्रता होनी चाहिए। मिल के शब्दों में, "यदि एक व्यक्ति के अलावा संपूर्ण मानव-जाति का एकमत हो, और केवल एक व्यक्ति का मत उसके विरुद्ध हो, तो भी उस व्यक्ति को बलपूर्वक मौन करने का मानव-जाति को उसी प्रकार कोई अधिकार नहीं है जिस प्रकार कि उस एक व्यक्ति की शक्तिसंपन्न होने पर मानवजाति को बलपूर्वक मौन करने का होता।"[1]

**स्वतंत्रता सत्य की खोज के लिए** (Liberty for the Discovering of Truth)—मिल का मत है कि वैचारिक स्वतंत्रता, व्यक्ति के मानसिक स्वास्थ्य की एक आवश्यक शर्त है। यह स्वतंत्रता न केवल अधिकतम व्यक्तियों को अधिकतम सुख प्रदान करती है, बल्कि उन्हें सत्य की खोज के लिए भी प्रेरित करती है। मिल ने इस स्वतंत्रता को राजनीतिक स्वतंत्रता की आधारशिला बताया है, जो उच्चकोटि की नैतिक स्वतंत्रता को जन्म देती है।

---

1. "If all mankind minus one, were of one opinion, and only one person were of the contrary opinion, mankind would be no more justified in silencing that one person, than he, if he had the power, would be justified in silencing mankind."—Mill.

**विचार और भाषण की स्वतंत्रता के पक्ष में तर्क** (Arguments in Defence of the Liberty of Thought and Expression)—मिल ने विचार और भाषण की स्वतंत्रता के औचित्य को सिद्ध करने के लिए निम्नलिखित तर्क दिया है—

**1. सत्य** (Truth)—यह संभव है कि जिस विचार का दमन किया जा रहा है, वह सत्य हो। अतः, उस विचार का दमन करने का अर्थ है—सत्य का दमन करना। ऐसी स्थिति में, समाज की हानि हो सकती है।

**2. आंशिक सत्य** (Partial Truth)—यह संभव है कि जिस विचार का दमन किया जा रहा है, उसमें पूर्ण सत्य न होकर आंशिक सत्य हो। ऐसी स्थिति में, आंशिक सत्य के दमन का परिणाम समाज के लिए अहितकर हो सकता है।

**3. सत्य नहीं** (No Truth)—यह संभव है कि जो विचार अति दीर्घकाल से सत्य माने जा रहे हैं, वे सत्य न हों। उनकी सत्यता की जाँच स्वतंत्र वाद-विवाद की कसौटी पर ही की जा सकती है। इस कसौटी पर उनकी परीक्षा किए बिना उनको स्वीकार करना, व्यक्ति और समाज—दोनों के हितों के प्रतिकूल हो सकता है।

**4. गलत** (Wrong)—यदि किसी व्यक्ति के विचार गलत हैं, तो भी उसे उनको व्यक्त करने की स्वतंत्रता होनी चाहिए। इसका कारण यह है कि उसकी गलत बातों को सुनकर सत्य के विराट स्वरूप का ज्ञान प्राप्त किया जा सकता है।

**5. संघर्ष** (Struggle)—सत्य के अनेक पहलू होते हैं। साधारणतः एक पक्ष—सत्य के एक पहलू को और दूसरा पक्ष—सत्य के दूसरे पहलू को देखता है। ऐसी स्थिति में दोनों पक्षों में संघर्ष होना स्वाभाविक है। अतः, सत्य के वास्तविक स्वरूप को विचारों की स्वतंत्र अभिव्यक्ति द्वारा स्पष्ट किया जाना आवश्यक है।

**6. नए विचारों का जन्म** (Birth of New Thoughts)—व्यक्ति अपने विचारों को व्यक्त करके ही समाज के प्रचलित आदर्शों, मान्यताओं, परंपराओं, रीति-रिवाजों और विचारधाराओं का अंत करके, नई परंपराओं और विचारधाराओं को जन्म देने का प्रयास करते हैं। ऐसे व्यक्तियों के विचारों पर प्रतिबंध लगाने का अर्थ है—नई परंपराओं, विचारधाराओं, आदि का प्रचलन न होने देना। यह कार्य समाज के लिए घातक हो सकता है।

**सुकरात और ईसा के विचार के दमन से समाज को हानि** (Harm to Society by Suppressing the Thoughts of Socrates and Christ)—मिल ने उपर्युक्त तर्कों के आधार पर व्यक्ति के विचार-स्वतंत्रता का प्रबल समर्थन किया है। उसका कथन है कि इस स्वतंत्रता के दमन से समाज को काफी क्षति हुई है। इस बात को सत्य सिद्ध करने के लिए, उसने सुकरात, ईसा मसीह, आदि महान विभूतियों का उदाहरण दिया है। एथेंस के शासकों ने सुकरात को विषपान देकर, बुद्धि के उन्मुक्त प्रवाह को रोक दिया। ईसा को सूली पर चढ़ाकर, तत्कालीन शासकों ने अपने अज्ञान और मदांधता का प्रमाण दिया। इससे यह स्पष्ट है कि सत्य को हिंसा से सदैव के लिए दबाया नहीं जा सकता है। उनकी हत्या इस बात का भी साक्षी है कि वैचारिक स्वतंत्रता का अपहरण करके, सत्य का दमन किया गया, जिससे मानव-जाति की अकथनीय क्षति हुई। मिल के शब्दों में, "विचार की अभिव्यक्ति का दमन करने का एक विशिष्ट दोष यह है कि ऐसा मानव-जाति को आगामी और वर्तमान पीढ़ियों को लूटना है।"[1]

वस्तुतः, मिल ने विचार और भाषण की स्वतंत्रता के विषय में जिस धारणा को लेखबद्ध किया है, उसकी उतनी ही भूरि-भूरि प्रशंसा की गई है, जितनी कि पेन, रूसो, मिल्टन, वाल्टेयर, जेफरसन, आदि विश्व के महान वैचारिक स्वतंत्रता-समर्थकों की धारणाओं की। इस प्रकार, उसने विचार और भाषण की स्वतंत्रता का प्रबल समर्थन किया है।

## कार्य की स्वतंत्रता
## (Liberty of Action)

मिल के अनुसार, स्वतंत्रता के दो पक्ष हैं—आंतरिक और बाह्य। आंतरिक स्वतंत्रता के अंतर्गत विचार की स्वतंत्रता को और बाह्य स्वतंत्रता के अंतर्गत कार्य की स्वतंत्रता को स्थान दिया गया है। दोनों एक-दूसरे के पूरक हैं। विचारों को कार्य रूप में परिणत करने के लिए कार्य की स्वतंत्रता आवश्यक है। मिल के शब्दों में, "कार्य उतने ही स्वतंत्र होने चाहिए, जितने कि विचार। मनुष्यों को अपने विचारों के अनुसार कार्य करने की स्वतंत्रता होनी चाहिए।"[2]

मिल ने विचार-स्वतंत्रता की भाँति निष्प्रतिबंधित कार्य-स्वतंत्रता का अनुमोदन नहीं किया है। उसने व्यक्ति को कार्य विषयक स्वतंत्रता उसी सीमा

---

1. "The peculiar evil of silencing the expression of an opinion is that it is robbing the human race, posterity as well as the existing generation."—Mill.
2. "Actions should be as free as opinions. Men should be free to act upon their opinions."—Mill.

तक प्रदान की है, जिस सीमा तक उसके कार्यों का संबंध केवल उसी से है और वे अन्य व्यक्तियों के कार्यों में किसी प्रकार का विघ्न डालकर उनको हानि नहीं पहुँचाते हैं। मिल का मत है, "व्यक्ति की कार्य-स्वतंत्रता को सीमित किया जाना चाहिए। उसे अपने को दूसरे व्यक्तियों के लिए कष्ट का कारण नहीं बनाना चाहिए।"[1]

मिल ने मनुष्य के सभी कार्यों को दो वर्गों में विभाजित किया है—

(1) आत्म-विषयक कार्य, और (2) पर-विषयक कार्य।

**1. आत्म-विषयक कार्य** (Self-Regarding Matters)—इसके अंतर्गत वे कार्य आते हैं, जिनका संबंध व्यक्ति के व्यक्तिगत जीवन से होता है; जैसे—भोजन करना, पहनना, सोना, आचार-विचार, आदि। मिल ने आत्म-विषयक कार्य में व्यक्ति को पूरी स्वतंत्रता दी है। इसमें राज्य या सरकार को हस्तक्षेप नहीं करना चाहिए। लेकिन, मिल ने आत्म-विषयक कार्य में भी कुछ मामलों में राज्य का हस्तक्षेप आवश्यक बताया है, जैसे—अगर कोई व्यक्ति आत्महत्या कर रहा हो या जहरीला खाद्य पदार्थ ले रहा हो या टूटे हुए नाव पर सफर कर रहा हो, तो इन परिस्थितियों में उसका जीवन समाप्त हो सकता है। अतः, राज्य इन मामलों में हस्तक्षेप कर उस व्यक्ति के जीवन को बचा सकता है; क्योंकि राज्य व्यक्ति के हित को अच्छे ढंग से समझता है।

इस प्रकार, यद्यपि मिल ने आत्म-विषयक कार्य में प्रत्येक व्यक्ति को पूरी स्वतंत्रता देने के पक्ष में अपना मत दिया है। लेकिन, कुछ विशेष परिस्थितियों में उसने राज्य के हस्तक्षेप को भी स्वीकार किया है।

**2. पर-विषयक कार्य** (Other-Regarding Matters)—मिल ने इसके अंतर्गत उन कार्यों को स्थान दिया है, जिनका संबंध दूसरे व्यक्तियों या समाज से रहता है; जैसे—समाज में अभद्रता या अनैतिकता फैलाना, राज्य विरोधी संगठनों का निर्माण करना, आदि। इन कार्यों के संपादन में व्यक्ति को पूरी स्वतंत्रता नहीं मिलनी चाहिए; राज्य का नियंत्रण आवश्यक है। अगर प्रत्येक व्यक्ति को पर-विषयक कार्य में पूरी स्वतंत्रता दे दी जाए, तो उससे समाज में अराजकता फैल जाएगी और मनुष्य का जीवन खतरे में पड़ जाएगा।

इस प्रकार, मिल ने व्यक्ति को आत्म-विषयक कार्यों में बहुत हद तक निरंकुश स्वतंत्रता और पर-विषयक कार्यों में सीमित स्वतंत्रता का अधिकार प्रदान किया है।

---

1. "The liberty of action of the individual must be limited. He must not make himself a nuisance to other people."—Mill.

## वैयक्तिक स्वतंत्रता में राज्य का हस्तक्षेप (State's Interference in Individual's Liberty)

मिल ने निम्नलिखित विशेष परिस्थितियों में राज्य को वैयक्तिक स्वतंत्रता में हस्तक्षेप करने का अधिकार प्रदान किया है—

1. **स्वतंत्रता का दुरुपयोग** (Misuse of Liberty)—यदि व्यक्ति अपनी स्वतंत्रता का प्रयोग दूसरों को हानि पहुँचाने के लिए करता हो, जैसे—शराब पीकर सार्वजनिक शांति को भंग करना, तो ऐसी स्थिति में, राज्य व्यक्ति को ऐसा करने से मना करेगा।

2. **कर्तव्यपालन से च्युत** (Negligence of Duty)—यदि कोई व्यक्ति अपनी स्वतंत्रता द्वारा कर्तव्यपालन से च्युत हो जाए; जैसे—पुलिस शराब पीकर गस्त लगाने का कार्य करे, तो ऐसी स्थिति में, राज्य हस्तक्षेप करेगा।

3. **संकटकाल** (Emergency Period)—संकटकालीन स्थिति का सामना करने के लिए, राज्य वैयक्तिक स्वतंत्रता में हस्तक्षेप कर सकता है। राज्य अपनी सुरक्षा और प्रादेशिक अखंडता को बचाने के लिए व्यक्ति को वैयक्तिक स्वतंत्रता त्यागने को बाध्य कर सकता है। जैसे, व्यक्ति को सेना में भर्ती होने के लिए बाध्य किया जा सकता है।

## मिल के स्वतंत्रता-सिद्धांत के अपवाद (Exceptions to Mill's Doctrine of Liberty)

मिल ने स्वतंत्रता संबंधी जिस सिद्धांत का प्रतिपादन किया है, उसके अंतर्गत निम्नलिखित अपवाद विशेष रूप से उल्लेखनीय हैं।

1. **बालिग को स्वतंत्रता** (Liberty to Adult Person)—मिल का विचार है कि स्वतंत्रता केवल बालिग और परिपक्व व्यक्तियों को मिलनी चाहिए। बच्चों या नाबालिग लोगों को स्वतंत्रता देने में कोई अर्थ नहीं है; क्योंकि वे स्वतंत्रता का प्रयोग सही ढंग से नहीं कर सकते। अतः, बालिग लोगों को ही स्वतंत्रता मिलनी चाहिए।

2. **पिछड़े वर्ग को स्वतंत्रता नहीं** (Liberty not Given to Backward Class)—मिल का कहना है कि स्वतंत्रता समाज के पिछड़े वर्ग को नहीं मिलना चाहिए; क्योंकि वे शैक्षणिक और आर्थिक दृष्टिकोण से काफी पीछे होते हैं। उनमें शिक्षा का अभाव रहता है। उनमें मानसिक परिपक्वता नहीं होती है। इसलिए, पिछड़े वर्ग को स्वतंत्रता नहीं मिलनी चाहिए।

3. **जनता में असमानता** (Inequality among People)—मिल के स्वतंत्रता संबंधी सिद्धांत से यह भी स्पष्ट है कि उससे लोगों के बीच असमानता

का वातावरण फैलता है। मिल ने पिछड़े वर्गों और अपरिपक्व लोगों को स्वतंत्रता पालन का आदेश नहीं दिया है; क्योंकि इससे राज्य में असमानता की वृद्धि होगी।

**4. स्वतंत्रता पर सीमा** (Limitation on Liberty)—मिल के स्वतंत्रता-सिद्धांत के अध्ययन से यह स्पष्ट है कि मिल निरंकुश स्वतंत्रता, अर्थात जो व्यक्ति चाहे सो करे, के पक्ष में नहीं है। यह स्वतंत्रता का सही अर्थ नहीं है। मिल ने स्पष्ट शब्दों में कहा है कि एक व्यक्ति अपने कार्य को करने में वहीं तक स्वतंत्र है, जहाँ तक कि उसके कार्य से दूसरों को हानि नहीं पहुँचती हो।[1]

इससे यह स्पष्ट है कि व्यक्ति की स्वतंत्रता वहीं तक है, जहाँ वह समाज के किसी दूसरे व्यक्ति की स्वतंत्रता पर आघात नहीं करता है।

## मिल के स्वतंत्रता-सिद्धांत का मूल्यांकन (Evaluation of Mill's Doctrine of Liberty)

मिल के स्वतंत्रता-सिद्धांत के गुण-दोषों का उल्लेख निम्नलिखित रूप से किया जा सकता है—

### गुण (Merits)

अनेक विद्वानों ने मिल के स्वतंत्रता-सिद्धांत की भूरि-भूरि प्रशंसा की है। मिल का यह सिद्धांत आधुनिक राजनीतिक जगत का अनुपम उपहार है। उसने इसके माध्यम से व्यक्तिवाद और लोकतंत्र के मार्ग को प्रशस्त किया है। कुछ विद्वानों के प्रंशसनीय विचार निम्नांकित हैं—

1. **एबेंस्टीन**—"मिल की स्थायी ख्याति का कारण स्वतंत्रता पर उसका निबंध है। उसने भविष्यवाणी की थी कि उसकी रचनाओं में संभवतः यह निबंध सबसे अधिक दीर्घजीवी होगा और उसकी यह भविष्यवाणी सत्य हुई है।"[2]

2. **मुरे**—"मिल के स्वतंत्रता के निबंध में व्यक्तिवाद के दर्शन को उसका सबसे महत्वपूर्ण और सुसंगत योगदान मिलता है।"

3. **डनिंग**—"मिल के सिद्धांत में व्यक्तिवाद का पूर्ण और व्यवस्थित दर्शन निहित है।"

---

1. "Everyone should be free to pursue his line of action provided he does not harm to others."—Mill.

2. "Mill's claim to enduring fame derives from *On Liberty*; he predicted that of all his writings, *On Liberty* was likely to survive longest, and his prediction has come true."—Ebenstein.

**4. सेबाइन**—"राजनीतिक विचारधारा के क्षेत्र में मिल की पुस्तक **ऑन लिबर्टी** स्थायी देन है।"[1]

**5. जोड**—"स्वतंत्रता पर मिल का निबंध संभवतः वैचारिक स्वतंत्रता का सबसे प्रसिद्ध समर्थन और वैचारिक सहिष्णुता के पक्ष में जबर्दस्त दलील है।"[2]

**6. मैक्सी**—"विचार और भाषण की स्वतंत्रता पर मिल की स्वतंत्रता राजनीतिक साहित्य के इतिहास में महान देनों में से एक है।"[3]

**दोष (Demerits)**

विभिन्न आलोचकों ने मिल के स्वतंत्रता-सिद्धांत की आलोचनाएँ निम्नलिखित आधार पर की हैं—

**1. आत्म-विषयक और पर-विषयक कार्य का विभाजन कठिन** (Difficult to Draw a Line between the Self-Regarding and Other-Regarding Matters)—आलोचकों का कथन है कि आत्म-विषयक और पर-विषयक कार्यों के बीच एक विभाजन रेखा खींचना कठिन हैं व्यक्ति जो भी कार्य करता है, उसका प्रभाव समाज पर अवश्य पड़ता है। जैसे, यदि कोई व्यक्ति घर पर शराब पीता है, तो उसका प्रभाव उसके बच्चों और स्वास्थ्य पर पड़ता है। अतः, यह विभाजन कृत्रिम है।

**2. वृहत सूची नहीं** (No Comprehensive List)—मिल ने आत्म-विषयक और पर-विषयक के कुछ कार्यों का उल्लेख किया हैं उसकी वृहत सूची नहीं दी गई है, जिसके अभाव में कार्य करना कठिन है।

**3. पिछड़े वर्ग को स्वतंत्रता नहीं** (No Liberty to Backward Class)—आलोचकों का कहना है कि मिल ने समाज के पिछड़े वर्ग को स्वतंत्रता न देकर उसके साथ अन्याय किया है। यह उसके संकीर्ण विचार का द्योतक है। भारत और अन्य राज्यों में पिछड़े वर्ग के उत्थान पर विशेष बल दिया जा रहा है।

**4. राज्य का प्रतिबंध** (State's Control)—मिल का यह विचार दोषपूर्ण है कि राज्य को व्यक्ति के केवल उन कार्यों पर प्रतिबंध लगाना चाहिए, जिनका समाज के दूसरे व्यक्तियों पर प्रभाव पड़ता है। इसका यह अर्थ हुआ कि यदि

1. "The book *On Liberty* is everlasting contribution to political thought."—Sabine.
2. "Mill's essay *On Liberty* is perhaps the most famous vindication of freedom of thought and most powerful plea for the toleration of opinions."—Joad.
3. "Mill's *Liberty* on freedom of expression is one of the greatest contributions in the annals of political literature."—Maxey.

राज्य चाहे, तो व्यक्ति के प्रत्येक कार्य को पर-विषयक घोषित करके उस पर प्रतिबंध लगा सकता है।

**5. सनकी को स्वतंत्रता** (Liberty to Crank)—मिल ने विकृत मस्तिष्क वाले व्यक्तियों को स्वतंत्रता नहीं दी है। लेकिन, वह सनकी व्यक्तियों को देता है, जो समाज के लिए अहितकर सिद्ध हो सकता है। स्टीफेन के शब्दों में, "सनकी व्यक्ति इस प्रकार बेडौल कटे हुए शहतीर के समान है, जिसका राज्य में कोई उपयोग नहीं हो सकता।" वस्तुतः, सनकपन व्यक्तिवाद का प्रहसन है। सनकी व्यक्ति को सुकरात और ईसा की श्रेणी में रखना महान पुरुषों की स्थिति को न समझ पाना है।

**6. सत्य की खोज** (Search for Truth)—मिल का कथन है, तर्क-वितर्क द्वारा सत्य की खोज की जा सकती है। वस्तुतः, सत्य की खोज वाद-विवाद के द्वारा नहीं, बल्कि चिंतन द्वारा संभव है। बुद्ध, महावीर, ईसा और गाँधी ने आत्मानुभूति द्वारा ही सत्य की प्राप्ति की।

**7. समानता की उपेक्षा** (Negligence of Equality)—स्वतंत्रता का घनिष्ठ संबंध समानता के साथ हैं मिल ने समानता की उपेक्षा की है। समानता के वातावरण में ही स्वतंत्रता अधिक दिनों तक टिक सकती है।

**8. अल्पमत का महत्व** (Importance of Minority)—मिल ने बहुमत की अपेक्षा अल्पमत को विशेष महत्व दिया है। उसने एक व्यक्ति की स्वतंत्रता की रक्षा में अधिक रुचि प्रदर्शित की है।

**9. खोखली स्वतंत्रता और काल्पनिक व्यक्ति** (Empty Liberty and Abstract Individual)—बारकर का कथन है कि मिल खोखली स्वतंत्रता और काल्पनिक व्यक्ति का मसीहा है।[1] खोखली स्वतंत्रता इस अर्थ में कि मिल ने आत्म-विषयक कार्य में व्यक्ति को पूरी स्वतंत्रता दी है और समाज की उपेक्षा की है। वस्तुतः, बिना समाज या राज्य के स्वतंत्रता संभव नहीं है। इसलिए, मिल का जो विचार आत्म-विषयक कार्य के लिए है, वह खोखली स्वतंत्रता का द्योतक है।

मिल ने काल्पनिक व्यक्ति का भी चित्र उपस्थित किया है। यह इस अर्थ में कि व्यक्ति का संबंध आत्म-विषयक कार्य में राज्य या समाज से नहीं रखा गया है। वस्तुतः, राज्य या समाज के अभाव में न तो व्यक्ति का अस्तित्व ही संभव है और न स्वतंत्रता की उपयोगिता ही संभव है।

---

1. "Mill was the prophet of an empty liberty and an abstract individual."—Barker.

इन्हीं तर्कों के आधार पर बारकर ने मिल को खोखली स्वतंत्रता और काल्पनिक व्यक्ति का मसीहा कहा है।

## निष्कर्ष

यदि मिल के स्वतंत्रता सिद्धांत का मूल्यांकन, आलोचनाओं के आधार पर नहीं, बल्कि तत्कालीन परिस्थितियों के आधार पर करें, तो यह स्पष्ट है कि मिल उन्नीसवीं सदी में पहला विचारक था, जिसने स्वतंत्रता पर एक स्वतंत्र पुस्तक **ऑन लिबर्टी** लिखकर दुनिया के सामने यह सिद्ध किया कि व्यक्ति की स्वतंत्रता उसके अस्तित्व और विकास के लिए अति-आवश्यक है। राज्य का व्यक्ति के ऊपर कम-से-कम नियंत्रण होना चाहिए। वस्तुतः, मिल ने विचार और स्वतंत्रता पर जो विचार दिया है, वह राजनीतिक साहित्य में अमर रहेगा। शक्तिशाली राज्य के वातावरण में, मिल ने वैयक्तिक स्वतंत्रता का समर्थन कर, मानवीय मूल्यों को अमरता प्रदान की है, जिसकी अमर-ज्योति से संपूर्ण मानव-समाज आलोकित रहेगा।

# 16

# राज्य और सरकार
# (State and Government)

## राज्य
## (State)

**राज्य प्राकृतिक और मनुष्यकृत दोनों (State is Natural and Man-Made Both)**

मिल ने अपनी कृति **प्रतिनिधि सरकार संबंधी चिंतन** में राज्य और सरकार संबंधी विचारों की अभिव्यक्ति की है। उसने समाज शब्द का प्रयोग राज्य के अर्थ में किया है। वह राज्य को स्वार्थ की अपेक्षा मानव इच्छा का परिणाम अधिक समझता है। राज्य के संबंध में दो मत प्रचलित हैं—(i) राज्य का स्वाभाविक विकास हुआ है और (ii) राज्य मानवीय प्रयास का परिणाम है। मिल इन दोनों मतों के बीच का मार्ग ग्रहण करता है। उसका कथन है कि राज्य और अन्य संस्थाओं का स्वाभाविक विकास तो अवश्य हुआ है, लेकिन इसका अर्थ यह नहीं है कि उनका विकास बिना किसी प्रयत्न के अपने-आप होता चला गया।

मिल के शब्दों में, "यद्यपि राज्य प्राकृतिक है, लेकिन उसका विकास उस तरह से नहीं हुआ है, जिस तरह से एक बार रोपे जाने के बाद मनुष्यों के सोते रहने पर भी पेड़ों का विकास होता रहता है। प्रत्येक स्तर पर राज्य का स्वरूप वैसा ही होता है, जैसा कि मनुष्यों द्वारा उसे प्रदान किया जाता है।"

इस प्रकार, मिल राज्य को प्राकृतिक और मनुष्यकृत दोनों सिद्ध करता है और उसके स्वरूप को मनुष्य की राजनीतिक चेतना तथा गतिविधियों से निर्मित और विकसित बताता है।

राज्य के संबंध में मिल की यह मान्यता बेन्थम द्वारा प्रतिपादित राज्य संबंधी निषेधात्मक धारणा का उन्मूलन कर उसे सकारात्मक रूप प्रदान कर देती है। अतएव, मनुष्य के व्यक्तित्व के विकास में सहायक होने के लिए राज्य की गतिविधियों में किसी-न-किसी रूप में हस्तक्षेप आवश्यक है। वस्तुतः, मिल इस धारणा की प्रतिस्थापना करता है कि चूँकि राज्य का उद्देश्य मनुष्य के व्यक्तित्व का विकास है, अतः उसके कार्यों का संचालन इस प्रकार किया जाए, जिससे उसके बौद्धिक और नैतिक गुणों का विकास हो और उनका सामाजिक हितों की पूर्ति के लिए उपयोग किया जा सके।

## आदर्श सरकार
## (Ideal Government)

**प्रजातंत्रः प्रतिनिधि सरकार (Democracy : Representative Government)**

मिल प्रजातंत्र को शासन का आदर्श रूप मानता है; क्योंकि इसके अंतर्गत ही एक व्यक्ति सक्रिय रूप से अपने बौद्धिक और नैतिक गुणों का चरम विकास कर सकता है। मिल के शब्दों में, "आदर्श रूप में सर्वोत्तम सरकार वही है, जिसमें संप्रभुता समाज के सभी व्यक्तियों में निहित रहती है और प्रत्येक नागरिक को किसी सार्वजनिक कार्य को स्वयं करके, सरकार के संचालन में वास्तविक भाग लेने के लिए आमंत्रित किया जाता है।"[1]

मिल लिखता है कि इतिहास इस बात का साक्षी है कि स्वतंत्र मनुष्य और उनका समाज निरंकुश शासन के बजाय लोकप्रिय व्यवस्था में ही अधिक समृद्ध हुए हैं। अतः, लोकप्रिय शासन-व्यवस्था सबसे अच्छी शासन-व्यवस्था है; क्योंकि उसी में व्यक्ति के अधिकार सुरक्षित रहते हैं और उसका सर्वोच्च बौद्धिक और नैतिक विकास संभव होता है। मिल इस विचार को आगे बढ़ाते हुए कहता है कि मनुष्य का सर्वोच्च विकास एक विकसित सभ्यता पर निर्भर है। आधुनिक परिस्थितियों में विकसित सभ्यता एक बड़े राज्य में ही संभव है; लोकप्रिय शासन-व्यवस्था छोटे राज्यों में ही स्थापित की जा सकती है। इसलिए, बड़े राज्यों में लोकप्रिय शासन-व्यवस्था प्रतिनिध्यात्मक चरित्र की ही, हो सकती है। अर्थात्, मिल के अनुसार वर्तमान युग में प्रतिनिध्यात्मक जनतंत्र ही आदर्श शासन-व्यवस्था है।

इस प्रकार, मिल ने प्रजातंत्र अर्थात प्रतिनिधि सरकार को ही आदर्श सरकार का रूप माना है।

---

1. "The ideally best form of government is that in which the sovereignty is vested in the entire community and every citizen is called on to take an actual part in the government by the personal discharge of some public function."—Mill, *Considerations on Representative Government.*

# 17

# प्रतिनिधि सरकार
# (Representative Government)

## प्रतिनिधि सरकार का अर्थ
## (Meaning of the Representative Government)

मिल ने प्रतिनिधि सरकार का अर्थ निम्न शब्दों में प्रकट किया है, "प्रतिनिधि सरकार का अर्थ यह है कि संपूर्ण जनता या उसका अधिकांश भाग स्वयं अपने द्वारा समय-समय पर निर्वाचित किए जाने वाले प्रतिनिधियों के द्वारा उस नियंत्रक-शक्ति का प्रयोग करती है, जो प्रत्येक संविधान में कहीं-न-कहीं निवास करती है।"[1]

## प्रतिनिधि सरकार की शर्तें
## (Conditions of the Representative Government)

मिल ने प्रतिनिधि सरकार की स्थापना और सफलता के लिए तीन शर्तें बताई हैं—

**1. जनमत की स्वीकृति**—जिन व्यक्तियों के लिए प्रतिनिधि सरकार की स्थापना की जाए, वे इसे स्वीकार करने के लिए इच्छुक हों, या इतने अनिच्छुक न हों कि इसकी स्थापना में बाधा उपस्थित करें।

---

1. "The meaning of representative government is that the whole people, or some numerous portion of them, exercise, through deputies periodically elected by themselve, the ultimate controlling power, which, in every constitution, must reside somewhere."—Mill, *Considerations on Representative Government.*

**2. स्थायित्व**—प्रतिनिधि सरकार को स्थायी रूप प्रदान करने के लिए जो कुछ भी किया जाना आवश्यक हो, उसे करने की व्यक्तियों में इच्छा या योग्यता हो।

**3. योग्यता और अभिरुचि**—प्रतिनिधि सरकार के उद्देश्यों की प्राप्ति के लिए सरकार व्यक्तियों से जिन कार्यों को कराना चाहे, उनको करने की उनमें योग्यता हो और उन कार्यों की शर्तों को पूर्ण करने के लिए वे तैयार हों।

## प्रतिनिधि सरकार की मुख्य विशेषताएँ (Main Features of the Representative Government)

मिल की प्रतिनिधि सरकार का स्वरूप निम्नलिखित विशेषताओं पर आधारित है—

**1. प्रतिनिधि की स्थिति** (Position of Representative)—मिल के अनुसार, प्रतिनिधि केवल जनता का व्यक्ति ही नहीं है और उसका कार्य केवल प्रतिनिधि सभा को जनता के विचारों से अवगत कराना ही नहीं है, बल्कि उसके कुछ कार्य और भी हैं—उसे अपने स्वयं के विचारों को सभा के समक्ष प्रस्तुत करना चाहिए और उनसे अन्य प्रतिनिधियों का पथप्रदर्शन करना चाहिए।

**2. प्रतिनिधि सभा का निरीक्षण और नियंत्रण का कार्य** (Power of Supervision and Control to Representative Assembly)—मिल का मत है कि प्रतिनिधि सभा का वास्तविक कार्य प्रशासन का संचालन करना नहीं, बल्कि उसका निरीक्षण करना है। उसके शब्दों में, "एक प्रतिनिधि सभा का वास्तविक कार्य शासन करना नहीं है; क्योंकि वह उसके लिए अयोग्य है। उसका वास्तविक कार्य शासन का निरीक्षण और नियंत्रण करना है। इस उद्देश्य से उसके, अर्थात कार्यपालिका के कार्यों को प्रकाशित करना, अनुचित समझे जाने वाले कार्यों का पर्दाफाश करना, अनुचित सिद्ध होने पर कार्यों की निंदा करना, राष्ट्रविरोधी कार्य करने वाले या सत्ता का दुरुपयोग करने वाले शासकों को पदच्युत करना, उनके उत्तराधिकारियों की नियुक्ति करना आदि प्रतिनिधि सभा के कार्य हैं।"

इस प्रकार, प्रतिनिधि सभा का मुख्य कार्य है—प्रशासन का निरीक्षण करना और उसपर नियंत्रण रखना।

**3. प्रशासन स्थाई सरकारी पदाधिकारियों द्वारा** (Administration by Permanent Civil Servants)—मिल का विचार है कि प्रशासन का काम स्थाई सरकारी पदाधिकारियों के द्वारा होनी चाहिए। उनकी नियुक्ति खुली प्रतियोगिता के आधार पर होनी चाहिए। योग्य, शिक्षित और प्रशिक्षण प्राप्त

सरकारी पदाधिकारी प्रशासन को काफी दक्षता से चलाते हैं। लेकिन, प्रशासन पर नियंत्रण संसद, मंत्रिमंडल और मंत्रियों का अवश्य रहना चाहिए।

**4. विधि आयोग** (Commission of Legislation)—संसद में साधारण योग्यता वाले सदस्य रहते हैं। वे कानून को ठीक से नहीं समझ पाते हैं। कानून का निर्माण एक जटिल कार्य है। अतः, मिल ने कहा है कि कानून निर्माण का कार्य एक विधि आयोग के द्वारा होना चाहिए। विधि आयोग के सदस्य कानून के पंडित होंगे और सही कानूनों का निर्माण करेंगे। वस्तुतः, विधि आयोग के द्वारा विभिन्न कानूनों का प्रारूप तैयार किया जाना चाहिए और संसद द्वारा उन्हें स्वीकृत किया जाना चाहिए। संसद उन्हें स्वीकार या अस्वीकार कर सकती है, लेकिन उनमें कोई संशोधन नहीं कर सकती।

**5. द्वितीय सदन** (Second Chamber)—मिल ने इंग्लैंड के लॉर्ड-सभा के गठन का विरोध किया। उसका कथन है कि उच्च सदन में सामंतों के स्थान पर ऐसे व्यक्तियों को लिया जाना चाहिए, जो देश की बौद्धिकता, आध्यात्मिकता, वैज्ञानिक ज्ञान, आदि का वास्तविक प्रतिनिधित्व करते हों। मिल के शब्दों में, "यदि एक सदन व्यक्तियों का प्रतिनिधि सदन हो तो दूसरा सदन राजनीतिज्ञों और ऐसे व्यक्तियों का सदन हो, जिन्होंने राजनीतिक और प्रशासकीय क्षेत्रों में महत्वपूर्ण कार्य किए हों।"

वस्तुतः, मिल ने नियंत्रक और सहायक सदन के रूप में उच्च सदन की उपयोगिता स्वीकार की है। उसका कथन है कि यह सदन निम्न सदन की तानाशाही प्रवृत्तियों पर नियंत्रण रखता है और उसके कार्यभार को हल्का करके, उसकी सहायता करता रहता है।

**6. संसद सदस्यों के वेतन नहीं** (No Salary to the Parliamentarians) —मिल संसद सदस्यों को वेतन देने के विरुद्ध था। उसका विचार था कि संसद सदस्यों के लिए वेतन की व्यवस्था होने पर संसद की तरफ सेवाभावी व्यक्तियों के आकृष्ट होने के बजाय धूर्त और भाषणबाज व्यक्ति आकर्षित होंगे। इसका परिणाम यह होगा कि जनहित के रूप में संसद का महत्व समाप्त हो जाएगा और वह सत्ताकांक्षी लोगों के हाथों का एक खिलौना बन जाएगी।

**7. स्थानीय स्वशासन का विस्तार** (Extension of Local Self-Government)—मिल ने कहा है कि स्थानीय स्वशासन प्रजातंत्र की नींव है। अतः, इस शासनपद्धति का काफी विस्तार होना चाहिए। प्रशासकों, नेताओं और राजनीतिज्ञों को प्रशासन की प्रथम प्रशिक्षण स्थानीय संस्थाओं में ही मिलता है। अतएव, प्रजातंत्र को सफल बनाने के लिए स्थानीय स्वशासन का विस्तार आवश्यक है।

**8. सशक्त विरोधी दल** (Strong Opposition Party)—एक प्रतिनिधि सरकार के लिए मिल ने सशक्त विरोधी दल का रहना आवश्यक बताया है। विरोधी दल सरकार की गलत नीतियों की आलोचना करता है और उसे कर्तव्य से परिचित कराता रहता है। इसके साथ ही, वह विभिन्न हितों का भी प्रतिनिधित्व करता है। प्रजातंत्र की सफलता के लिए एक सशक्त विरोधी दल का रहना आवश्यक है।

**9. मतदाताओं की योग्यताएँ** (Qualifications of Voters)—मिल ने अयोग्य और अशिक्षित व्यक्तियों को शासनकार्य से अलग रखने के लिए, मतदाताओं की शिक्षा और संपत्ति की योग्यताएँ निर्धारित की है—

**(क)** ***शिक्षा*** (*Education*)—मिल का कथन है कि मताधिकार केवल शिक्षित व्यक्तियों को मिलना चाहिए, जो व्यक्ति साधारण रूप से पढ़ने-लिखने और गणित के प्रश्न करने की योग्यता नहीं रखते, उन्हें मताधिकार कैसे दिया जा सकता है। मिल के शब्दों में, "मैं इस बात को नितांत अनुचित मानता हूँ कि कोई व्यक्ति लिखने-पढ़ने की योग्यता प्राप्त करने के पूर्व ही मतदान में भाग ले। मताधिकार को सार्वभौम बनाने के पूर्व सभी को शिक्षा प्रदान करना नितांत आवश्यक है।"

अतः, सभी को अनिवार्य रूप से शिक्षा मिलनी चाहिए। निर्धन व्यक्तियों के लिए निःशुल्क शिक्षा की व्यवस्था होनी चाहिए।

**(ख)** ***संपत्ति*** (*Property*)—मिल मतदाताओं की संपत्ति विषयक योग्यता पर भी बल देता है। उसका मत है कि संपत्तिशाली व्यक्ति संपत्तिहीन व्यक्तियों की अपेक्षा अधिक बुद्धिमान होते हैं और इसलिए वे शासन के कार्य को अधिक कुशलता से कर सकते हैं। अतएव, कर लगाने वाली सभा के लिए केवल उन्हीं व्यक्तियों को निर्वाचित किया जाए, जो संपत्ति के स्वामी है। संपत्तिहीन व्यक्ति सार्वजनिक मामलों में अपव्ययी प्रवृत्ति अपना लेते हैं और जनता के हितों की उचित रूप में रक्षा नहीं कर पाते।

**10. अल्पसंख्यकों के हितों की रक्षा** (Protection of the Interests of Minorities)—यद्यपि मिल जनतंत्रीय सरकार को सबसे अच्छी शासन-व्यवस्था मानता है, लेकिन उसे यह भय था कि बहुमत पर आधारित यह शासन अल्पमतों के हितों की उपेक्षा करे। अतएव, अल्पसंख्यकों के हितों की रक्षा हेतु मिल ने दो सुझाव दिए हैं—(क) स्वतंत्र सदस्य का निर्वाचन और (ख) हेयर प्रणाली पर आधारित आनुपातिक प्रतिनिधित्व।

**(क)** ***स्वतंत्र सदस्य का निर्वाचन*** (*Election of Independent Member*)—स्वतंत्र सदस्य किसी राजनीतिक दल के सदस्य नहीं होते और उनके आदर्श

उच्च होते हैं। वे अपनी स्वतंत्र प्रवृत्ति के आधार पर विभिन्न वर्गों के बीच संतुलन रखते हैं और वर्गहित में कानून नहीं बनने देते। साथ ही, विभिन्न वर्गों के साथ सहयोग कर वे सभा का ध्यान स्थायी हित के विषयों की ओर आकर्षित करते हैं। इसलिए, प्रतिनिधि सभा में स्वतंत्र सदस्यों के लिए स्थान होना चाहिए। ये सदस्य विश्वविद्यालय या इसी प्रकार के अन्य श्रेष्ठ वर्गों और संस्थाओं द्वारा निर्वाचित हो सकते हैं।

**(ख) हेयर प्रणाली पर आधारित आनुपातिक प्रतिनिधित्व** (*Proportional Representation Based on Hare System*)—मिल इंग्लैंड में प्रजातंत्र के संचालन को देखकर इस निष्कर्ष पर पहुँचा कि निर्वाचन की बहुमत पद्धति काफी अन्यायपूर्ण है। इस पद्धति में अधिक मत प्राप्त करने वाला उम्मीदवार निर्वाचित हो जाता है और उन व्यक्तियों को कोई प्रतिनिधित्व प्राप्त नहीं हो पाता, जो पराजित उम्मीदवारों को मत देते हैं। अनेक निर्वाचन क्षेत्रों में ऐसा होने पर एक बहुत बड़ा वर्ग प्रतिनिधित्वहीन ही रह जाता है। इस संदर्भ में, मिल का कथन है, "वर्तमान शासन सभी व्यक्तियों का समान रूप से प्रतिनिधित्व करने वाला शासन नहीं है, बल्कि यह तो केवल बहुसंख्यकों का प्रतिनिधि शासन है। एक वास्तविक और सर्वसमान प्रजातंत्र में प्रत्येक वर्ग को उसकी जनसंख्या के अनुपात में प्रतिनिधित्व प्राप्त होना चाहिए।"

इस प्रकार, मिल ने अल्पसंख्यकों के प्रतिनिधित्व की आवश्यकता अनुभव की और व्यवस्थापिका में अल्पसंख्यकों को भी प्रतिनिधित्व प्राप्त हो सके, इसके लिए हेयर प्रणाली पर आधारित आनुपातिक प्रतिनिधित्व का समर्थन किया है। मिल के अनुसार, आनुपातिक प्रतिनिधित्व की पद्धति ही एकमात्र ऐसी पद्धति है, जिसके आधार पर अल्पसंख्यकों को उनकी संख्या के अनुपात में प्रतिनिधि सभा में प्रतिनिधित्व प्राप्त हो सकता है।

**11. बहुल या गुणात्मक मतदान** (Plural or Weighted Voting)—मिल ने वास्तविक प्रजातंत्र की स्थापना हेतु उच्च बौद्धिक और नैतिक चरित्र वाले नागरिकों के लिए बहुल मताधिकार, अर्थात एक से अधिक मत देने के अधिकार का समर्थन किया है। उसका कथन है कि अज्ञानी, मूर्ख और उदासीन प्रवृत्ति के व्यक्तियों की तुलना में बुद्धिमान, शिक्षित और उच्च चरित्रवाले व्यक्तियों को एक से अधिक मताधिकार मिलना चाहिए।

कम शिक्षित और मूर्ख व्यक्ति देश के सार्वजनिक जीवन पर प्रभावशाली न हो जाए, इसके लिए मिल उच्च शिक्षा प्राप्त व्यक्तियों को एक से अधिक मत देने की बात का प्रतिपादन करता है। किन व्यक्तियों को अधिक मत प्राप्त होना चाहिए, यह स्पष्ट करने के लिए उसके द्वारा नागरिकों का वर्गीकरण किया

गया है और इस वर्गीकरण का आधार मानसिक, सांस्कृतिक और नैतिक गुण है। मिल अपनी इस पद्धति को गुणात्मक मतदान के नाम से पुकारता है।

**12. प्रकट मतदान** (Open Ballot)—मिल ने बेन्थम की तरह गुप्त मतदान का समर्थन नहीं किया है; क्योंकि इससे मतदाताओं में बेईमानी और भ्रष्टाचार को प्रोत्साहन मिलता है। मिल के अनुसार, मतदान एक पवित्र कर्तव्य है, जिसका प्रयोग सार्वजनिक हित में जनता की देखरेख और उसकी आलोचना को सहन करते हुए खुले रूप में किया जाना चाहिए। इस अधिकार के प्रयोग में गोपनीयता रखना गुप-चुप किए जाने वाले अनुचित और अनैतिक कार्य के समान है। अतः, प्रकट मतदान की सार्वजनिक हित में उचित और न्यायपूर्ण है।

**13. महिला मताधिकार** (Women's Right to Vote)—श्रीमती टेलर से घनिष्ठ संबंध स्थापित होने के बाद मिल को यह विश्वास हो गया था कि स्त्रियाँ अनेक बातों में पुरुषों से श्रेष्ठतर हैं। अतः, उनको पुरुषों के समान कानूनी और राजनीतिक अधिकार प्राप्त होना चाहिए। लिंग के आधार पर मतदान के अधिकार में किसी प्रकार का भेद नहीं करना चाहिए। उस समय इंग्लैंड में महिलाओं को मताधिकार, प्राप्त नहीं था। वे दासतापूर्ण जीवन व्यतीत करती थीं। उन्हें उच्च शिक्षा, राजनीति और राजकीय नौकरियों में कोई स्थान प्राप्त नहीं था। अतः, मिल ने ब्रिटिश संसद के अंदर और बाहर महिलाओं के मताधिकार के लिए तथा उनकी दासतापूर्ण जीवन को मुक्त करने के लिए आवाज उठाई। समाज में पुरुष और नारी का समान स्थान है। अतएव, नारी को मतदान के अधिकार से वंचित रखना उसके प्रति जघन्य अन्याय है।

मिल ने महिला-मताधिकार का सर्मथन करते हुए लिखा है, "यदि पुरुषों और स्त्रियों में किसी प्रकार का अंतर है, तो भी स्त्रियों को पुरुषों की अपेक्षा मतदान का अधिक अधिकार है; क्योंकि शारीरिक रूप से निर्बल होने के कारण वे अपनी सुरक्षा के लिए कानून और समाज पर निर्भर हैं।"

उपर्युक्त विवेचन से यह स्पष्ट है कि प्रतिनिधि, प्रतिनिधि सभा, प्रशासन—स्थाई सरकारी पदाधिकारियों द्वारा, विधि आयोग, द्वितीय सदन, संसद सदस्यों को वेतन नहीं, स्थानीय स्वशासन, सशक्त विरोधी दल, मतदाताओं की शैक्षणिक और संपत्ति संबंधी योग्यताएँ, अल्पसंख्यकों के हितों की रक्षा, हेयर प्रणाली पर आधारित आनुपातिक प्रतिनिधित्व, बहुल मतदान, प्रकट मतदान और महिला मताधिकार, आदि, मिल की प्रतिनिधि सरकार की प्रमुख विशेषताएँ हैं। मिल के ये सभी सिद्धांत तत्कालीन इंग्लैंड की संसदीय व्यवस्था और निर्वाचन-पद्धति में सुधार लाने की हरी झंडी है, जिनके द्वारा ही इंग्लैंड की प्रजातांत्रिक सरकार सफलता के मार्ग पर आगे बढ़ सकती है।

## प्रतिनिधि सरकार का मूल्यांकन
## (Evaluation of the Representative Government)

मिल की प्रतिनिधि सरकार का मूल्यांकन उसके गुण-दोषों के आधार पर ही किया जा सकता है—

### गुण (Merits)

मिल ने प्रतिनिधि सरकार के संबंध में अनेक सुझाव दिए हैं, जो उसके गुणों का प्रतिनिधित्व करते हैं—

1. **शैक्षणिक योग्यता** (Educational Qualification)—मिल का यह सुझाव उचित है कि मतदाताओं के लिए कुछ शैक्षणिक योग्यता का रहना आवश्यक है। अशिक्षित जनता मतदान के अधिकार का दुरुपयोग करती है।

2. **बहुल मताधिकार** (Plural Voting)—मिल का यह सुझाव मौलिक है कि मतों की केवल गणना ही न की जाए, बल्कि उनके वजन पर भी ध्यान दिया जाए। इस पद्धति का अनुसरण करके विभिन्न क्षेत्रों में विख्यात व्यक्तियों को संसद में स्थान दिया जा सकता है और उनके निष्पक्ष विचारों से लाभ उठाया जा सकता है।

3. **अल्पसंख्यकों के हितों की रक्षा** (Protection of the Interests of Minorities)—मिल ने अल्पसंख्यकों के हितों की रक्षा के लिए हेयर पद्धति पर आधारित आनुपातिक प्रतिनिधित्व को प्रस्तावित किया है, जो प्रंशसनीय है।

4. **महिला मताधिकार** (Women's Right to Vote)—मिल ने पुरुषों के समान महिलाओं को भी समान मताधिकार देने का सुझाव दिया है, जो आज सभी प्रजातांत्रिक देशों में लागू है।

5. **विरोधी दल** (Opposition Party)—मिल का यह कथन सत्य है कि प्रजातंत्र में एक विरोधी दल का होना आवश्यक है। इसके अभाव में प्रजातंत्र सफल नहीं हो सकता।

6. **प्रतिनिधि सरकार प्रगतिशील देशों के लिए** (Representative Government for Progressive Countries)—मिल का कथन है कि प्रतिनिधि सरकार प्रगतिशील देशों के लिए ही उपयुक्त है। अप्रगतिशील देश में इसकी सफलता संदिग्ध है। यह अपने-आप में सत्य है।

**दोष (Demerits)**

मिल की प्रतिनिधि सरकार के निम्नलिखित दोष विशेष रूप से उल्लेखनीय हैं—

**1. प्रतिनिधि सभा के कार्य** (Functions of the Representative Govt.)—मिल ने प्रतिनिधि सभा को कानून निर्माण के कार्य से वंचित किया है। यह अप्रजातांत्रिक है। उसका कार्य प्रशासन की निगरानी और नियंत्रण करना ही नहीं है, बल्कि कानून बनाना भी।

**2. आनुपातिक प्रतिनिधित्व जटिल** (Proportional Representation Difficult)—अल्पसंख्यकों को उचित प्रतिनिधित्व प्राप्त हो, इसके लिए मिल ने आनुपातिक प्रतिनिधित्व को अपनाने का सुझाव दिया है। लेकिन, हेयर पद्धति काफी जटिल है। इसे व्यावहारिक रूप देना कठिन है। इससे दलगत राजनीति का खतरा उत्पन्न हो सकता है।

**3. प्रकट मतदान उचित नहीं** (Open Ballot not Good)—वर्तमान युग में प्रकट मतदान उचित नहीं है। असामाजिक तत्त्वों के भय से इस मत का प्रयोग नहीं किया जा सकता है। इसीलिए, गुप्त मतदान को अपनाया गया है।

**4. बहुल मतदान अप्रजातांत्रिक** (Plural Voting Undemocratic)—आलोचकों का कथन है कि अधिक योग्य व्यक्तियों को अधिक मत और कम योग्य व्यक्तियों को कम मत देने का अधिकार देना अप्रजातांत्रिक है। आज के युग में बहुल मतदान का कोई अर्थ नहीं है।

**5. मतदाताओं की योग्यता अवांछनीय** (Qualification for Voters Undesirable)—मिल ने मतदाताओं के लिए शैक्षणिक और संपत्ति संबंधी योग्यता निर्धारित की है, जो अप्रजातांत्रिक है। शिक्षा और संपत्ति की योग्यता निर्धारित करना, प्रजातांत्रिक सिद्धांत को चुनौती देना है। अशिक्षित और गरीब व्यक्ति मत का प्रयोग शिक्षित और धनी व्यक्ति की अपेक्षा काफी अच्छे ढंग से करता है।

**6. समानता की उपेक्षा** (Negligence of Equality)—मिल ने स्वतंत्रता पर अधिक बल देकर समानता की उपेक्षा की है। उसके बहुल मताधिकार का सिद्धांत समाज में असमानता उत्पन्न करता है।

## निष्कर्ष

उपर्युक्त गुण-दोषों का तुलनात्मक अध्ययन करने से यह निष्कर्ष निकलता है कि मिल ने प्रतिनिधि-सरकार के सुधार के लिए जो सुझाव दिया है, उसका चिरंतन महत्व है। संसदीय पद्धति और निर्वाचन में सुधार हेतु जो सुझाव हैं, वे

राजनीतिक साहित्य के लिए अमूल्य निधियाँ है। जैसा कि वेपर ने भी लिखा है, "मिल प्रजातंत्र की बुराइयों से प्रजातंत्र की रक्षा करना चाहता था; क्योंकि यह तत्कालीन आवश्यकता थी और ऐसा करने में वह सफल रहा है। उसका महत्व चिरंजीवी तथा चिरस्मरणीय है।"

इस संदर्भ में, डॉयल का भी कथन है, "मिल ने निर्वाचन-पद्धति, संसदीय कार्यप्रणाली और कार्यों के संबंध में अत्यंत महत्वपूर्ण सुधारों का पक्षपोषण किया। उसके कुछ सुझाव आज भी उतने ही महत्वपूर्ण हैं, जितने कि वे 1861 ई० में थे।"[1]

वस्तुतः, मिल के सुझाव प्रतिनिधि सरकार के लिए स्थाई प्रकाश स्तंभ हैं।

1. "Mill advocated far-reaching reforms in the electoral system, in parliamentary procedure and functions. Some of his suggestions are as pertinent today as they were in 1861."—Doyle.

# 18

# मिल का महत्व और योगदान
# (Mill's Importance and Contributions)

राजनीतिक विचारधारा के क्षेत्र में मिल के निम्नलिखित देन विशेष रूप से उल्लेखनीय हैं।

**1. उपयोगितावाद में संशोधन** (Alteration in Utilitarianism)—मिल ने उपयोगितावाद में महत्वपूर्ण संशोधन किया है। उसके पूर्व उपयोगितावाद का नैतिक दर्शन केवल सुख और दु:ख की तराजू से बँधा हुआ था। मिल ने उसे इस बंधन से मुक्त कर, अधिक मानवीय बनाया है। उसने कहा है कि सुख का गुण और मात्रा दोनों में विभेद होता है। सुख को मापा नहीं जा सकता है। सुख-दु:ख के आंतरिक स्रोत होते हैं। उपयोगितावाद नैतिक है, राजनीतिक नहीं। इतिहास और परंपराओं के महत्व पर भी जोर दिया जाना चाहिए। इस प्रकार, बेंथम के उपयोगितावाद को परिमार्जित कर मिल ने अपने बुद्धिवादी दर्शन की प्रगतिशीलता का परिचय दिया है।

**2. वैयक्तिक स्वतंत्रता का प्रणेता** (Champion of Individual Liberty)—मिल ने विचार और भाषण की स्वतंत्रता तथा कार्य-स्वतंत्रता पर जो विचार व्यक्त किया है, वह राजनीतिक दर्शन में अपूर्व है। उसने एक व्यक्ति के विचार का भी आदर करने का निर्देश दिया है। उसका आत्म-विषयक और पर-विषयक कार्य का विवेचन भी काफी महत्वपूर्ण है। उसकी स्वतंत्रता स्वेच्छाचारी और अनियंत्रित नहीं है, बल्कि मर्यादित और नियंत्रित है।

मिल के अनुसार, स्वतंत्रता का महत्व इसलिए नहीं है कि वह किसी भौतिक स्वार्थ को सिद्ध करती है, बल्कि उसका महत्व इसलिए है कि वह

उत्तरदायी मनुष्य की सहज और स्वाभाविक आस्था है। श्रेष्ठ समाज वह है, जो स्वतंत्रता की अनुमति देता है और विविध जीवन-पद्धतियों के निर्वाह का उचित अवसर प्रदान करता है।

**3. राज्य प्राकृतिक और मनुष्यकृत दोनों** (State Natural and Man-Made Both)—मिल ने राज्य के लिए समाज शब्द का प्रयोग किया है। उसने राज्य को प्राकृतिक तो माना है, लेकिन उसका मत है कि राज्य के निर्माण में मनुष्य का भी हाथ रहा है। इस प्रकार, मिल राज्य को प्राकृतिक और मनुष्यकृत दोनों सिद्ध करता है और इसके स्वरूप को मनुष्य की राजनीतिक चेतना और गतिविधियों से निर्मित और विकसित बताता है।

**4. प्रतिनिधि सरकार** (Representative Government)—मिल ने तत्कालीन इंग्लैंड की प्रतिनिधि सरकार के दोषों को बताकर, सुधार हेतु अनेक सुझाव दिए हैं। वह प्रतिनिधि सभा को निरीक्षण और नियंत्रण करने का कार्य सौंपता है। प्रशासन का संचालन स्थायी सरकारी पदाधिकारियों के द्वारा होना चाहिए। विधि आयोग के द्वारा कानून का निर्माण होना चाहिए। उसने द्वितीय सदन, विरोधी दल और स्थानीय सरकार के महत्व पर बल दिया है। उसने बहुल मतदान, महिला मताधिकार, प्रकट मतदान, आनुपातिक प्रतिनिधित्व-पद्धति का समर्थन किया है। उसने अल्पसंख्यकों के हितों की रक्षा पर भी जोर दिया है।

**5. महिला मताधिकार** (Women's Right to Vote)—इस समय इंग्लैंड में महिलाओं की दशा दयनीय थी। वे सामाजिक और राजनीतिक अधिकारों से वंचित थी। मिल ने कहा कि महिलाओं को मत देने का अधिकार मिलना चाहिए। इसके साथ ही, उन्हें सरकारी पदों पर भी प्रतिष्ठित करना चाहिए। मिल की यह आवाज आज विश्व में साकार होकर गूँज रही है।

**6. उदारवादी** (Liberal)—मिल अपने समय का महान उदारवादी था और वह मानवीय व्यक्तित्व का विकास तथा मानवीय विविधताओं की रक्षा को प्रगति की कुंजी समझता था। कुछ थोड़े से रचनाशील और मौलिक प्रतिभाशील व्यक्तियों के कार्य को वह कितना महत्व देता था, यह उसके इस वाक्य से देखा जा सकता है, "ये थोड़े से लोग भी पृथ्वी के लवण हैं, इनके बिना मानव जीवन प्रगतिहीन हो जाएगा।"

**7. अहस्तक्षेप की नीति** (Policy of Non-Interference)—मिल आर्थिक क्षेत्र में सरकारी हस्तक्षेप को बहुत ही संदेह की दृष्टि से देखता था। उसका कहना था कि राज्य का हस्तक्षेप यथासंभव न्यूनतम होना चाहिए और सरकार को तब हस्तक्षेप करना चाहिए, जबकि ऐसा करना संपूर्ण समाज के कल्याण के लिए आवश्यक हो।

**8. श्रमिकों के हितों का समर्थन** (Support of Labourers' Interests)—मिल ने श्रमिकों के जीवन स्तर को ऊँचा उठाने के लिए काफी प्रयत्न किया है। वस्तुतः, उसने आरम्भ में श्रमिकों की शिक्षा पर बल दिया और उन्हें पहले से अधिक स्वतंत्रता देने के लिए अनुरोध किया। आगे चलकर उसने मजदूर सभाओं का समर्थन तथा मालिकों और मजदूरों के बीच ऐच्छिक सहयोग का अनुमोदन किया।

**9. राज्य कार्य** (Function of the State)—मिल के अनुसार, स्वतंत्र समाज में उदारवादी राज्य का कार्य निषेधात्मक नहीं, बल्कि सकारात्मक है। अतः, राज्य का यह कर्तव्य होता है कि वह अपने विधानों के द्वारा व्यक्ति के व्यक्तित्व के विकास के लिए पूर्ण अवसर प्रदान करे।

**10. राजनीतिक सुधारक** (Political Reformer)—मिल अपने समय का एक क्रांतिकारी सुधारक भी था। उसने संसद, प्रजातंत्र, द्वितीय सदन, निर्वाचन और मताधिकार में जो संशोधन का सुझाव दिया है, वह अपने-आप में अमूल्य निधि है। उसके सुझाव के आधार पर वर्तमान प्रजातांत्रिक सरकार कार्य कर रही है।

## निष्कर्ष

उपर्युक्त तथ्यों से यह स्पष्ट है कि राजनीतिक साहित्य में मिल की देन अमर है। वस्तुतः, एक पीढ़ी से भी अधिक तक दार्शनिक और राजनीतिक विचार के समस्त क्षेत्रों में उसके प्रभाव की प्रधानता रही। उसके ग्रंथ विश्वविद्यालय के पाठयक्रम का भाग बन गए और वह अपने विरोधियों और अनुयायियों दोनों ही पर छाया रहा। उसके प्रभाव के संदर्भ में बाउल का कथन है, "और यदि लेखकों की योग्यता का निर्णय इस बात से होता है कि उनका नीति पर क्या प्रभाव पड़ा है, तो मिल का स्थान निश्चित रूप से ही ऊँचा है। एक न्यायशास्त्री, अर्थशास्त्री तथा राजनीतिक दार्शनिक के रूप में उसे अपने युग में एक अवतार समझा जाता था।"[1]

अतः, कहा जा सकता है कि मिल अपने युग का राजनीतिक साहित्य का सृष्टा, मौलिक विचारक और महान सुधारक था।

1. "And if the calibre of writers is to be judged by their effect on policy, Mill must rank high. As logician, economist and political philosopher, he was regarded as a prophet in his own age."—Bowle.

# टॉमस हिल ग्रीन
# Thomas Hill Green
# (1836-1882)

# 19

# टॉमस हिल ग्रीन का जीवन
# (The Life of Thomas Hill Green)

## पृष्ठभूमि
## (Background)

ब्रिटेन का सुप्रसिद्ध आदर्शवादी विचारक टी॰एच॰ ग्रीन एक तरफ तो प्लेटो और अरस्तू तथा दूसरी ओर जर्मन आदर्शवादी, कांट, हीगल और फिक्टे से प्रभावित था। आध्यात्मिक क्षेत्र में वह हीगल और नैतिक तथा राजनीतिक क्षेत्र में कांट से अपेक्षाकृत अधिक प्रभावित था। उसके बारे में यह प्रसिद्ध है कि उसने कांट का अध्ययन हीगल के चश्में से किया। साथ ही, वह परंपराविरोधियों से भी प्रभावित था। जहाँ तक स्वतंत्रता, नैतिकता, नशाबंदी, संपत्ति और नैतिकता का प्रश्न है, उनके बारे में वह परंपरावादियों के विचारों से सहमत था।

**जन्म (Birth)**

टॉमस हिल ग्रीन का जन्म 7 अप्रैल, 1836 को यार्कशायर में बरकिन नामक स्थान में एक मध्यमवर्गीय परिवार में हुआ था। उसके पिता चर्च ऑफ इंग्लैंड के एक प्रसिद्ध पादरी थे। ग्रीन पर अपने पिता के तीव्र धार्मिक उत्साह और नैतिकता का प्रचंड प्रभाव पड़ा।

**शिक्षा (Education)**

ग्रीन ने चौदह वर्ष की आयु तक घर पर ही शिक्षा प्राप्त की। उसके बाद, उसने रगबी के स्कूल में पाँच वर्ष तक विद्याध्ययन किया। 1855 ई॰

में उसने बेलियल कॉलेज में प्रवेश किया। यहाँ पर उसका संपर्क महान शिक्षक बेंजामिन जोवेट से हुआ जिसकी प्रेरणा से उसने बौद्धिक जगत में प्रवेश किया।

### विवाह (Marriage)

1871 ई॰ में उस समय के महान कवि और आलोचक जॉन एडिंग्टन सायमंड्स की बहन, चारलट सायमंड्स से ग्रीन का विवाह हुआ।

### पेशा (Profession)

जोवेट के आशीर्वाद से ग्रीन को बेलियल कॉलेज में इतिहास और यूनानी दर्शनशास्त्र के व्याख्याता का पद प्राप्त हुआ। 1860 ई॰ में उसे इसी कॉलेज में फेलो का और 1866 ई॰ में ट्यूटर का पद प्राप्त हुआ। 1878 ई॰ में ग्रीन को ऑक्सफोर्ड विश्वविद्यालय में नैतिक दर्शन के प्रोफेसर के पद पर आसीन होने का सौभाग्य प्राप्त हुआ और वह अपने जीवन के अंतिम दिन तक इसी पद पर रहा। प्रोफेसर के रूप में उसका अध्यापन-क्षेत्र अत्यंत विस्तृत था, क्योंकि उसमें दर्शनशास्त्र, आचारशास्त्र, तर्कशास्त्र, इतिहास, राजनीतिशास्त्र, आध्यात्मशास्त्र, आदि विषय सम्मिलित थे। इन सभी विषयों के शिक्षण में उसने अद्वितीय योग्यता का परिचय दिया और प्राध्यापक के रूप में असाधारण यश प्राप्त किया।

### सार्वजनिक सेवाएँ (Public Services)

ग्रीन का जीवन सार्वजनिक सेवाओं से भी आबद्ध था। उसने सामाजिक और राजनीतिक सुधार के व्यावहारिक आंदोलनों में सक्रिय भाग लिया। वह उदारदल का महत्वपूर्ण सदस्य था और उसकी सफलता के लिए ओजस्वी भाषण दिया करता था। वह अनेक महत्वपूर्ण राजकीय आयोगों का सदस्य था। वह कुछ समय तक ऑक्सफोर्ड-स्कूल-बोर्ड और ऑक्सफोर्ड-नगर-परिषद का सक्रिय सदस्य रहा और उसने उस नगर की हाई स्कूल शिक्षा की उन्नति के लिए बड़ी उदारतापूर्वक अपना धन तथा समय व्यय किया।

ग्रीन मताधिकार के विस्तार के समर्थन में सार्वजनिक भाषण दिया करता था। वह सरकारी खर्च पर शिक्षा, विद्यालयों में छात्रों की अनिवार्य उपस्थिति और सामुदायिक धार्मिक शिक्षा के निराकरण जैसे साधनों द्वारा शिक्षा को उदार बनाने के आंदोलनों में भाग लेता था। वह मद्य-निषेध के आंदोलनों में भाग लेता था। उसने लोगों को मदिरापान की आदत से छुटकारा दिलाने के विचार से 1875 ई॰ में ऑक्सफोर्ड में एक कॉफीगृह खोला।

## मृत्यु (Death)

शिक्षा, राजनीति और सार्वजनिक कार्यों के लिए अपने जीवन को अर्पित करने वाले, इस महान दार्शनिक का छियालीस वर्ष की अल्पायु में ही 1882 ई० में निधन हो गया। उसकी मृत्यु के बाद, ग्रीन के विचारों का प्रचंड प्रभाव इंग्लैंड के बौद्धिक क्षेत्र पर पड़ा। जैसा कि मैक्सी का कथन है, "प्रत्यक्ष और अप्रत्यक्ष रूप से, उन्नीसवीं शताब्दी के अंतिम चतुर्थांश में ग्रीन की शिक्षाएँ, इंग्लैंड में सबसे अधिक शक्तिशाली दार्शनिक प्रभाव बन गई।"[1]

## ग्रीन की रचनाएँ (Works of Green)

ग्रीन ने अपने जीवन-काल में किसी क्रमबद्ध ग्रंथ की रचना नहीं की। उसके विचार उसके द्वारा विभिन्न स्थानों पर दिए जाने वाले भाषणों और विभिन्न कक्षाओं के छात्रों को दिए जाने वाले व्याख्यानों में बिखरे हुए थे। उसकी मृत्यु के बाद, उसके शिष्य नेट्लशिप ने उसके संपूर्ण विचारों को कुछ खंडों में प्रकाशित किया। उसकी रचनाएँ दर्शनशास्त्र और राजनीति विषयक, निम्नलिखित हैं—

1. **नैतिकता का प्राक्कथन** (Prolegomana to Ethics)—इसमें ग्रीन ने आचारशास्त्र-संबंधी सिद्धांतों की व्याख्या की है, जिसका प्रकाशन 1883 ई० में हुआ।

2. **इंग्लैंड की क्रांति पर व्याख्यान** (Lectures on English Revolution) —इसमें ग्रीन के चार व्याख्यान हैं, जो उसने 1867 ई० में एक थियोसोफिकल सोसायटी के समक्ष दिए थे।

3. **उदार व्यवस्थापन और अनुबंध की स्वतंत्रता पर व्याख्यान** (Lectures on Liberal Legislation and Freedom of Contract)—इसमें ग्रीन के वे व्याख्यान हैं, जो उसने 1881 ई० के चुनाव में दिए थे।

4. **राजनीतिक दायित्व के सिद्धांत पर व्याख्यान** (Lectures on the Principles of Political Obligation)—इसमें ग्रीन के वे व्याख्यान हैं, जो उसने ऑक्सफोर्ड कक्षाओं में छात्रों को 1879-80 में दिए थे। ग्रीन का सारा राजनीतिक दर्शन इसी ग्रंथ में उपलब्ध है। इसके अंतर्गत उसने राज्य, समाज और व्यक्ति के पारस्परिक संबंधों को स्पष्ट किया है तथा जन-स्वीकृति के सिद्धांत का समर्थन किया है।

---

1. "Directly and indirectly, Green's teaching became the most potent philosophical influence in England during the last quarter of the nineteenth century." —Maxey.

**ग्रीन पर प्रभाव (Influence on Green)**

ग्रीन पर निम्नलिखित दार्शनिकों का प्रभाव पड़ा है—

**1. यूनानी दार्शनिक** (Greek Philosophers)—ग्रीन पर सबसे अधिक प्रभाव प्लेटो और अरस्तू का पड़ा है। **रिपब्लिक, एथिक्स** और **पॉलिटिक्स** ऑक्सफोर्ड विश्वविद्यालय के पाठ्यक्रम में सम्मिलित थे। ग्रीन ने इन ग्रंथों का गहन अध्ययन किया और इस निष्कर्ष पर पहुँचा कि मनुष्य स्वभावतः सामाजिक और राजनीतिक प्राणी है। राज्य एक आवश्यक और नैसर्गिक संस्था है। राज्य वास्तव में सद्गुण संपन्न जीवन का स्रोत है। कानून विशुद्ध और निर्विकार बुद्धि की अभिव्यक्ति है। व्यक्ति को अपने सामाजिक कर्तव्यों का पालन करके, समाज की उन्नति में योगदान देना चाहिए।

**2. जर्मन दार्शनिक** (German Philosophers)—ग्रीन के दर्शन पर दूसरा प्रभाव जर्मन दार्शनिक—कांट, फिक्टे और हीगल का पड़ा है। ग्रीन ने आध्यात्मिक क्षेत्र में हीगल के दर्शन को अपनाया, लेकिन उसने हीगल के द्वंद्ववाद को नहीं स्वीकार किया है। नैतिक और राजनीतिक क्षेत्र में उसने फिक्टे और हीगल की अपेक्षा कांट का अधिक अनुसारण किया है; जैसे—व्यक्तिगत स्वतंत्रता, व्यक्ति की स्वतंत्र नैतिक इच्छा, सद्इच्छा को सबसे मूल्यवान वस्तु मानने की धारणा, युद्ध और अंतरराष्ट्रीय नैतिकता संबंधी धारणा, राज्य के कार्यों के विषय में निषेधात्मक धारणा इत्यादि। इस प्रकार, ग्रीन ने अपने दर्शन का निर्माण, हीगल के बजाय कांट के विचारों के आधार पर किया है।[1] इसलिए, ऐसा कहा जाता है कि ग्रीन एक कांटवादी विचारक है, जिसने कांट को हीगलवादी ऐनक से पढ़ा है।[2] लेकिन, उसने हीगल के समान राज्य की शक्ति और गौरव को स्वीकार किया है, उसको समुदायों का समुदाय माना है तथा समाज को व्यक्ति के अस्तित्व के लिए अनिवार्य बताया है। दंड, युद्ध और प्रतिनिधि सरकार पर उसका विचार हीगल से भिन्न है। फिर भी, ग्रीन पर हीगलवाद का काफी गहरा प्रभाव है।

**3. रूसो** (Rousseau)—ग्रीन रूसो के इस विचार को मानता है कि राज्य की संप्रभुता सामान्य इच्छा में निहित होती है। इसलिए राज्य को जनता से अपने आदेशों का पालन कराने का अधिकार है। लेकिन, वह उसके निरंकुश राज्य के विचार का खंडन करता है।

**4. धार्मिक परंपरा-विरोधियों का प्रभाव** (Influence of Non-Conformists)—परंपराविरोधी प्राचीन रुढ़ियों के घोर विरोधी थे तथा स्वतंत्रता

1. "Green built on Kant rather than Hegel."—Maxey.
2. "Green was a Kantian who read Kant with Hegelian spectacles."

और नैतिकता पर अत्यधिक जोर देते थे। वे जीवन के प्रत्येक क्षेत्र में स्वतंत्रता के पक्षपाती थे और नैतिकता के कट्टर समर्थक थे। वे समाज में प्रचलित कुरीतियों जैसे—नृत्य, जुआ, मदिरापान, घुड़दौड़, भूमि पर व्यक्तिगत स्वामित्व के घोर विरोधी थे; लेकिन, निजी पूँजी को औचित्यपूर्ण मानते थे। ग्रीन ने इनसे प्रेरित होकर विभिन्न सामाजिक व्यसनों पर प्रतिबंध लगाने की माँग की और भूस्वामित्व का विरोध किया, लेकिन उसने व्यक्तिगत पूँजी रखने के अधिकार को स्वीकार किया है।

**5. अन्य प्रभाव** (Other Influence)—इसके अतिरिक्त, ग्रीन पर बर्क, कॉलरिज, मेकियावेली, उपयोगितावादी सुधारवाद, ऑक्सफोर्ड के बौद्धिक आंदोलन, इंग्लैंड की उदारवादी और समाजवादी परंपराओं तथा इंग्लैंड की तत्कालीन सामाजिक, आर्थिक और राजनीतिक परिस्थितियों का गहरा प्रभाव पड़ा है।

वस्तुतः, अनेक प्रभावों के पड़ने के कारण ग्रीन को आदर्शवादी के साथ-साथ व्यक्तिवादी भी कहा जाता है। वेपर के शब्दों में, "ग्रीन आदर्शवादी है, पर वह ऐसा आदर्शवादी है, जिसका व्यक्तिवादी के रूप में अभिवादन किया जा सकता है।"[1]

1. "Green is an idealist, but an idealist, who can be hailed as an individualist."—Wayper.

# 20

# ग्रीन के स्वतंत्रता-संबंधी विचार
# (Green's Views on Freedom)

## स्वतंत्रता की परिभाषा
## (Definition of Freedom)

ग्रीन ने **राजनीतिक दायित्व के सिद्धांत पर व्याख्यान** में स्वतंत्रता पर प्रकाश डाला है। वह रूसो और कांट की तरह अपने राजनीतिक दर्शन का प्रारंभ स्वतंत्रता से करता है। वह स्वतंत्रता के अर्थ को निम्नलिखित शब्दों में स्पष्ट करता है—स्वतंत्रता का अर्थ स्वच्छंदता नहीं है। स्वेच्छा से किसी कार्य को करने या किसी वस्तु का उपयोग करने की मनमानी छूट नहीं है। स्वतंत्रता का संबंध सद्इच्छा से है, न कि पाशविक प्रवृत्तियों से। सद्इच्छा स्वतंत्र होती है और स्वतंत्रता का निर्माण करती है। सद्इच्छा केवल अच्छी ही नहीं, बल्कि नैतिक भी होती है; क्योंकि व्यक्ति स्वयं उस पर नैतिक प्रतिबंध लगाता है। अतः, वह उसी कार्य को करता है, जो करने के योग्य होता है और उसी वस्तु का उपभोग करता है, जो उपभोग करने के योग्य होती है। इस प्रकार, स्वतंत्रता विधेयात्मक है, न कि निषेधात्मक, जो व्यक्ति को मनमानी करने की छूट देती है।

ग्रीन ने लिखा है—स्वतंत्रता से हमारा अभिप्राय केवल प्रतिबंध या विवशता से छुटकारा नहीं है। हमारा अभिप्राय यह भी नहीं है कि हम जो चाहे करें। स्वतंत्रता से हमारा अभिप्राय उस स्वतंत्रता से नहीं है, जिसका उपभोग कोई व्यक्ति या व्यक्ति-समूह दूसरों की स्वतंत्रता का हनन करके करता है। स्वतंत्रता

से हमारा अभिप्राय एक ऐसे अधिकार से है, जिसका उपभोग सब व्यक्ति समान रूप से करते हैं। वे इस अधिकार का तभी उपभोग कर सकते हैं, जब एक व्यक्ति की स्वतंत्रता, दूसरे व्यक्तियों की उसी प्रकार की स्वतंत्रता में हस्तक्षेप न करे।

ग्रीन ने स्वतंत्रता की परिभाषा निम्नलिखित शब्दों में दी है, "व्यक्ति तभी स्वतंत्र है, जब वह उस स्थिति में है, जिसमें वह अपने व्यक्तित्व के आदर्श को प्राप्त कर सके, कानूनों का पूर्ण रूप से पालन करे और यह स्वीकार करे कि उसे उनका पालन करना चाहिए, अपने में विद्यमान क्षमताओं का पूर्ण विकास कर सके, और इस प्रकार अपने जीवन को सार्थक बना सके।"[1]

## स्वतंत्रता की आवश्यकता
## (Necessity of Freedom)

ग्रीन के अनुसार व्यक्ति का सर्वश्रेष्ठ गुण उसकी आत्म-चेतना है। यह गुण उसे पशु से पृथक कर मानव की श्रेणी में लाता है। मनुष्य का लक्ष्य—आत्मानुभूति या आत्मपूर्णता है; जिसका संबंध व्यक्ति से न होकर, ईश्वर से है। इस लक्ष्य की प्राप्ति हेतु स्वतंत्रता चाहिए।

### स्वतंत्रता के प्रकार (Kinds of Freedom)

ग्रीन के अनुसार दो प्रकार की स्वतंत्रता होती है—(क) आंतरिक स्वतंत्रता और (ख) बाह्य स्वतंत्रता।

**(क) आंतरिक स्वतंत्रता** (Internal Freedom)—आंतरिक स्वतंत्रता के द्वारा मनुष्य विषय-वासनाओं और बुरी मनोवृत्तियों को अपने वश में करके अपने-आप को स्वतंत्र बनाता है। इसका संबंध नीतिशास्त्र से होता है।

**(ख) बाह्य स्वतंत्रता** (External Freedom)—बाह्य स्वतंत्रता राजनीतिशास्त्र से संबंधित है। इसका अर्थ ऐसी बाह्य परिस्थितियों के निर्माण से है, जिनका प्रयोग करके व्यक्ति अपने व्यक्तित्व का पूर्णरूप से विकास कर सके। परिस्थितियों का निर्माण अधिकार द्वारा होता है, जो राज्य में ही संभव है।

इस प्रकार, आत्मचेतना का विकास आंतरिक और बाह्य दोनों प्रकार की स्वतंत्रता में संभव है। स्वतंत्रता का संबंध नीतिशास्त्र और राजनीतिशास्त्र दोनों से है।

---

1. "A man is free when he is in that state in which he shall have realized his ideal of himself, shall be at one with the law which he recognizes as that which he ought to obey, shall have become all that he has it in him to be, and so fulfil the law of his being."—Green, quoted by Doyle.

ग्रीन के अनुसार, "मानव-चेतना स्वतंत्रता चाहती है, स्वतंत्रता में अधिकारों का विचार निहित है, और अधिकारों की रक्षा के लिए राज्य आवश्यक है।"[1]

अतएव ग्रीन ने व्यक्ति के आत्महित, आत्मसंतोष, आत्मपूर्णता या आत्मअनुभूति के लिए स्वतंत्रता को आवश्यक बताया है। उसके शब्दों में, "मानव में आत्मअनुभूति का सिद्धांत पूर्णता के संसार में ईश्वर की अभिव्यक्ति है। व्यक्ति की आत्मअनुभूति के लिए स्वतंत्रता की आवश्यकता है, ऐसी स्वतंत्रता, जिससे वह अपने इच्छानुसार कार्य कर सके। ऐसी स्वतंत्रता उसके लिए परम उपयोगी है; क्योंकि वह आत्मसंतोष के सिद्धांत की पूर्णता है।"

## स्वतंत्रता की विशेषताएँ
## (Features of Freedom)

ग्रीन के स्वतंत्रता-सिद्धांत की प्रमुख विशेषताएँ निम्नलिखित हैं—

**1. स्वतंत्रता विधेयात्मक** (Positive Freedom)—ग्रीन ने विधेयात्मक स्वतंत्रता के सिद्धांत का प्रतिपादन किया है। उसके पूर्ववर्ती उपयोगितावादी विचारकों ने निषेधात्मक स्वतंत्रता का समर्थन किया था। उनका कहना था कि राज्य द्वारा व्यक्ति पर कानूनी या किसी अन्य प्रकार का प्रतिबंध नहीं लगाया जाना चाहिए; क्योंकि ये व्यक्ति की स्वतंत्रता का दमन करते हैं। इन प्रतिबंधों के अभाव में ही व्यक्ति स्वतंत्रता का उपभोग करके, अपनी उन्नति कर सकता है। इस प्रकार, उन लोगों ने निषेधात्मक स्वतंत्रता को ही सच्ची स्वतंत्रता माना है।

ग्रीन ने उपयोगितावादियों के इस निषेधात्मक स्वतंत्रता का खंडन करके, विधेयात्मक स्वतंत्रता के सिद्धांत का प्रतिपादन किया है। उसके मतानुसार—स्वतंत्रता का अर्थ प्रतिबंधों का अभाव नहीं है। इसका अर्थ यह नहीं है कि एक व्यक्ति को दूसरे व्यक्ति से अपने इच्छानुसार कार्य कराने का अधिकार है। इसका अर्थ यह है कि राज्य विभिन्न प्रकार के प्रतिबंधों और नियंत्रणों की व्यवस्था करके, प्रत्येक व्यक्ति को वांछनीय कार्य करने की स्वतंत्रता प्रदान करे। इन कार्यों को करके ही वह अपना नैतिक विकास कर सकता है। वस्तुतः, व्यक्ति की स्वतंत्रता और राज्य के कानूनों में परस्पर कोई विरोध नहीं होता। राज्य व्यक्ति की स्वतंत्रता का शोषक नहीं, बल्कि पोषक है। ग्रीन के शब्दों में, "हमारा आधुनिक नियम, जो श्रम, शिक्षा और स्वास्थ्य से संबंध रखता है और जो हमारे समझौते की स्वतंत्रता में अधिकाधिक हस्तक्षेप मालूम होता है, इस आधार पर

---

1. "Human consciousness postulates liberty; liberty involves rights, and rights demand the state."—Green, quoted by Barker.

न्यायोचित है कि राज्य का कार्य यद्यपि प्रत्यक्ष रूप से नैतिक अच्छाई बढ़ाना नहीं है, फिर भी उन परिस्थितियों को बनाना है, जिनके बिना मानवीय शक्तियों का स्वतंत्र रूप से कार्य करना असंभव है।"[1]

अतएव, ग्रीन व्यक्ति की स्वतंत्रता के लिए राज्य और समाज के नियमों को आवश्यक मानता है। यही उसकी सकारात्मक या विधेयात्मक स्वतंत्रता का सिद्धांत है।

**2. निश्चयात्मक स्वतंत्रता** (Determinate Freedom)—ग्रीन की स्वतंत्रता निश्चयात्मक है; क्योंकि व्यक्ति को केवल निश्चित कार्यों को करने की ही स्वतंत्रता है। वह उन्हीं कार्यों को करने के लिए स्वतंत्र है, जो करने के योग्य अर्थात उचित हैं वह धार्मिक और नैतिक दृष्टि से निंदनीय कार्य करने को स्वतंत्र नहीं है, जैसे—जुआ खेलना, शराब पीना, चोरी करना, आदि। ये कार्य व्यक्ति को पतन की ओर ले जाते हैं और उसकी आत्मा के विकास में सहायता नहीं देते हैं।

ग्रीन का कथन है कि व्यक्ति के उचित और अनुचित या अच्छे और बुरे कार्यों का निर्णय उसकी सद्इच्छा करती है। अतएव, अच्छे कार्य करने की प्रेरणा देने वाली सद्इच्छा के आदेशों का पालन करने की स्वतंत्रता ही सच्ची स्वतंत्रता हो सकती है।

**3. स्वतंत्रता : आत्मसंतोष नहीं** (Freedom : Not Self-Satisfaction)—ग्रीन के अनुसार, स्वतंत्रता का अर्थ—आत्मसंतोष नहीं है। व्यक्ति को बुरी भावनाओं के करने से आत्मसंतोष मिल सकता है। लेकिन, यह आत्मसंतोष अस्थायी होता है। वस्तुतः, आत्मसंतोष ऐसा होना चाहिए, जो उसकी आत्मा के विकास में सहायक सिद्ध हो सके।

**4. स्वतंत्रता : विश्व-आत्मा से एकाकार** (Freedom : Identified with World Spirit)—ग्रीन ने स्वतंत्रता को विश्व-आत्मा से एकाकार होना माना है। उसका कहना है कि व्यक्ति को यथार्थ स्वतंत्रता तभी प्राप्त होती है, जब वह अन्य व्यक्तियों के साथ किसी कार्य को करता है या किसी वस्तु का उपभोग करता हैं व्यक्ति अपने में विद्यमान विश्व-आत्मा के कारण हर सामाजिक हित का कार्य करता है। अतएव, व्यक्ति का विश्व-आत्मा से एकाकार होना ही स्वतंत्रता है।

---

1. "Our modern legislation, then, with reference to labour, education and health, involving, as it does, manifold interference with freedom of contract, is justified on the ground that it is the business of the state, not indeed directly to promote goodness, but to maintain the conditions without which the free exercise of human faculties is impossible."—T.H. Green.

**5. स्वतंत्रता : वास्तविक संभावना** (Freedom : Real Possibility)—ग्रीन का मत है कि स्वतंत्रता केवल कानूनी संकल्पना ही नहीं, बल्कि वास्तविक संभावना भी है। सेबाइन के शब्दों में, "स्वतंत्रता केवल कानूनी संकल्पना ही नहीं, बल्कि वास्तविक संभावना भी है। स्वतंत्रता का अर्थ यह है कि व्यक्ति की वास्तविक क्षमताओं का विकास हो, ताकि वह सामाजिक हित में अधिक-से-अधिक भाग ले सके और सामान्य हित के क्षेत्र को अधिक-से-अधिक योगदान दे सके।"

**6. स्वतंत्रता राज्य में संभव** (Freedom Possible in State)—ग्रीन का विचार है कि स्वतंत्रता राज्य में ही संभव है। राज्य व्यक्ति के श्रेष्ठ जीवन के मार्ग में उपस्थित होने वाली बाधाओं का निवारण करके, उसे श्रेष्ठ जीवन के लक्ष्य को प्राप्त करने और इस प्रकार उसे अपनी आत्मा का विकास करने में सहायता देता है। इस प्रकार, वास्तविक स्वतंत्रता की प्राप्ति राज्य में ही होती है।

**निष्कर्ष**—निष्कर्ष में यह कहा जा सकता है कि ग्रीन ने निषेधात्मक स्वतंत्रता के स्थान पर विधेयात्मक स्वतंत्रता के सिद्धांत का प्रतिपादन किया है। सद्इच्छा ही स्वतंत्रता है, बुरी इच्छा नहीं। व्यक्ति स्वतंत्रता का उपभोग तभी कर सकता है, जब वह सद्इच्छा से प्रेरित होकर और निश्चित बंधनों के अंतर्गत करने योग्य कार्यों को करके न केवल अपने, बल्कि संपूर्ण समाज के हित की वृद्धि करे।

## ग्रीन और कांट के स्वतंत्रता-संबंधी विचारों की तुलना (Comparison of Green and Kant's Views on Freedom)

ग्रीन और कांट के स्वतंत्रता-संबंधी विचारों का तुलनात्मक अध्ययन निम्नलिखित रूप से कर सकते हैं—

### समानता

ग्रीन और कांट के स्वतंत्रता-संबंधी विचारों में निम्नांकित बातें समान हैं—

1. ग्रीन और कांट, दोनों ने आत्म-निग्रह के द्वारा वासनाओं की विजय को सच्ची स्वतंत्रता का आधार माना है।

2. दोनों ने व्यक्ति की नैतिक इच्छा को स्वतंत्र माना है। वस्तुतः, ग्रीन ने स्वतंत्र नैतिक इच्छा का विचार कांट से ग्रहण किया है और उसी पर स्वतंत्रता की अपनी धारणा का निर्माण किया है।

3. कांट के समान ग्रीन ने भी यह माना है कि संसार में सद्इच्छा का ही महत्व है। व्यक्ति के जीवन का लक्ष्य नैतिक कार्यों को करना है, सांसारिक शक्ति और ऐश्वर्य को नहीं प्राप्त करना।

**असमानता**

1. कांट के अनुसार, स्वतंत्रता की अनुभूति और अभिव्यक्ति अंतः-जगत में होती है। उसके विपरीत, ग्रीन का कहना है कि स्वतंत्रता की अनुभूति और अभिव्यक्ति बाह्य-जगत में होती है।

2. कांट का विचार है कि व्यक्ति तभी स्वतंत्र होता है, जब उसकी इच्छा नैतिक कर्तव्यादेश से निर्धारित होती है। इसके विपरीत, ग्रीन का कहना है कि व्यक्ति तभी स्वतंत्र होता है, जब उसकी इच्छा अपनी अनुकूल वस्तु से निर्धारित होती है।

3. कांट की स्वतंत्रता पूर्णतया वैयक्तिक है। उसका संबंध केवल व्यक्ति की आत्मा से है। उसका समाज और राज्य के हित से कोई संबंध नहीं है। अतः, कांट की स्वतंत्रता सीमित, आत्मगत और भावप्रधान है। दूसरी ओर, ग्रीन की स्वतंत्रता व्यक्ति तक सीमित नहीं है। उसका समाज और राज्य के हित से घनिष्ठ संबंध है। राज्य का कर्त्तव्य, व्यक्ति की स्वतंत्रता के मार्ग में आने वाली बाधाओं को दूर करना है। अतः, उसकी स्वतंत्रता अधिक व्यापक, वस्तुगत और विधेयात्मक है।

## ग्रीन और हीगल के स्वतंत्रता-संबंधी विचारों की तुलना (Comparison of Green and Hegel's Views on Freedom)

यद्यपि ग्रीन और कांट के स्वतंत्रता-संबंधी विचारों में काफी समानता है, तथापि ग्रीन कांट की अपेक्षा हीगल के अधिक निकट है।

**समानता**

ग्रीन और हीगल के स्वतंत्रता-संबंधी विचारों में गहरा सादृश्य है—

1. ग्रीन और हीगल, दोनों ने स्वतंत्रता के स्वरूप को विधेयात्मक माना है और यह भी माना है कि व्यक्ति को राज्य के सदस्य के रूप में ही स्वतंत्रता की प्राप्ति होती है।

2. दोनों का कहना है कि व्यक्ति को विश्व-आत्मा से एकाकार होकर ही स्वतंत्रता की प्राप्ति होती है।

3. दोनों विचारकों ने व्यक्ति और समाज के हितों में किसी प्रकार का संघर्ष स्वीकार नहीं किया है। अतः, दोनों का विचार है कि व्यक्ति तभी स्वतंत्र है, जब वह अपने हित के साथ-साथ समाज का भी हित करे।

**असमानता**

ग्रीन और हीगल के स्वतंत्रता-संबंधी विचार एक-दूसरे के निकट होते हुए भी, निम्नलिखित बातों में भिन्न हैं—

1. हीगल का विचार है कि व्यक्ति की स्वतंत्रता, स्वेच्छा से राज्य के कानूनों का पालन करने में निहित है। इसके विपरीत, ग्रीन का विचार है कि व्यक्ति को अपना सर्वोत्तम विकास करने के लिए स्वतंत्रता का अधिकार है। अतः, राज्य के कानूनों को अनिवार्य रूप में व्यक्ति के सर्वोत्तम विकास में सहायता देनी चाहिए। व्यक्ति केवल उन्हीं कानूनों का पालन कर सकता है, जो उसके नैतिक विकास में सहायक हों। यदि कानून उसके विकास में बाधक हैं, तो उसे उनकी अवज्ञा करने का अधिकार है।

2. ग्रीन ने हीगल के इस विचार को माना है कि राज्य ही व्यक्ति की स्वतंत्रता को संभव बनाता है। लेकिन, ग्रीन ने इस बात पर जोर दिया है कि व्यक्ति की स्वतंत्रता केवल आदर्श राज्य में ही संभव है, न कि यथार्थ राज्य में, जैसा कि हीगल का विचार है। आदर्श राज्य ही ऐसी परिस्थितियों का निर्माण कर सकता है, जिनमें व्यक्ति अपनी सद्इच्छा से प्रेरित होकर, नैतिक आचरण करे और इस प्रकार स्वतंत्रता की प्राप्ति करे। यथार्थ से ऐसी परिस्थितियों का निर्माण किए जाने की आशा नहीं की जा सकती है।

## निष्कर्ष

उपर्युक्त तथ्यों से यह स्पष्ट है कि ग्रीन पर कांट की स्वतंत्र नैतिक इच्छा का गहरा प्रभाव है। लेकिन, उसके स्वतंत्रता-संबंधी विचार हीगल के विचारों से अधिक समता रखते हैं। ग्रीन ने एक ओर कांट के भाववाद और औपचारिकवाद से अपना संबंध-विच्छेद किया है, तथा दूसरी ओर हीगल पर लगाए जाने वाले इस आरोप से अपनी रक्षा की है कि स्वतंत्रता राज्य के कानूनों का पालन करने में निहित है। इस प्रकार, ग्रीन ने कांट और हीगल के मध्य-मार्ग का अनुसरण किया है।

# 21

# ग्रीन के अधिकार-संबंधी विचार
# (Green's Views on Rights)

## अधिकार का अर्थ
## (Meaning of Rights)

ग्रीन के अनुसार मानव-चेतना की अनुभूति स्वतंत्रता में संभव है और स्वतंत्रता की अभिव्यक्ति अधिकारों के द्वारा होती है। मनुष्य के जीवन का मुख्य लक्ष्य, आत्म-अनुभूति है। इस लक्ष्य को प्राप्त करने के लिए उसे कुछ विशेष प्रकार की सुविधाओं या भौतिक परिस्थितियों की आवश्यकता होती है। ये परिस्थितियाँ ही उसे अपना आंतरिक विकास करके अपना आदर्श लक्ष्य प्राप्त करने का अवसर प्रदान करती है। यही सुविधाएँ या बाह्य परिस्थितियाँ अधिकार हैं। वस्तुतः, अधिकार मनुष्य के आंतरिक विकास के लिए आवश्यक बाह्य परिस्थितियाँ हैं।[1]

ग्रीन ने अधिकार की परिभाषा निम्नलिखित शब्दों में दी है—"अधिकार व्यक्ति द्वारा अपने ऐसे उद्देश्यों को पूर्ण करने की शक्ति है, जिन उद्देश्यों को वह अपने लिए हितकर समझता है तथा समाज यह अधिकार व्यक्ति को इस आधार पर प्रदान करता है कि इस अधिकार के प्रयोग से समाज का हित सिद्ध होगा।"

1. "Rights are the outer conditions essential for a man's inner development."

## अधिकार के दो तत्व
## (Two Elements of Rights)

अधिकारों की सृष्टि कैसे होती है? प्रत्येक व्यक्ति आत्म-चेतना के विकास हेतु कुछ सुविधाएँ चाहता है। वह समाज से इन सुविधाओं की माँग करता है। इसके साथ ही विवेकशील होने के कारण, व्यक्ति यह स्वीकार करता है कि जैसे मुझे इन सुविधाओं की आवश्यकता है, वैसे ही दूसरे मनुष्यों को भी इनकी आवश्यकता है। इस प्रकार, प्रत्येक व्यक्ति अपने लिए आवश्यक सुविधाओं की माँग करता है और दूसरे व्यक्तियों की भी इसी प्रकार की माँगों के औचित्य को स्वीकार करता है। अतः, इन व्यक्तिगत माँगों के पीछे समाज की स्वीकृति का भाव निहित है। इस प्रकार, अधिकार व्यक्ति की वह व्यक्तिगत माँग है, जिसे समाज की स्वीकृति और सरंक्षण प्राप्त हो। अतः, अधिकार के दो तत्व हैं— व्यक्ति की माँग और समाज द्वारा इस माँग की स्वीकृति।

**1. व्यक्ति की माँग** (Individual's Claim)—व्यक्ति नैतिक प्राणी होने के कारण बाह्य परिस्थितियों की माँग करता है, ताकि वह अपना नैतिक विकास करके, अपने सर्वोच्च लक्ष्य को प्राप्त कर सके। इसके साथ ही, वह आंतरिक शक्तियों और क्षमताओं का विकास कर सके।

**2. समाज द्वारा इस माँग की स्वीकृति** (Claim Recognised by the Society)—व्यक्ति की वही माँग अधिकार का रूप लेती है, जिसे समाज स्वीकृत करता है। समाज उसकी माँग को इसलिए स्वीकृत करता है कि उससे व्यक्ति और समाज दोनों का हित होता है।

ग्रीन ने अधिकार के दोनों तत्वों को अविभाज्य और अनिवार्य बताया है। उसके शब्दों में—"व्यक्ति अपनी चेतना के कारण सामान्य हित का कार्य करने की माँग करता है; क्योंकि वह जानता है कि उसके हित में दूसरों का हित और दूसरों के हित में स्वयं उसका हित है। अतः, व्यक्तियों की सामान्य चेतना पर आधारित माँग को समाज की पूर्व स्वीकृति प्राप्त हो जाती है। समाज उस माँग को स्वीकृति प्रदान करके उसे केवल यथर्थ रूप प्रदान करता है।"

अतएव, व्यक्ति को समाज के सदस्य के रूप में ही अधिकार प्राप्त होते हैं और समाज से पृथक उसके कोई अधिकार नहीं हैं।

## प्राकृतिक अधिकार
## (Natural Rights)

ग्रीन प्राकृतिक अधिकार शब्द का प्रयोग उसी अर्थ में करता है, जिस अर्थ में अरस्तू ने राज्य के लिए प्राकृतिक शब्द का प्रयोग किया है। उसके अनुसार

अधिकार इस अर्थ में प्राकृतिक हैं कि वे व्यक्ति के पूर्ण विकास के लिए नितांत आवश्यक होते हैं।

लॉक और सामाजिक समझौते वालों ने प्राकृतिक अधिकार शब्द का प्रयोग दूसरे अर्थ में किया है। उन लोगों का कहना है कि सामाजिक समझौते से पूर्व मनुष्यों के कुछ जन्मजात अधिकार थे, इसलिए राज्य इनमें हस्तक्षेप नहीं कर सकता। ये अधिकार जिन्हें हम मूल अधिकार भी कह सकते हैं, राज्य और समाज से पूर्ण स्वतंत्र हैं।

लेकिन, अधिकारों के लिए ग्रीन दो बातें आवश्यक मानता है—आत्म-विकास के लिए व्यक्ति की माँग और समाज द्वारा मान्यता। चूँकि मनुष्य का आत्म-विकास समाज के दूसरे व्यक्तियों से संबंधित है, इसलिए ग्रीन समाज के पूर्व की प्राकृतिक अवस्था में इन अधिकारों की कल्पना नहीं कर सकता है। वस्तुतः, ग्रीन इस बात को अस्वीकार करता है कि समाज से पृथक और पूर्व भी अधिकारों के समान कोई चीज होती है।[1]

**आदर्श अधिकार** (Ideal Rights)—ग्रीन ने प्राकृतिक अधिकार को आदर्श अधिकार माना है। ये ऐसे अधिकार हैं, जिन्हें संगठित समाज को सद्‌भावना के आधार पर अपने समस्त सदस्यों को प्रदान करना चाहिए। ये अधिकार राज्य द्वारा स्वीकृत वास्तविक अधिकारों से अधिक विस्तृत और गहरे हैं। ये अधिक विस्तृत इसलिए हैं; क्योंकि व्यक्ति की नैतिकता से संबंधित होने के कारण ये वास्तविक अधिकारों से पहले के हैं। ये अधिक गहरे इसलिए हैं; क्योंकि ये हमारे समक्ष ऐसा मानदंड उपस्थित करते हैं, जिस पर हम वास्तविक अधिकारों के होने की आशा करते हैं। ये समाज को ऐसी प्रणाली प्रदान करते हैं, जिस पर स्वयं राज्य को भी परखा जा सकता है। अतः, आदर्श राज्य व्यक्ति के आत्म-विकास के लिए आवश्यक है। अतएव, प्रत्येक समाज का यह प्रयत्न होना चाहिए कि वह अपने कानूनों को प्राकृतिक अधिकारों के अधिकाधिक अनुरूप बनाए।

## अधिकार और कानूनी अधिकार
## (Rights and Legal Rights)

ग्रीन के अनुसार जो अधिकार कानून द्वारा संरक्षित हैं और जिन्हें भंग करने वाले को राज्य से दंड मिलता है, उन्हें कानूनी अधिकार कहा जाता है। जो आज प्राकृतिक अधिकारमात्र हैं, कल राज्य और कानून द्वारा स्वीकृत और सरंक्षित किए जाने पर कानूनी अधिकार के रूप में परिवर्तित हो जाते हैं।

1. "Green denied that there are any such things as rights independent of and prior to society."—Coker.

## अधिकार और कानून
## (Rights and Law)

अधिकार और कानून इस दृष्टि से परस्पर संबंधित हैं कि अधिकार को कानूनी रूप दिया जा सकता है और इस प्रकार, उसका पालन कराया जा सकता है। बच्चों की अनिवार्य प्रारंभिक शिक्षा का अधिकार आज चाहे प्राकृतिक या नैतिक मात्र ही हो, पर यदि कल इस विषय का कानून बन जाए, तो वह कानूनी अधिकार में बदल जाएगा।

लेकिन, अधिकार और कानून में भेद यह है कि सभी विधिसम्मत अधिकार नैतिक अधिकार नहीं कहे जा सकते। विधिसम्मत अधिकारों में कुछ अन्यायपूर्ण भी हो सकते हैं; जैसे—किसी समय लोगों को दास रखने, बेचने या मार डालने तक का कानूनी अधिकार था, लेकिन इसे नैतिक अधिकार नहीं कहा जा सकता। इसी प्रकार कुछ अधिकार ऐसे भी होते हैं जो नैतिक तो हैं, पर अभी कानून का संरक्षण प्राप्त न होने से कानूनसिद्ध नहीं। किंतु, अधिकांश अधिकार ऐसे होते हैं, जो नैतिक और न्यायपूर्ण भी हैं और कानून द्वारा स्वीकृत भी। वस्तुतः, नैतिक अधिकार ही कालांतर में कानूनी अधिकार का रूप लेते हैं।

## अधिकार और नैतिकता
## (Rights and Morality)

ग्रीन अधिकारों का नैतिकता से गहरा संबंध और विभेद मानता है। अधिकारों का नैतिकता से गहरा संबंध यह है कि इनके बिना नैतिक जीवन व्यतीत किया जाना संभव नहीं है।

लेकिन, इन दोनों में मौलिक विभेद भी है। अधिकारों का संबंध केवल बाहरी परिस्थितियों से होता है, जबकि नैतिकता मनुष्य के अंतरविवेक का संचालन करती है। नैतिकता वहाँ कार्य करती है, जहाँ राज्यशक्ति की पहुँच ही नहीं होती। जैसे—राज्य कानून बनाकर व्यक्तियों को धर्मस्थान जाने के लिए बाध्य कर सकता है। लेकिन, वह धर्मस्थान में गए हुए व्यक्तियों को ईश्वर का ध्यान करने के लिए बाध्य नहीं कर सकता।

अतः, अधिकार और नैतिकता में यह भेद है कि प्रथम का संबंध केवल बाहरी कार्य से होने के कारण उसका बलपूर्वक पालन कराना संभव है, लेकिन नैतिकता का संबंध आंतरिक मनोभावना से होता है, इसलिए उसका पालन शक्ति के प्रयोग से नहीं कराया जा सकता।

सेबाइन के शब्दों में—"कानून, मनुष्य को नैतिक बनाने का प्रयास नहीं कर सकता है। इसका कारण यह है कि नैतिकता का संबंध चरित्र से है और चरित्र

का निर्माण, कानून के दबाव से नहीं किया जा सकता है। कानून का संबंध अनिवार्य रूप से मनुष्य के बाहरी आचरण से होता है, आचरण की भावना या इच्छा से नहीं।"

## प्राकृतिक कानून
## (Natural Law)

**प्राकृतिक कानून के प्रचलित अर्थ का परित्याग**—ग्रीन ने प्राकृतिक कानून की पुनर्व्याख्या की है। उसके समय प्राकृतिक कानून के संबंध में दो धारणाएँ प्रचलित थीं: (i) प्राकृतिक कानूनों को ऐसा न्यायालय समझा जाता था, जिसके सामने मानव-निर्मित कानूनों की स्वीकृति या निंदा के लिए लाया जाता था। (ii) सत्रहवीं शताब्दी में हॉब्स-लॉक के अनुसार, प्राकृतिक कानूनों का समाज की चेतना से स्वतंत्र अस्तित्व माना जाता था। ग्रीन ने इन दोनों धारणाओं की कटु आलोचना करके, इनका परित्याग कर दिया है।

**प्राकृतिक कानून की सही परिभाषा**—ग्रीन ने प्राकृतिक कानून की सही परिभाषा इस प्रकार दी है—प्राकृतिक कानूनों का आधार विवेक और नैतिकता है। अतः, अनुभव द्वारा इनकी खोज नहीं की जा सकती। ये वे कानून हैं जिनका पालन, व्यक्ति को नैतिक प्राणी होने के नाते करना चाहिए, चाहे वे राज्य के वास्तविक कानूनों के अनुकूल हों या नहीं। नैतिकता से संबद्ध होने के कारण, ये कानून अपरिवर्तनशील नहीं हैं। जैसे-जैसे समाज की नैतिक भावना का विकास होता जाता है, वैसे-वैसे इन कानूनों में परिवर्तन होता चला जाता है। अतः, व्यक्ति पर उन्हीं कानूनों को लागू किया जाना चाहिए, जो समाज की नैतिक भावना के लिए आवश्यक और वांछनीय हों।

यहाँ पर यह प्रश्न उठता है कि इस प्रकार के प्राकृतिक कानूनों का निर्णय कैसे किया जाए? इस संदर्भ में, ग्रीन ने कहा है कि यह निर्णय प्राकृतिक न्यायशास्त्र द्वारा किया जाना चाहिए। इस निर्णय के आधार पर ही प्राकृतिक कानूनों को मान्य और क्रियान्वित करने के योग्य समझा जाना चाहिए, चाहे वे राज्य द्वारा निर्मित कानूनों के अंग हों या नहीं। डॉयल ने कहा है कि ग्रीन ने प्राकृतिक कानूनों को उन बातों तक सीमित रखा है, जो इसलिए होनी चाहिए; क्योंकि वे समाज के चरम लक्ष्य की प्राप्ति के लिए आवश्यक हैं।

# 22

# ग्रीन के राज्य-संबंधी विचार
# (Green's Views on State)

## राज्य का सिद्धांत
## (Theory of State)

**1. राज्य नैसर्गिक है** (State is Natural)—जहाँ तक राज्य की उत्पत्ति का प्रश्न है, ग्रीन ने इसकी अलग से कोई सैद्धांतिक विवेचना नहीं की है। उसके विचारों के विश्लेषण से यह निष्कर्ष निकलता है कि वह अनुबंधवादियों की तरह राज्य को एक कृत्रिम संस्था नहीं मानता है। उसके अनुसार राज्य विकास का परिणाम है। ग्रीन के अनुसार मानव-चेतना का विकास स्वतंत्रता में संभव है। स्वतंत्रता के लिए अधिकार चाहिए। अधिकार की प्राप्ति राज्य में ही संभव है।[1] ग्रीन राज्य के यांत्रिक और शक्ति-सिद्धांत का खंडन करता है। उसने राज्य का वास्तविक आधार इच्छा माना है, शक्ति नहीं। उसकी दृष्टि में राज्य एक नैसर्गिक संस्था है; क्योंकि मनुष्य अनिवार्यतः सामाजिक प्राणी है।

**2. राज्य का निर्माण** (Formation of State)—रूसो के समान ग्रीन ने भी व्यक्तियों में दो इच्छाओं की उपस्थिति को स्वीकार किया है—व्यक्ति की सदिच्छा एवं स्वार्थपूर्ण इच्छा (goodwill and selfishwill)। व्यक्ति की सदिच्छा उसकी नैतिक इच्छा होती है जो उसे अपने और समाज के सब व्यक्तियों की सदिच्छाएँ सम्मिलित होकर सामान्य इच्छा का निर्माण करती है। ग्रीन सदिच्छा

---

1. "Human consciousness postulates liberty, liberty involves rights, rights demand state."—Barker.

में विश्वास करता है। उसके अनुसार समाज के सभी व्यक्तियों की सदिच्छाएँ सम्मिलित होकर सामान्य इच्छा का निर्माण करती है। सामान्य इच्छा समाज के सामान्य हितों में वृद्धि करती है। अतएव, इन हितों को सुरक्षा प्रदान करने के लिए सर्वोच्च-शक्ति संपन्न राज्य का निर्माण होता है। अतएव, राज्य सामान्य इच्छा का मूर्त रूप है।

**राज्य का वास्तविक आधार इच्छा है, शक्ति नहीं** (Will, not Force is the Basis of State)

ग्रीन का कथन है कि राज्य का वास्तविक आधार इच्छा है, शक्ति नहीं। अर्थात, राज्य की उत्पत्ति में शक्ति का नहीं, बल्कि इच्छा का हाथ रहा है। लेकिन, व्यक्तिवादी, साम्यवादी और अराजकतावादी राज्य को केवल शक्ति का परिणाम और प्रतीक मानते हैं। वस्तुतः, ग्रीन का कथन है कि यदि राज्य भय उत्पन्न कर अपनी आज्ञाओं का पालन कराता है, तो वह राज्य कभी भी स्थायी नहीं हो सकता।

**1. राज्य द्वारा अधिकारों की रक्षा** (Protection of Rights by State)—ग्रीन के अनुसार अधिकारों की रक्षा के उद्देश्य से राज्य का जन्म होता है। सामान्यतः, व्यक्ति अपने अधिकारों के समान ही दूसरे व्यक्तियों के अधिकारों का भी सम्मान करता है। लेकिन, स्वार्थ के वशीभूत होकर वह दूसरों के अधिकारों की अवहेलना भी करने लगता है। ऐसी स्थिति में, राज्य ही अधिकारों की रक्षा करता है।

**2. शक्ति प्रयोग इच्छानुसार** (Use of Force According to Will)—वस्तुतः, राज्य यदा-कदा शक्ति का प्रयोग करता है। लेकिन, वह सबों की इच्छा से ही ऐसा करता है। व्यक्तियों के सामान्य अधिकारों को सुरक्षित रखने के लिए राज्य द्वारा इस शक्ति का प्रयोग किया जाना न केवल उचित, बल्कि आवश्यक भी है। ग्रीन का मत है कि राज्य कानूनों के द्वारा शक्ति का प्रयोग उन व्यक्तियों के विरुद्ध करता है, जो या तो दूसरों के अधिकारों का सम्मान नहीं करते हैं या उनको अपने अधिकारों का प्रयोग नहीं करने देते हैं।

ग्रीन के शब्दों में, "राज्य अपनी दमनकारी शक्ति का प्रयोग सभी व्यक्तियों के अधिकारों को सुरक्षित रखने के लिए, कम विकसित नागरिकता की भावना के व्यक्तियों को संयत रखने के लिए और कानूनों के प्रति उदासीन व्यक्तियों में कानून-प्रियता की भावना को दृढ़ बनाने के लिए करता है। इन सब दशाओं में राज्य अपनी दमनकारी शक्ति का प्रत्यक्ष रूप में प्रयोग या उसका भय दिखाकर अप्रत्यक्ष रूप में अपने उद्देश्य को प्राप्त करता है।"

इसके साथ ही, जनकल्याण की भावना से प्रेरित होकर भी राज्य शक्ति का प्रयोग करता है। इस प्रकार, ग्रीन ने स्पष्ट कर दिया है कि राज्य को जीवन प्रदान करने वाली शक्ति उसकी सर्वोच्च दमनकारी सत्ता नहीं है, बल्कि जनता की सामान्य इच्छा है, जो सामान्य उद्देश्य की सामान्य चेतना होने के कारण समाज का निर्माण करती है और अधिकारों को जन्म देती है।

सेबाइन ने भी कहा है, "ग्रीन का कहना है कि शासन, शक्ति पर नहीं, बल्कि इच्छा पर आधारित होता है। इसका कारण यह है कि व्यक्ति को समाज से बाँधने वाली कड़ी, उसकी अपने स्वयं के स्वभाव की विवशता है, न कि कानून के दंड या स्वार्थपूर्ण लाभों का विचार।"

इस प्रकार, राज्य शक्ति का प्रयोग सामान्य इच्छा के अनुसार ही करता है। इसलिए, राज्य का आधार इच्छा है, शक्ति नहीं।

**समर्थन का आधार** (Basis of Support)

राज्य का आधार इच्छा है, शक्ति नहीं। ग्रीन के इस कथन की पुष्टि निम्नलिखित तथ्यों के आधार पर की जा सकती है—

1. यदि राजसत्ता का आधार केवल दंड का भय ही हो, तो मनुष्य की आज्ञापालन की भावना उसी समय तक कार्य कर सकती है, जब तक कि वह भय उपस्थित रहे। लेकिन व्यवहार में राजकीय आज्ञाओं का पालन हम स्वयं अपनी इच्छा से करते हैं; क्योंकि राजसत्ता जनता की सामान्य इच्छा पर ही आधारित होती है।

2. राज्य के नागरिकों में पाई जाने वाली सहयोग, न्याय और ईमानदारी की भावनाएँ भी यही स्पष्ट करती हैं कि राज्य का आधार इच्छा है, शक्ति नहीं।

3. यदि शक्ति ही राज्य का वास्तविक आधार है, तो पुलिस और सेना के व्यक्ति, क्यों राजकीय आज्ञाओं का पालन करते हैं।

4. शक्ति एक अस्थायी तत्व है, लेकिन इसके विपरीत राज्य एक स्थायी संस्था है। ग्रीन के अनुसार, "राज्य का वास्तविक आधार साधिकार शक्ति ही हो सकता है। निराधिकार शक्ति को अधिक-से-अधिक राज्य का अस्थायी आधार ही माना जा सकता है।"[1]

5. व्यावहारिक जीवन के अनुभव से भी यह बात स्पष्ट है कि किसी भी राज्य के अस्तित्व का आधार मात्र शक्ति नहीं हो सकती है। रूस में जार का

---

1. "Might without right can at least be only temporary. Might with right is the permanent basis of the state."—Green.

शासन और भारत में ब्रिटिश शासन इसी कारण समाप्त हो गया कि वह केवल शक्ति पर आधारित था।

6. यदि राज्य केवल शक्ति पर आधारित होता, तो वह कभी का समाप्त हो गया होता। लेकिन, राज्य का अस्तित्व आज तक बना हुआ है, इससे यह प्रमाणित होता है कि राज्य का आधार शक्ति नहीं, इच्छा है।

सारांशतः, ग्रीन यह मानता है कि राज्य एक स्वाभाविक तथा नैतिक संस्था और समुदाय है, जो व्यक्तियों के अधिकारों की रक्षा के लिए अस्तित्व में आया। यह साध्य न होकर, साधन है। वह उसे सर्वाधिकार संपन्न और निरंकुश नहीं मानता है। वह उसे बाह्य और आंतरिक दोनों दृष्टियों से सीमित करता है।

## राज्य के कार्य
## (Functions of State)

ग्रीन के राज्य-संबंधी कार्यों का विवरण निम्नलिखित रूप से प्रस्तुत किया जा सकता है—

**1. नैतिक कार्य** (Moral Function)—ग्रीन ने राज्य के कार्य को अनिवार्यतः नैतिक कार्य माना है। राज्य का प्रमुख कार्य व्यक्ति द्वारा उसके व्यक्तित्व का पूर्ण विकास कराना है। राज्य कुछ ऐसी परिस्थितियों का निर्माण करता है, जिनके अंतर्गत नैतिकता का विकास संभव हो सके। लेकिन, ग्रीन के विचारानुसार राज्य नैतिक संस्था होते हुए भी नैतिकता के विकास का कार्य प्रत्यक्ष रूप से नहीं कर सकता है। इसका कारण यह है कि राज्य दंड-शक्ति या शक्ति प्रयोग के आधार पर कार्य करता है, जिनके आधार पर व्यक्ति की नैतिकता को प्रभावित नहीं किया जा सकता। नैतिकता तो व्यक्ति के अंतःकरण से संबंधित एक ऐसी वस्तु है, जो स्वयं व्यक्ति द्वारा आत्मरोपित कर्तव्यों के निष्काम संपादन में ही निहित है। अतएव, कांट के समान ग्रीन यह मानता है कि राज्य नैतिकता की वृद्धि हेतु प्रत्यक्षरूप से कुछ भी नहीं कर सकता। वह तो केवल ऐसी परिस्थितियाँ उत्पन्न करता है और उन्हें बनाए रखता है, जिनमें इन कर्तव्यों का पालन आसानी से हो सके। अतएव, ग्रीन के राज्य का कार्य यही है कि वह सद्कर्तव्यों के करने से व्यक्ति के मार्ग में जो बाधाएँ आएँ, उन्हें दूर करे तथा ऐसी आवश्यक परिस्थितियों की व्यवस्था करे और उन्हें स्थिर रखे, जिनमें नैतिकता का विकास संभव हो सके।

**2. राज्य की शक्ति सीमित** (State's Power is Limited)—ग्रीन निरंकुश राज्य के विचार का समर्थन नहीं करता है। वह राज्य को बाहरी और आंतरिक दोनों ही दृष्टियों से सीमित मानता है। आंतरिक क्षेत्र में राज्य की शक्ति इस

तथ्य से सीमित हो जाती है कि कानून व्यक्ति के केवल बाहरी कार्यों को ही नियंत्रित कर सकता है, उनकी आंतरिक प्रवृत्तियों को नहीं। विश्वबंधुत्व के विचार का समर्थक होने के कारण उसका विचार है कि बाहरी क्षेत्र में राज्य की शक्ति अंतरराष्ट्रीय कानून से सीमित होती है।

**3. राज्य का विशिष्ट कार्य : बाधाओं का निवारण** (Special Function of State : Hindering of Hindrances)—ग्रीन के अनुसार राज्य का विशिष्ट कार्य व्यक्ति द्वारा स्वेच्छा से किए जाने वाले उत्तम कार्यों के मार्ग से बाह्य बाधाओं का निवारण करना है। इस विशिष्ट कार्य के संपादन में राज्य को समाज के बाह्य आक्रमणों से रक्षा करनी पड़ती है और समाज के परंपरागत अपराधों पर अंकुश लगाना पड़ता है।

**4. निषेधात्मक और विधेयात्मक कार्य** (Negative and Positive Functions)—ग्रीन का मत है कि राज्य का कार्य निषेधात्मक और विधेयात्मक दोनों होना चाहिए। निषेधात्मक दृष्टि से वह यह चाहता है कि राज्य व्यक्ति को वे कार्य करने दे, जो करने योग्य हैं और इनके करने में जहाँ वह बाधाओं के कारण असमर्थ हो, उन बाधाओं को दूर करे।

विधेयात्मक दृष्टि से राज्य के कार्यक्षेत्र की व्याख्या करते हुए ग्रीन राज्य को अधिकार देता है कि राज्य नैतिकता के विकास हेतु जहाँ उपयुक्त समझे, वहाँ हस्तक्षेप करे और आवश्यक हो, तो बल-प्रयोग भी करे। नागरिक जीवन में राज्य का यह हस्तक्षेप किस सीमा तक होगा और नैतिक जीवन के मार्ग की बाधाओं को दूर करने के लिए राज्य क्या-क्या करेगा, इसकी कोई निश्चित सीमाएँ ग्रीन ने निर्धारित नहीं की है। लेकिन, अपने समय की व्यावहारिक परिस्थितियों को दृष्टि में रखते हुए उसने इस संबंध में कुछ संकेतपूर्ण उदाहरण अवश्य ही दिए हैं।

निषेधात्मक दृष्टि से, जैसे वह यह मानता है कि अज्ञान, शराबखोरी और भिखमंगापन मानव के नैतिक विकास के मार्ग की बाधाएँ हैं, जिन्हें दूर करने के लिए राज्य को प्रयत्न करना चाहिए। इसी प्रकार, विधेयात्मक क्षेत्र में स्वस्थ नैतिक जीवन की आवश्यकताओं को बनाए रखने के लिए राज्य व्यक्तियों को स्वच्छ रहने, शराब न पीने और माता-पिता को अपने बच्चों से शिक्षा दिलाने के लिए बलपूर्वक बाध्य कर सकता है।

राज्य के कार्यों के संबंध में ग्रीन के उपर्युक्त विचार नकारात्मक भाषा में होने पर भी, अपने उद्देश्य और प्रकृति की दृष्टि से सकारात्मक है।

**5. राज्य के कार्यों की सूची** (List of State's Functions)—ग्रीन के अनुसार राज्य के कार्यों की संक्षिप्त सूची निम्नलिखित प्रकार हैं—

(i) राज्य को व्यक्तियों के नैतिक उत्थान में बाधा उपस्थित करने वालों को दंड देना चाहिए।

(ii) राज्य को व्यक्तियों की अज्ञानता को दूर करने के लिए शिक्षा का प्रसार करना चाहिए।

(iii) राज्य को व्यक्तियों के संपत्ति-अधिकार की रक्षा करनी चाहिए।

(iv) राज्य को नैतिकता के विकास के लिए प्रत्यक्ष रूप से बल का प्रयोग नहीं करना चाहिए।

(v) राज्य को व्यक्तियों में संयम, सदाचार और पवित्रता की भावना को प्रोत्साहित करना चाहिए।

(vi) राज्य को छोटे समाजों में सामंजस्य स्थापित करके, उनके सदस्यों को अपने व्यक्तित्व का विकास करने का अवसर देना चाहिए।

(vii) राज्य को उत्तम परिस्थितियों का निर्माण करना चाहिए और व्यक्तियों की नैतिक भावनाओं तथा चारित्रिक गुणों का विकास करना चाहिए।

(viii) राज्य को मादक वस्तुओं के क्रय-विक्रय पर रोक लगानी चाहिए।

(ix) राज्य को विभिन्न वर्गों और संस्थाओं में सामंजस्य स्थापित करके बहुसंख्यक वर्ग का हित करना चाहिए।

(x) राज्य को युद्ध का विरोध करके, व्यक्तियों के जीवन के अधिकार को स्वीकार करना चाहिए।

उपर्युक्त कार्यों के आधार पर कहा जा सकता है कि उसने बीसवीं सदी के लोक-कल्याणकारी राज्य की नींव डाली है। वस्तुतः, राज्य के कार्यों का चरम लक्ष्य व्यक्ति के विकास में सहायता देना और इस विकास के मार्ग में आने वाली बाधाओं का निवारण करना है।

## राज्य की संप्रभुता
## (Sovereignty of State)

ग्रीन ने राज्य की संप्रभुता पर भी विचार किया है। उसके पूर्व संप्रभुता के दो परस्परविरोधी विचार प्रचलित थे—

**1. रूसो के अनुसार सामान्य इच्छा** (According to Rousseau General Will)—रूसो के अनुसार संप्रभुता या राज्य के कानूनों का बाधित रूप से पालन कराने वाली सर्वोच्च शक्ति सामान्य इच्छा में रहती है।

**2. ऑस्टिन के अनुसार निश्चित श्रेष्ठ मानव** (According to Austin Determinate Human Superior)—दूसरी ओर, ऑस्टिन के अनुसार संप्रभुता

किसी निश्चित श्रेष्ठ मानव में निहित होती है, जिसके आदेशों का पालन समाज के अधिकांश भाग द्वारा स्वाभाविक रूप से किया जाता हो और जो स्वयं किसी उच्च सत्ता के आदेशों का पालन न करता हो।

**3. ग्रीन के अनुसार दोनों का समन्वय** (According to Green Co-ordination of Both)—संप्रभुता के संबंध में रूसो और ऑस्टिन की यह विचारधारा परस्पर विरोधी है। लेकिन, ग्रीन इन दोनों विचारों को परस्पर विरोधी न मानता हुआ इनमें समन्वय स्थापित करने का प्रयत्न करता है। उसके अनुसार प्रत्येक कानून का स्रोत निश्चित होता है। कानून परंपरा से भिन्न होता है, क्योंकि कानून संसद, शासक, आदि निश्चित मानव या मानव समूह द्वारा बनाया जाता है, जबकि परंपराओं का स्रोत निश्चित नहीं है। इसलिए ऑस्टिन का यह कहना ठीक है कि कानून का स्रोत संप्रभु है, निश्चित मानव है।

लेकिन, जनता कानूनों को स्वभावतः इसलिए नहीं स्वीकार करती है कि उसे कानून का उल्लंघन करने पर दंड मिलने का भय होता है। वह कानूनों का पालन इसलिए करती है कि ये कानून उसके सामान्य हित में हैं या ये जनता की सामान्य इच्छा व्यक्त करती है।

इस प्रकार, ग्रीन आंशिक रूप में ऑस्टिन से सहमत होते हुए भी अंत में रूसो की सामान्य इच्छा को संप्रभुता मानने का सिद्धांत स्वीकार करता है। वह ऑस्टिन और रूसो के संप्रभुता के लक्षणों का समन्वय करते हुए यह कहता है कि संप्रभुता का अंतिम निवास-स्थान तो सामान्य इच्छा है। लेकिन, विभिन्न राज्यों में उसका वास्तविक उपभोग करने वाले कुछ निश्चित उच्च अधिकारी होते हैं।

अतएव, संप्रभुता का स्रोत सामान्य इच्छा है और संप्रभु इसका एक एजेंट के रूप में काम करता है।

## राज्य सर्वोच्च समुदाय
## (State Supreme Association)

अरस्तू के समान ग्रीन भी राज्य को व्यक्तियों का समुदाय नहीं, बल्कि समुदायों का समुदाय मानता है। अतएव, ग्रीन राज्य के अंतर्गत विभिन्न समुदायों के अस्तित्व को स्वीकार करता है तथा उन्हें राज्य के समान ही प्राकृतिक और स्वाभाविक मानता है। उसकी यह भी मान्यता है कि न तो उन्हें राज्य द्वारा जन्म दिया गया है और न उनका अस्तित्व राज्य पर निर्भर है। वे अपना स्वतंत्र अस्तित्व रखते हैं और राज्य की तरह ही व्यक्ति के नैतिक विकास में सहायक होते हैं। अतः, राज्य के समान ही वे भी महत्वपूर्ण हैं।

लेकिन इसका अर्थ यह नहीं कि ग्रीन एक बहुलवादी है। बहुतवादियों की मान्यता के विरुद्ध वह यह मानता है कि राज्य अपने अंतर्गत सभी समुदायों पर सर्वोच्च है और व्यक्ति के नैतिक विकास को ध्यान में रखकर उनके आंतरिक और बाह्य मामलों में हस्तक्षेप कर सकता है। वह इनके संरक्षक की तरह होता है और उनके कार्यों में सामंजस्य और समन्वय स्थापित करता है, जिससे उनमें अनावश्यक संघर्ष और तनाव की स्थिति उत्पन्न न हो और वे अपने क्षेत्रों में अपने-अपने कार्यों को सुचारू रूप में संचालित कर सकें। वेपर के शब्दों में, "राज्य समुदायों से अनिवार्य रूप से श्रेष्ठ है; क्योंकि वह उनमें समन्वय और सामंजस्य स्थापित करता है तथा उनकी रक्षा भी करता है।"

## राज्य का विरोध करने का अधिकार (Right of Resistance to State)

ग्रीन के अनुसार राज्य का प्रमुख कार्य व्यक्ति के श्रेष्ठ जीवन के मार्ग में उपस्थित होने वाली बाधाओं का निवारण करना है। यदि राज्य इस उद्देश्य की पूर्ति नहीं करता, तो नागरिक उसके आज्ञा पालन करने को बाध्य नहीं है। तत्कालीन इंग्लैंड में अशिक्षा, मदिरापान, निर्धनता, दूषित भूमि-व्यवस्था, आदि ऐसी अनेक समस्याएँ थीं, जो व्यक्ति की नैतिकता को अवरुद्ध करती थीं। इन बातों से अवगत होने के कारण ग्रीन ने जहाँ एक ओर राज्य का मुख्य कार्य व्यक्तियों की आत्मोन्नति को संभव बनाना बताया है, वहाँ दूसरी ओर राज्य द्वारा यह कार्य न किए जाने पर नागरिकों को उसका विरोध करने का अधिकार भी दिया है।

इस प्रकार, ग्रीन व्यक्ति को राज्य के विरुद्ध विद्रोह करने का अधिकार सामान्य परिस्थितियों में नहीं, बल्कि कुछ विशेष परिस्थितियों में ही प्रदान करता है, जबकि ऐसा करना राज्य के हित की दृष्टि से वांछनीय हो और इन परिस्थितियों में भी राज्य के विरोध करने का अधिकार ऐसा अधिकार नहीं है कि उसका मनमाना प्रयोग किया जा सके।

### केवल विशेष परिस्थितियों में राज्य के विरोध का अधिकार (Only in Special Circumstances Right of Resistance to State)

वास्तव में राज्य के विरोध के अधिकार पर तीन प्रकार के प्रतिबंध हैं और उन्हें ध्यान में रखकर ही इस अधिकार का प्रयोग किया जा सकता है—

**1. अन्ययापूर्ण कानून का** (Of Unjust Law)—जब कभी राज्य की त्रुटियों के कारण व्यक्ति के मन में राज्य के विरोध की भावना उत्पन्न हो, तो उसे शांतचित से यह सोचना चाहिए कि क्या वह त्रुटि इतनी महत्वपूर्ण है कि इसके लिए मैं राज्य का विरोध करके उसके द्वारा प्रदत्त अन्य अधिकारों और

सुविधाओं को खतरे में डालूँ। यदि इस प्रश्न का उत्तर हाँ हो, तो भी व्यक्ति के द्वारा राज्य का सर्वव्यापक विरोध नहीं, बल्कि उस कानून या आज्ञा का ही विरोध करना उचित है जो अत्याचारपूर्ण हो।

**2. सामाजिक हित में** (In the Social Interest)—व्यक्ति के द्वारा राज्य का विरोध उसी समय किया जाना चाहिए, जबकि वह प्रश्न जिसके आधार पर वह राज्य का विरोध कर रहा है, न केवल उसकी वरन् समाज के अन्य लोगों की दृष्टि में भी उतना ही महत्वपूर्ण हो। यदि उसे यह जान पड़े कि अन्य लोग उसे महत्वपूर्ण नहीं समझते, तो उसके द्वारा प्रचार, आदि के आधार पर जनमत को अपने अनुकूल बनाना चाहिए और ऐसा हो जाने पर ही राज्य का सक्रिय विरोध प्रारंभ करना चाहिए। ग्रीन के शब्दों में, "नागरिक को यह विश्वास होना चाहिए कि सफल विरोध द्वारा निश्चित सामाजिक हित की वृद्धि संभव है और उसे यह भी विश्वास होना चाहिए कि समाज का पर्याप्त बड़ा भाग उसी के समान विचार का है।"

**3. सांविधानिक साधन द्वारा** (By Constitutional Means)—तीसरा प्रतिबंध यह है कि इस अत्याचारपूर्ण कानून का विरोध करने के पूर्व व्यक्ति के द्वारा सभी विद्यमान सांविधानिक साधनों के आधार पर इस अत्याचारपूर्ण कानून में परिवर्तन कराने का प्रयत्न किया जाना चाहिए।

उपर्युक्त तीन प्रतिबंधों के बाद भी यदि व्यक्ति के लिए राज्य का विरोध करना अनिवार्य हो जाए, तो व्यक्ति के द्वारा यह कार्य सामाजिक हित की भावना से ही किया जाना चाहिए, व्यक्तिगत स्वार्थ की दृष्टि से नहीं।

इस प्रकार, विशेष परिस्थितियों में ग्रीन ने व्यक्ति को राज्य के विरोध करने का अधिकार प्रदान किया है, इससे ग्रीन का दर्शन कांट और विशेषतया हीगल से बहुत भिन्न हो गया है।

## राज्य के सिद्धांत की आलोचनाएँ
## (Criticisms of the Theory of State)

ग्रीन के राज्य-सिद्धांत की आलोचनाएँ निम्नलिखित रूप से की जा सकती हैं—

**1. राज्य का सिद्धांत** (Theory of State)—ग्रीन ने यांत्रिक और शक्ति सिद्धांत का खंडन करके, आंगिक सिद्धांत का समर्थन किया है, जो अपने-आप में अस्पष्ट है।

**2. राज्य का आधार** (Basis of State)—ग्रीन ने राज्य का आधार इच्छा माना है, शक्ति नहीं। लेकिन, सामान्य इच्छा का पता लगाना कठिन है। हॉबहाउस

का कथन है, "जहाँ तक इच्छा का संबंध है, वह सामान्य नहीं होती और जहाँ तक सामान्य होती है, वह इच्छा नहीं होती है।"

**3. राज्य का कार्य** (Functions of State)—ग्रीन ने राज्य के निषेधात्मक और विधेयात्मक दोनों कार्यों पर प्रकाश डाला है जो अपने-आप में परस्पर विरोधी हैं।

**4. संप्रभुता** (Sovereignty)—ग्रीन रूसो और ऑस्टिन के संप्रभुता-सिद्धांत में समन्वय स्थापित करने का असफल प्रयत्न करता है और उसे सामान्य इच्छा द्वारा समर्थित होने पर ही पूर्ण और सर्वोच्च मानता है।

**5. राज्य का विरोध** (Resistance of State)—यद्यपि ग्रीन कुछ विशेष परिस्थिति में व्यक्ति को राज्य का विरोध करने का अधिकार प्रदान करता है, तथापि उसके प्रयोग पर इतने प्रतिबंध लगा देता है कि उनके बोझ से वह अंततः निर्जीव और अर्थहीन हो जाता है। सामान्य हित का पता लगाना कठिन हो जाता है।

## निष्कर्ष

उपर्युक्त आलोचनाओं के अतिरिक्त, ग्रीन ने राज्य का आधार इच्छा बताया है, जो चिंतन सत्य को चरितार्थ करता है और यह सिद्ध करता है कि मनुष्य एक शांतिप्रिय जीव है। इसी शांति की स्थापना हेतु राज्य और अन्य संस्थाओं का निर्माण किया जाता है।

# 23

# ग्रीन के संपत्ति और दंड पर विचार
# (Green's Views on Property and Punishment)

## ग्रीन का संपत्ति पर विचार
## (Green's Views on Property)

संपत्ति पर ग्रीन का विचार उदारवादी है। वह न तो पूर्ण रूप से समाजवाद का समर्थन करता है और न व्यक्तिवाद का; बल्कि इन दोनों विचारधाराओं के मध्य का मार्ग अपनाता है।

**1. वैयक्तिक संपत्ति का समर्थन** (Support of Private Property)—ग्रीन ने मनुष्य के व्यक्तित्व के पूर्ण विकास के लिए संपत्ति को स्वाभाविक और अनिवार्य माना है। वह लॉक के इस मत से सहमत है कि प्रत्येक व्यक्ति को वैयक्तिक संपत्ति होनी चाहिए। लेकिन, इसका प्रयोग सामान्य हित में होना चाहिए। उसका कथन है कि यदि व्यक्ति को अपना नैतिक विकास करने के लिए स्वतंत्र जीवन का अधिकार है, तो उसे संपत्ति रखने का भी अधिकार है; क्योंकि संपत्ति ही उसे अपनी शक्तियों और क्षमताओं का विकास करने का साधन प्रदान करती है।

ग्रीन ने वैयक्तिक संपत्ति के समर्थन में कहा है कि यह व्यक्ति की स्वतंत्र इच्छा को साकार रूप प्रदान करती है और इस इच्छा का लक्ष्य संभवत: सामाजिक कल्याण है। संपत्ति के इस लक्षण से यह संकेत मिलता है कि इसका लक्ष्य सामाजिक कल्याण है। इसके साथ ही, संपत्ति अधिकारों को क्रियान्वित

करने का एक आवश्यक साधन है। संपत्ति से जीवन के आदर्श को चरितार्थ करने में और सद्इच्छाओं को मूर्त रूप देने में मदद मिलती है।

ग्रीन आगे कहता है कि व्यक्ति संपत्ति के माध्यम से जहाँ एक ओर अपनी इच्छा की अनुभूति कर सकता है, वहाँ दूसरी ओर अपने मूल्यवान मनोभावों को अभिव्यक्त करके, सामाजिक हित में सहयोग भी दे सकता है। इस प्रकार, ग्रीन ने वैयक्तिक और सामाजिक, दोनों दृष्टियों से संपत्ति के औचित्य को स्वीकार किया है। सेबाइन का भी कथन है, "ग्रीन का तर्क है व्यक्तिगत संपत्ति-संबंधी सब अधिकारों का समर्थन, केवल उसी समय किया जा सकता है, जबकि वे सामान्य हित में योग दें।"[1]

इस प्रकार, ग्रीन ने नैतिक विकास हेतु वैयक्तिक संपत्ति का समर्थन किया है। लेकिन, इसके साथ ही उसका कथन है कि इसका प्रयोग सामान्य हित में होना चाहिए।[2]

**2. संपत्ति की असमानता का समर्थन** (Support of Inequality of Property)—ग्रीन को समान संपत्ति के अधिकार में कोई आस्था नहीं है।

इसलिए उसने संपत्ति की असमानता का समर्थन किया है। इस संबंध में उसका तर्क यह है कि जीवन में विभिन्न स्थितियों वाले विभिन्न व्यक्तियों को आत्म-अनुभूति और समाजसेवा के विभिन्न साधनों की आवश्यकता होती है। अत:, संपत्ति का असमान होना सर्वथा उचित है। इस संदर्भ में बारकर के शब्दों में, "सामाजिक हित के लिए यह आवश्यक है कि समाज में विभिन्न व्यक्ति, विभिन्न स्थितियों में रहें। विभिन्न स्थितियों के लिए विभिन्न साधनों की आवश्यकता है। इस प्रकार, संपत्ति की असमानताएँ निश्चित रूप से समाज के हित में हैं, भले ही वे वास्तविक रूप में वैसी न हों।"[3]

ग्रीन ने संपत्ति की असमानता का समर्थन इस तर्क पर भी किया है कि व्यक्तियों के गुणों और स्वभावों में भिन्नता होती है। इन गुणों और स्वभावों को व्यावहारिक रूप देने के लिए तथा इनके अनुसार सामाजिक कार्यों को करने के लिए साधन भी भिन्न होने चाहिए। अत:, संपत्ति का असमान होना आवश्यक है।

---

1. "Green argued that all rights of private property can be defended only if they contribute to the common good."—Sabine.
2. "All that T.H. Green insists upon is that property should be potentially directed to social good."
3. "The social good requires that different men should fill different position in the social whole. Different positions require different means, and in this way differences of property are potentially though they may not be so actually, for the good of society."—Barker.

**3. असीमित धन-संचय का विरोध** (Against Accumulation of Unlimited Wealth)—यद्यपि, ग्रीन ने वैयक्तिक संपत्ति का समर्थन किया है और संपत्ति की असमानता को व्यक्ति तथा समाज के लिए लाभदायक बताया है, तथापि उसने असीमित धन-संचय का विरोध किया है। उसने दृढ़तापूर्वक कहा है कि यदि समाज के कुछ सदस्यों द्वारा धन का संचय दूसरे व्यक्तियों की स्वतंत्र इच्छा की अनुभूति में बाधा उपस्थित करता है, तो समाज को अपने सदस्यों को धन का संचय करने का अधिकार नहीं देना चाहिए।

ग्रीन का मत है कि सभी व्यक्ति स्वतंत्र जीवन के अधिकार का उपभोग तभी कर सकते हैं, जब समाज के किसी विशेष वर्ग या कुछ व्यक्तियों को असीमित धन-संचय करने का निरपेक्ष अधिकार प्राप्त न हो। अतः, समाज को इन व्यक्तियों के धन-संचय पर अंकुश लगाकर, इनकी स्वतंत्रता को सीमित कर देना चाहिए। इससे यह स्पष्ट है कि ग्रीन ऐसी संपत्ति-व्यवस्था का विरोधी है, जिसमें कुछ व्यक्ति असीमित धन का संचय करके, दूसरों की इच्छा का दमन करें तथा अपनी स्वयं की इच्छा को पूर्ण करें।

**4. जमींदारों का विरोध** (Against Landlords)—ग्रीन ने ब्रिटेन में जमाने से चली आ रही जमींदारी प्रथा का विरोध किया। वह भू-स्वामित्व को प्रकृति के विरुद्ध मानता है। उसका कथन है कि भूमि प्रकृति की देन है। इसलिए उसका समाज में बँटवारा न्यायपूर्ण होना चाहिए। वह बड़ी-बड़ी जमींदारियों के विरुद्ध था और चाहता था कि उनका अधिक विस्तृत बँटवारा किया जाए। उसका कहना है कि जमींदारी प्रथा ही संपत्तिविहीन श्रमजीवी वर्ग की सृष्टि का कारण है।

**निष्कर्ष**—इस प्रकार, ग्रीन ने वैयक्तिक संपत्ति के अधिकार को अत्यधिक महत्व दिया है। उसने न तो उग्र व्यक्तिवादी के समान संपत्ति का आदि से अंत तक उग्र समर्थन किया है और न घोर समाजवादी के समान उसका घोर विरोध किया है। उसने इन दोनों के मध्य का मार्ग अपनाकर संपत्ति के संबंध में उदारवादी दृष्टिकोण अपनाया है।[1]

## दंड-सिद्धांत
## (Theory of Punishment)

### दंड की आवश्यकता (Necessity of Punishment)

ग्रीन के दंड-संबंधी विचार उसके राज्य-विषयक कार्यों के अभिन्न अंग हैं। राज्य का पुनीत कर्तव्य है कि वह व्यक्ति को उत्तम जीवन प्रदान करे और

1. "Green holds a liberal view of property being neither an extreme individualist nor an extreme socialist."

उसके स्वतंत्र जीवन के अधिकार की रक्षा करे। यदि कोई व्यक्ति उत्तम जीवन में बाधक है या दूसरे व्यक्तियों के अधिकारों पर आघात करता है, तो राज्य द्वारा उस व्यक्ति को दंड दिया जाना आवश्यक है। अतएव, उत्तम जीवन और अधिकारों की रक्षा हेतु, राज्य की ओर से दंड-व्यवस्था आवश्यक है।

## दंड के प्रचलित सिद्धांत (Current Theory of Punishment)

ग्रीन के समय दंड के संबंध में निम्नलिखित तीन सिद्धांत मुख्य रूप से प्रचलित थे—

**1. प्रतिशोधात्मक सिद्धांत** (Retributive Theory)—इस सिद्धांत के अनुसार दंड का उद्देश्य अपराधी से उसके अपराध का प्रतिशोध या बदला लेना है। यह 'आँख के बदले आँख और दाँत के बदले दाँत'[1] सिद्धांत पर आधारित है। अर्थात्, यदि कोई व्यक्ति किसी की आँख फोड़ देता है, तो उसकी भी आँख फोड़ दी जाए और यदि वह किसी का दाँत तोड़ देता है, तो उसका भी दाँत तोड़ दिया जाए।

**2. प्रतिरोधात्मक या निवारणात्मक सिद्धांत** (Preventive or Deterrent Theory)—इस सिद्धांत का मुख्य उद्देश्य है कि दंड शिक्षाप्रद और भय का संचार करने वाला होना चाहिए। अपराधी को इस प्रकार का दंड दिया जाना चाहिए कि वह और अन्य व्यक्ति उससे शिक्षा प्राप्त करें और उनके मन में भय का संचार हो जाए। ऐसी स्थिति में, अपराधी और अन्य व्यक्ति भविष्य में उस प्रकार का अपराध करने का साहस नहीं करेंगे। अपराध की पुनरावृत्ति नहीं होगी।

**3. सुधारात्मक सिद्धांत** (Reformative Theroy)—इस सिद्धांत का मूल उद्देश्य है कि व्यक्ति में सुधार किया जाए। इसके अंतर्गत अपराधी को इस प्रकार का दंड दिया जाए कि वह यह अनुभव करे कि उसने गलत कार्य किया है तथा उसके लिए पश्चाताप करे। साथ ही, वह भविष्य में उस प्रकार का कार्य न करने का निश्चय करे।

## ग्रीन द्वारा तीनों सिद्धांतों की आलोचना (All Three Theories Criticized by Green)

ग्रीन ने उपर्युक्त तीनों सिद्धांतों की आलोचना की है। उसने प्रतिशोधात्मक सिद्धांत को बर्बरतापूर्ण माना है और उसका विचार है कि यह असभ्य जंगली मनुष्य के लिए उपयुक्त हो सकता है।

---

1. "An eye for an eye and a tooth for a tooth."—Hamurabi.

ग्रीन के अनुसार, प्रतिरोधात्मक सिद्धांत अपराधी को अपना सुधार करने के अवसर से वंचित करता है। इसके साथ ही, यह दंड दिए जाने वाले व्यक्तियों को शिक्षा देने के लिए साधन के रूप में प्रयोग करता है, जबकि ग्रीन के विचारानुसार व्यक्ति स्वयं साध्य है, न कि साधन।

सुधारात्मक सिद्धांत के विषय में ग्रीन का मत है कि दंड किसी भी व्यक्ति को सुधार की ओर अग्रसर नहीं कर सकता है। व्यक्ति का सुधार तभी हो सकता है, जब उसमें स्वयं अपना सुधार करने की इच्छा हो और उसके हृदय में यह चेतना उदय हो कि उसे अपना सुधार करना चाहिए।

## ग्रीन का दंड-सिद्धांत (Green's Theory of Punishment)

**तीनों सिद्धांतों का समन्वय : प्रतिशोधात्मक पर विशेष बल** (Co-Ordination of Three Theories : Emphasis on Preventive Theroy)—ग्रीन उपर्युक्त तीनों सिद्धांतों में से किसी एक को पूर्णरूप से स्वीकार नहीं करता है, बल्कि उसका विचार है कि दंड में एक साथ ही प्रतिशोध, प्रतिरोध और सुधार इन तीनों तत्वों का समावेश होना चाहिए। उसका मत है कि दंड प्रतिशोधात्मक इस दृष्टि से होता है कि उससे अपराधी के मन में यह भावना उत्पन्न होती है कि दंड उसके किए हुए दुष्कर्म का ही प्रतिफल है। प्रतिरोधात्मक वह इस दृष्टि से होता है कि उससे समाज में अपराध के प्रति भय की भावना का संचार होता है जिससे कि दूसरे व्यक्ति अपराध करने की मनोवृत्ति त्याग देते हैं तथा वह सुधारात्मक इस दृष्टि से होता है कि उससे अपराधी के हृदय में अपने-आप को सुधारने की भावना जाग्रत होती है।

दंड के इन तीनों उद्देश्यों का समर्थन करते हुए भी ग्रीन अंततः इसके प्रतिरोधात्मक या निवारणात्मक स्वरूप पर ही अधिक बल देता है; क्योंकि उसकी मान्यता है कि दंड का उद्देश्य व्यक्तियों के मन में भय का संचार करना है, ताकि व्यक्ति अपराध न करें। इस प्रकार, ग्रीन का दंड-सिद्धांत मुख्यतः प्रतिरोधात्मक है। अपराधी को दंड देते समय राज्य पाप, पुण्य और बदले का विचार न करके, केवल इस उद्देश्य से दंड देता है कि अपराधी के समाज-विरोधी कार्यों से व्यक्तियों के अधिकारों में किसी प्रकार की बाधा उपस्थित न हो। इस उद्देश्य की प्राप्ति के लिए, राज्य दंड द्वारा अपने नागरिकों में इतना भय उत्पन्न कर देता है कि वे अपराध करने की दिशा में अग्रसर होने का दुस्साहस नहीं करते।

## दंड का उद्देश्य (Aim of Punishment)

ग्रीन के अनुसार, दंड का उद्देश्य समाज-विरोधी शक्तियों का उन्मूलन करना, उत्तम जीवन की बाधाओं का निवारण करना तथा नैतिक विकास के लिए

आवश्यक अधिकारों और कर्तव्यों की व्यवस्था को सुरक्षा प्रदान करना है। अतः, दंड का अंतिम उद्देश्य नैतिक है। इसका नैतिक उद्देश्य उन परिस्थितियों का निर्माण करना है, जिनमें व्यक्ति स्वतंत्रतापूर्वक आवश्यक कार्यों को करके, अपना नैतिक विकास करता है। इसका नैतिक गुण यह है कि यह अपराधी को अपने कार्य के वास्तविक स्वरूप को जानने और अपना सुधार करने में सहायता देता है। इस तरह दंड के माध्यम से अपराध का निवारण हो जाता है तथा सामाजिक व्यवस्था का संतुलन बना रहता है।

# 24

# ग्रीन के युद्ध और विश्वबंधुत्व पर विचार
# (Green's Views on War and Universal Brotherhood)

## ग्रीन का युद्ध का विचार
## (Green's Views on War)

ग्रीन युद्ध का विरोधी और अंतरराष्ट्रीय शांति का समर्थक है। युद्ध को किसी भी स्थिति में उचित नहीं कहा जा सकता। युद्ध एक अपूर्ण राज्य का चिह्न है तथा अत्यंत विवशतापूर्ण परिस्थितियों में भी युद्ध को राज्य की एक निर्दयतापूर्ण आवश्यकता से अधिक कुछ नहीं कहा जा सकता। ग्रीन निम्नलिखित तर्कों के आधार पर युद्ध का विरोध करता है—

**1. युद्ध जीवन के अधिकार के विरुद्ध** (War against the Right to Life)—ग्रीन का तर्क है कि युद्ध मानवमात्र के जीवन के अधिकार के विरुद्ध है। आदिम जातियों में जीवन का अधिकार अपनी जाति या समूह तक ही सीमित पाया जाता है। लेकिन, सभ्यता के विकास के साथ, आज जीवन का अधिकार विश्वव्यापी हो गया है। व्यक्ति किसी भी देश में क्यों न जाए, वहाँ का राज्य उसके जीवन की रक्षा का उत्तरदायित्व स्वीकार करता है, किंतु युद्धकाल में शत्रु देशों के बीच जीवनाधिकार नहीं रह जाता। अतएव, मानवमात्र के विश्वव्यापी जीवन के अधिकार के विरुद्ध होने के कारण युद्ध नितांत अनुचित है।

**2. युद्ध नैतिक अपराध है** (War is a Moral Crime)—ग्रीन ने युद्ध को नैतिक अपराध माना है; क्योंकि यह व्यक्ति के स्वतंत्र जीवन के मौलिक अधिकार पर अतिक्रमण करता है तथा मानव को नैतिकता से नगण्य करके, नृशंस और निष्ठुर बना देता है।

**3. युद्ध एक आवश्यक बुराई है** (War is a Necessary Evil)—ग्रीन ने युद्ध को एक आवश्यक बुराई माना है, जो किसी भी स्थिति में वांछनीय नहीं है। उसने यह स्वीकार किया है कि ऐसी परिस्थितियाँ हो सकती हैं, जब शांति युद्ध की अपेक्षा कहीं बड़ी बुराई हो तथा उस बुराई को दूर करने और मनुष्यों का नैतिक उत्थान करने के लिए केवल युद्ध ही एकमात्र उपाय हो। लेकिन, ग्रीन का विश्वास है कि ऐसी परिस्थितियाँ बहुत ही कम होती हैं, और यदि होती भी हैं, तो उसका कारण पिछले समय की कोई बहुत बड़ी बुराई होती है। अतएव, युद्ध बुराई है और अनैतिक कार्य सदैव अनैतिक कार्य ही रहता है, चाहे वह राज्य द्वारा ही क्यों न किया जाए।[1]

**4. युद्ध से सद्गुणों का विकास नहीं** (No Development of Virtues by War)—ग्रीन का मत है कि युद्ध से देशभक्ति, वीरता, त्याग और शौर्य, आदि, सद्गुणों का विकास नहीं होता है। उसके अनुसार देशभक्ति और अन्य मानवीय सद्गुणों का विकास शांति में ही संभव है। ज्ञान की वृद्धि, प्रकृति पर विजय और निर्धनता के अंत द्वारा ही सद्गुणों का विकास संभव है।

**5. युद्ध अपूर्ण राज्य का लक्षण है** (War is the Symbol of an Imperfect State)—ग्रीन ने युद्ध को एक अपूर्ण राज्य का लक्षण बताया है जो विश्व-बंधुत्व पर आधारित राज्य के पूर्ण रूप के विकास होने पर अनुपयोगी सिद्ध होकर स्वयं समाप्त हो जाएगा।

## हीगल और ग्रीन के युद्ध संबंधी विचारों का तुलनात्मक अध्ययन (Comparative Study of Hegel's and Green's Views on War)

हीगल युद्ध का कट्टर समर्थक है। दूसरी ओर, ग्रीन युद्ध का विरोधी है। दोनों के विचारों का अध्ययन निम्नलिखित रूप से कर सकते हैं—

**1. युद्ध बुराई है** (War is an Evil)—हीगल ने युद्ध की भूरि-भूरि प्रशंसा की है। उसके अनुसार मानव-सभ्यता के विकास हेतु युद्ध आवश्यक है। इसके विपरीत, ग्रीन ने युद्ध को एक अनावश्यक बुराई माना है। युद्ध किसी भी स्थिति में वांछनीय नहीं है।

---

1. "War is evil, and an immoral action remains an immoral action even if committed by the state."—Wayper.

**2. युद्ध से सद्गुणों का विकास नहीं** (No Development of Virtues by War)—हीगल का कथन है कि युद्ध से राष्ट्रीयता और देशभक्ति जैसे सद्गुणों का विकास होता है। लेकिन, ग्रीन इसका खंडन करता है। उसका तर्क है कि युद्ध से निकृष्ट कोटि की राष्ट्रीयता का जन्म होता है।

**3. आत्म-बलिदान नहीं** (No Self-Sacrifice)—हीगल का मत है कि युद्ध से मनुष्यों में शूर-वीरता और आत्म-बलिदान की भावनाओं का विकास होता है और वे निःस्वार्थ भाव से कार्य करने के लिए प्रेरित होते हैं। लेकिन, ग्रीन ने इसका खंडन करते हुए कहा है कि यह कहने वाले लोग इतनी संकीर्ण दृष्टि वाले और स्वार्थी प्रतीत होते हैं कि उनमें इतनी क्षमता नहीं कि वे अपने चारों ओर समाज को निःस्वार्थ बुद्धि से किए जाने वाले कार्यों को देख सकें।

**4. युद्ध हितकारी नहीं** (War not Beneficial)—हीगल का कहना है कि युद्ध से अनेक उपयोगी कार्य और हितकर लक्ष्य सिद्ध होते हैं। जैसे सीजर की विजय से इंग्लैंड सभ्यता के मार्ग पर आगे बढ़ा या ब्रिटिश विजय से भारत में अराजकता की स्थिति समाप्त होकर शांति और व्यवस्था का संचार हुआ। ग्रीन ने युद्धों से होने वाले इन परिवर्तनों को स्वीकार किया है। किंतु साथ ही, उसने पूर्ण विश्वास सहित कहा है कि ये परिवर्तन शांतिपूर्ण साधनों द्वारा भी किए जा सकते थे। युद्ध केवल विनाश और विध्वंस की तांडव लीला है। अतः, युद्ध से कोई लाभ नहीं है। यह जीवन का संहार करने के कारण हर हालत में अक्षम्य अपराध और भीषण दुष्कर्म है।

**5. सैनिक हत्यारे** (Soldier Murderers)—हीगल युद्ध का समर्थन करते हुए कहते हैं कि युद्ध में भाग लेने वाले सैनिक, हत्यारे नहीं होते हैं। ग्रीन का कहना है कि युद्ध में सैनिकों द्वारा जो हत्याएँ की जाती हैं, वे उनको सामान्य हत्यारों की श्रेणी में लाकर खड़ा कर देती है।

**6. युद्ध भावना का अंत** (End of War-Feeling)—हीगल का तर्क है कि युद्ध की भावना और आवश्यकता का अंत नहीं किया जा सकता है। ग्रीन का कहना है कि युद्ध की भावना और आवश्यकता का निस्संदेह रूप से अंत किया जा सकता है। इस संदर्भ में, उसका तर्क यह है कि राज्य का आंतरिक संगठन जितना अधिक पूर्ण होता है और वह अपने नागरिकों के अधिकारों की जितनी अधिक रक्षा करता है, युद्ध के अवसर उतने ही अधिक कम हो जाते हैं।

**7. युद्ध सदैव अनैतिक** (War always Immoral)—हीगल के अनुसार युद्ध सदाचार और जनता के नैतिक स्तर को बनाए रखने तथा ऊँचा उठाने के

लिए आवश्यक है। ग्रीन इसका खंडन करता है। उसका मत है कि युद्ध सदैव अनैतिक और पापपूर्ण कार्य है; क्योंकि यह मानव-जीवन को नष्ट करता है।

**8. युद्ध जीवन के अधिकार के विरुद्ध** (War against Right to Life)—हीगल का तर्क यह है कि युद्ध में सैनिक स्वेच्छा से स्वयंसेवकों के समान अपने जीवन का बलिदान करते हैं। ग्रीन का मत है कि राज्य अपने सैनिकों को युद्धक्षेत्र में भेजकर, उनके जीवन को संकट में डालता है। अतः, युद्ध में जिन सैनिकों की मृत्यु होती है, उनके लिए राज्य दोषी होता है। अतः, युद्ध जीवनाधिकार की रक्षा नहीं करता।

**9. युद्ध प्रगति का प्रतीक नहीं** (War, not Symbol of Progress)—हीगल ने युद्ध को मानव-प्रगति का प्रतीक माना है। उसने कहा है कि मानव-जीवन का विकास और सभ्यता का विकास युद्ध द्वारा ही होता है। ग्रीन ने इस मत का खंडन किया है। उसका विचार है कि युद्ध कभी मानव-सभ्यता की प्रगति का प्रतीक नहीं हो सकता; क्योंकि इससे भीषण नरसंहार और सभ्यता का विनाश होता है।

**निष्कर्ष**—उपर्युक्त तर्कों के आधार पर ग्रीन ने हीगल के युद्ध-संबंधी विचारों का जोरदार शब्दों में खंडन किया है। उसने युद्ध की समाप्ति के लिए एक अंतरराष्ट्रीय न्यायालय की कल्पना की है। उसने सभी युद्धों की स्पष्ट रूपेण निंदा की है। युद्ध को चाहे जितना भी क्षमा किया जाए, पर उसको कभी भी उचित नहीं बताया जा सकता है।[1] इसलिए बारकर ने कहा है, "ग्रीन द्वारा युद्ध की निंदा उसके व्याख्यानों में सबसे श्रेष्ठ और ओजस्वी भागों में से एक भाग का निर्माण करते हैं।"[2] इस प्रकार, मानवता के दृष्टिकोण से युद्ध कभी-भी वांछनीय नहीं है। ग्रीन का इस पर विचार हीगल से अधिक तर्कपूर्ण, ओजपूर्ण, विवेकपूर्ण और व्यावहारिक है।

## विश्वबंधुत्व
## (Universal Brotherhood)

**1. अंतरराष्ट्रीय समाज** (International Society)—ग्रीन विश्वबंधुत्व और विश्वशांति का कट्टर समर्थक है। उसके अनुसार, जीवन का अधिकार एक विश्वव्यापी अधिकार है। नैतिक विकास की आवश्यक शर्त के रूप में जीवन

1. "Green condemned outright all war. It could never be justified however much it might be condoned."—Doyle.
2. "Green's condemnation of war constitutes one of the finest and strongest parts of his lectures."—Barker.

के अधिकार की प्राप्ति होनी अनिवार्य है; क्योंकि जीवित रहने पर ही व्यक्ति नैतिक विकास की ओर उन्मुख हो सकता है। अतएव, विश्वव्यापी पैमाने पर जीवन के अधिकार की स्वीकृति से ही उसकी एक अंतरराष्ट्रीय समाज की कल्पना साकार रूप धारण करती है, जिसमें सब व्यक्ति मनुष्य होने के नाते एक-दूसरे के भाई के समान होते हैं और विश्वबंधुत्व का निर्माण करते हैं। अतः, ग्रीन हीगल के विरुद्ध कांट के समान एक अंतरराष्ट्रीय समाज की स्थापना का समर्थक है।

2. **विश्वबंधुत्व** (Universal Brotherhood)—ग्रीन का मत है कि रंगभेद और वर्गभेद विश्वबंधुत्व की भावना के विकास में महान बाधाएँ हैं। विश्वबंधुत्व का अर्थ यह है कि मानव-जाति के सब व्यक्ति, मानव होने के नाते भाई और बंधु हैं। उनमें इस भावना का विकास तभी हो सकता है, जब संपूर्ण मानव-जाति के व्यक्ति एक ही नैतिक संहिता से निर्देशित हों।

3. **अंतरराष्ट्रीय नैतिक संहिता** (International Moral Code)—ग्रीन का विचार है कि अंतरराष्ट्रीय नैतिक संहिता राज्य में स्वीकार की जाने वाली नैतिक संहिता का ही व्यापक रूप होगी; क्योंकि इन दोनों का स्रोत एक ही है। यह स्रोत है—नैतिक प्राणी के रूप में पूर्णता प्राप्त करने की व्यक्ति की इच्छा। इस अंतरराष्ट्रीय नैतिक संहिता को ग्रीन ने विश्वबंधुत्व की आधारशिला माना है। अपने इसी विचार के कारण वह कांट से अत्यधिक निकट और हीगल से अत्यधिक दूर है। वस्तुतः, उसने हीगल की इस धारणा का बलपूर्वक खंडन किया है कि अंतरराष्ट्रीय नैतिक संहिता असंभव और कल्पनामात्र है।

इस प्रकार, ग्रीन शांति में विश्वास करता है और एक अंतरराष्ट्रीय नैतिक संहिता तथा विश्वबंधुत्व के आधार पर अंतरराष्ट्रीय समाज की कल्पना करता है। यह ग्रीन की दूरदर्शिता का परिचायक है।

# 25

# ग्रीन और हीगल के विचारों का तुलनात्मक अध्ययन
# (A Comparative Study of Green's and Hegel's Ideas)

ग्रीन अपने आदर्शवादी विचारों के प्रतिपादन में जर्मन आदर्शवाद से अधिक प्रेरित है। लेकिन, वह हीगलवादी की अपेक्षा कांटवादी अधिक है। ग्रीन और हीगल के विचारों का तुलनात्मक अध्ययन निम्नलिखित रूप से कर सकते हैं—

## ग्रीन और हीगल के विचारों में अंतर
## (Differences between the Thoughts of Green and Hegel)

ग्रीन और हीगल के विचारों में निम्नलिखित बिंदुओं पर अंतर है—

**1. राज्य** (State)—ग्रीन कुल मिलाकर अपने विचारों में जहाँ व्यक्तिवादी है, वहाँ हीगल कुल मिलाकर एक राज्यवादी। ग्रीन राज्य को व्यक्ति के नैतिक विकास का एक साधन मानता है, किंतु हीगल उसे एक साध्य जो व्यक्ति के लिए पूर्णतः पूजनीय और अनुकरणीय है। इसलिए, वह व्यक्ति के अधिकारों को राज्य के हितों की पूर्ति के लिए बलि का एक बकरा बना देता है। ग्रीन इस धारणा के विरुद्ध राज्य को पूर्ण महत्व प्रदान करते हुए भी आग्रहपूर्वक यह मान्यता प्रतिपादित करता है कि राज्य आदि विभिन्न संस्थाएँ मनुष्य के नैतिक विकास करने के साधनमात्र हैं, साध्य नहीं।

**2. राज्य का कार्य** (Function of State)—ग्रीन के अनुसार राज्य का कार्य मनुष्य को नैतिक बनाना नहीं है; क्योंकि नैतिकता व्यक्ति का एक आंतरिक गुण है तथा स्वेच्छा से निर्धारित अपने कर्तव्यों के स्वतंत्र पालन में निहित है, जिसे राज्य करने में असमर्थ है। इसलिए, राज्य को केवल व्यक्ति के नैतिक विकास के मार्ग में आने वाली बाधाओं को दूर करने का कार्य करना चाहिए। उसे उन बाह्य परिस्थितियों का निर्माण ही करना चाहिए, जिनका प्रयोग करके एक व्यक्ति अपना नैतिक विकास कर सके। इससे आगे उसका कार्यक्षेत्र नहीं है।

इसके विपरीत, हीगल राज्य को नैतिक विकास की दृष्टि से व्यक्ति के आंतरिक मामलों में भी हस्तक्षेप करने का पूर्ण अधिकार प्रदान करता है तथा इस तरह उसे व्यक्ति का नैतिक शिक्षक बना देता है जबकि ग्रीन के अनुसार वह सिर्फ व्यक्ति के नैतिक विकास में आने वाली बाधाओं को दूर करने वाला नौकरमात्र है। नैतिक शिक्षक तो व्यक्ति स्वयं है।

**3. राज्य का आधार इच्छा** (Will is the Basis of State)—हीगल राज्य के स्वरूप को निरंकुश मानता है जबकि ग्रीन उसे सामान्य इच्छा का प्रतीक। इसलिए, व्यक्ति हीगल की तरह राज्य की शक्ति से आंतकित होकर उसके आदेशों का पालन नहीं करता, बल्कि इसलिए करता है कि वह उसे सामाजिक हित की इच्छाओं को अभिव्यक्त करता है। अतएव, ग्रीन कहता है कि राज्य का आधार शक्ति नहीं, इच्छा है, व्यक्ति के सामाजिक हित की इच्छा जो कि उसकी सच्ची इच्छा है। यही उसे स्वेच्छा से राज्य के आदेशों का पालन करने के लिए प्रेरित करती है।

**4. स्वतंत्रता** (Freedom)—हीगल यह मानता है कि वास्तविकता ही आदर्श है और आदर्श ही वास्तविकता।[1] इसलिए राज्य जो कि एक वास्तविकता है, उसे आदर्श मानकर व्यक्ति को उसके आदेशों का पालन करना चाहिए। यही उसकी सच्ची स्वतंत्रता है। अर्थात, उसके अनुसार राज्य के आदेशों का शत-प्रतिशत स्वेच्छिक पालन ही व्यक्ति के सर्वोच्च नैतिक विकास का परिचायक है। इस तरह उसने स्वतंत्रता को राज्य के आदेशों के पालन के साथ मिला दिया और व्यक्ति के व्यक्तित्व को पूर्णतः राज्य में मिलाकर उसे नगण्य बना दिया।

इसके विपरीत, ग्रीन नैतिक विकास की दृष्टि से व्यक्ति के लिए करने योग्य कार्यों को करने की सुविधा को ही स्वतंत्रता मानता है। अतः, राज्य अगर इस

---

1. "Real is Rational and Rational is Real."—Hegel.

तरह की व्यवस्था स्थापित करने में सफल हो, जिसमें व्यक्ति अपने नैतिक विकास के लिए आवश्यक कार्यों को स्वतंत्रतापूर्वक कर सके, तो ऐसी ही स्थिति उसकी सच्ची स्वतंत्रता की स्थिति प्रकट करती है। लेकिन, अगर राज्य ऐसी व्यवस्था सुरक्षित रखने में असमर्थ होता है, तो ऐसी असाधारण स्थिति में ग्रीन व्यक्ति को राज्य का विरोध करने का अधिकार देता है, जबकि हीगल किसी भी स्थिति में व्यक्ति को राज्य का विरोध करने का अधिकार प्रदान नहीं करता।

**5. युद्ध** (War)—हीगल युद्ध को राज्य और व्यक्ति के नैतिक विकास का एक साधन मानकर उसका गुणगान करता है। दूसरी ओर, ग्रीन उसे व्यक्ति के जीवन के मौलिक अधिकार को छीनने वाला घोषित करके उसका विरोध करता है तथा उसे मानवता के विरुद्ध एक नैतिक अपराध घोषित करता है। हीगल जहाँ राज्य को अपनी आवश्यकता और इच्छानुसार युद्ध करने का निरंकुश अधिकार प्रदान करता है, वहाँ ग्रीन उसे ऐसा कोई निरंकुश अधिकार प्रदान नहीं करता है और उसे अंतरराष्ट्रीय नैतिकता के नियमों से बाँध देता है।

**6. राज्य का विरोध का अधिकार** (Right of Resistance to State)—ग्रीन कुछ विशेष परिस्थितियों में व्यक्ति को राज्य का विरोध करने का अधिकार प्रदान करता है। लेकिन, हीगल किसी भी स्थिति में व्यक्ति को राज्य का विरोध करने का अधिकार नहीं देता है।

**7. अंतरराष्ट्रीयता** (Internationalism)—हीगल राष्ट्र-राज्य को मानवीय समाज के राजनीतिक विकास का अंतिम शिखर मानता है तथा इस आधार पर उसे अंतरराष्ट्रीय कानून के बंधनों से मुक्त कर देता है। परिणामतः, हीगल का राष्ट्र-राज्य अंतरराष्ट्रीय अराजकता का प्रतीक है। दूसरी ओर, ग्रीन विश्वबंधुत्व की भावना के प्रति अपनी आस्था प्रकट करके उसके स्वस्थ विकास और संचालन के लिए अंतरराष्ट्रीय कानून की सत्ता को मान्यता प्रदान करता है। विश्वबंधुत्व शाश्वत और चैतन्य के अंश होने के कारण सभी व्यक्ति समान और आपस में भाई-भाई हैं। इस भातृत्व के संबंध के कारण अंतरराष्ट्रीय कानून की उत्पत्ति होती है, जो संपूर्ण मानव-जाति की सामान्य इच्छा पर आधारित होता है तथा उस नैतिक आचार-संहिता का निर्माण करता है, जिसके अनुसार संपूर्ण विश्व के कार्यों का नियमन और संचालन किया जाता है। अतएव, अंतरराष्ट्रीय कानून एक वास्तविकता है, जो अंतरराष्ट्रीय नैतिकता का प्रतीक है और इसलिए राष्ट्र-राज्य अपने कार्यों के नियमन और संचालन में उससे नियंत्रित और प्रतिबंधित है।

इस प्रकार, उपर्युक्त बिंदुओं पर दोनों के विचारों में अंतर है।

## ग्रीन और हीगल के विचारों में समानता
## (Similarity between the Thoughts of Green and Hegel)

निम्नलिखित बिंदुओं पर ग्रीन और हीगल के विचारों में समानताएँ हैं—

**1. राज्य** (State)—ग्रीन और हीगल दोनों राज्य को ईश्वरीय सत्ता की अभिव्यक्ति का श्रेष्ठतम रूप मानते हुए व्यक्ति के संपूर्ण अधिकारों का मूल स्रोत घोषित करते हैं। उन लोगों का मत है कि व्यक्ति राज्य में रहकर ही अपने अधिकारों का पूर्ण उपभोग कर सकता है तथा उसके माध्यम से अपने चरम नैतिक विकास को प्राप्त कर सकता है। इस प्रकार, दोनों राज्य की नैतिक महत्ता को स्वीकार करते हैं और मनुष्य के पूर्ण विकास के लिए उसे आवश्यक मानते हैं।

**2. राज्य सर्वोच्च समुदाय** (State Supreme Association)—दोनों राज्य को समुदायों का समुदाय मानते हैं तथा उसे समाज में विद्यमान सभी संगठनों और संस्थाओं से उच्च स्वीकार करते हैं।

**3. स्वतंत्रता** (Freedom)—दोनों के लिए स्वतंत्रता एक सकारात्मक विचार है। वे व्यक्तिवादियों द्वारा दी गई उसकी निषेधात्मक परिभाषा को स्वीकार नहीं करते हैं। अतः, स्वतंत्रता उनके लिए नकारात्मक नहीं, सकारात्मक चरित्र की है। इसके अनुसार व्यक्ति अपने नैतिक विकास की दृष्टि से कुछ करने योग्य कार्यों को करता है, सिर्फ कुछ कार्यों को करने से अपने-आपको रोकता नहीं।

**4. नैतिक विकास** (Moral Development)—दोनों व्यक्ति के नैतिक विकास में आस्था प्रकट करते हैं। उनके अनुसार प्रत्येक मनुष्य अपने समाज के विशिष्ट वातावरण में पलकर ही अपने नैतिक विकास के चरम लक्ष्य को प्राप्त कर सकता है।

**5. ईश्वरवादी** (Theist)—दोनों ईश्वरवादी हैं और विश्व का निर्माण और संचालन करने वाली ईश्वरीय सत्ता में आस्था रखते हैं जो निरंतर अपने पूर्ण विकास के लक्ष्य की ओर अग्रसर हो रही है। अपनी पूर्णता का लक्ष्य प्राप्त करने के लिए यह ईश्वरीय सत्ता विभिन्न रूपों में प्रकट होती हुई निरंतर उत्कृष्टता की ओर उन्मुख है, अर्थात उसका प्रत्येक पहला रूप उसके दूसरे रूप से उच्च और श्रेष्ट होता है।

इस प्रकार, दोनों विचारक आदर्शवाद के मूल प्रतिनिधि हैं।

# 26

# राजनीतिक विचारधारा में ग्रीन की देन, प्रभाव और महत्व

# (Green's Contributions, Influence and Importance to Political Thought)

## ग्रीन की देन
## (Green's Contributions)

राजनीतिक विचारधारा में ग्रीन की निम्नलिखित देन विशेष रूप से उल्लेखनीय हैं—

**1. स्वतंत्रता** (Freedom)—ग्रीन की पहली देन स्वतंत्रता-संबंधी विचार है। उसका कथन है कि मानव-चेतना के पूर्ण विकास के लिए स्वतंत्रता का होना आवश्यक है। उसने स्वतंत्रता के बाह्य और आंतरिक दोनों रूपों का वर्णन किया है। उसकी स्वतंत्रता विधेयात्मक और निश्चयात्मक है। उसकी दृष्टि में सद्इच्छा ही स्वतंत्रता है, बुरी इच्छा नहीं। व्यक्ति स्वतंत्रता का उपभोग तभी कर सकता है, जब वह सद्इच्छा से प्रेरित होकर और निश्चित बंधनों के अंतर्गत करने योग्य कार्यों को करके न केवल अपने, बल्कि संपूर्ण समाज के हित की वृद्धि करे।

**2. अधिकार** (Rights)—ग्रीन का स्वतंत्रता-संबंधी विचार अधिकार से संबंधित है। उसका कहना है कि स्वतंत्रता की प्राप्ति अधिकार से ही संभव है। अतः, स्वतंत्रता के विकास के लिए अधिकार का होना आवश्यक है। ग्रीन

अधिकार की परिभाषा निम्नलिखित शब्दों में देता है, "अधिकार व्यक्ति द्वारा अपने ऐसे उद्देश्यों को पूर्ण करने की शक्ति है, जिन उद्देश्यों को वह अपने लिए हितकर समझता है तथा समाज यह अधिकार व्यक्ति को इस आधार पर प्रदान करता है कि इस अधिकार के प्रयोग से समाज का हित सिद्ध होगा।" अधिकार समाज में ही संभव है। अधिकार के लिए व्यक्ति की माँग और समाज द्वारा इसकी स्वीकृति आवश्यक है।

**3. राज्य** (State)—ग्रीन ने राज्य को नैसर्गिक संस्था माना है। उसके अनुसार मानव-चेतना स्वतंत्रता चाहती है, स्वतंत्रता अधिकार में निहित है और अधिकार राज्य की माँग करता है। इस आधार पर व्यक्ति के व्यक्तित्व का पूर्ण विकास राज्य में ही संभव है। उसने राज्य का आधार शक्ति नहीं, इच्छा माना है जो राजनीति विज्ञान के इतिहास में एक शाश्वत और क्रांतिकारी विचार है। उसने राज्य के नैतिक कार्य पर बल दिया है और कहा है कि उसका मुख्य काम है बाधाओं को दूर करना।

**4. संप्रभुता** (Sovereignty)—ग्रीन ने ऑस्टिन और रूसो के संप्रभुता-सिद्धांत के मिश्रण से अपना सिद्धांत तैयार किया है। उसने संप्रभुता के स्रोत को सामान्य इच्छा में माना है और संप्रभु इसका एक एजेंट के रूप में काम करता है।

**5. राज्य सर्वोच्च समुदाय** (State Supreme Association)—अरस्तू के समान ग्रीन भी राज्य को व्यक्तियों का समुदाय नहीं, बल्कि समुदायों का समुदाय मानता है। अतएव, ग्रीन राज्य के अंतर्गत विभिन्न समुदायों के अस्तित्व को स्वीकार करता है तथा उन्हें राज्य के समान ही प्राकृतिक और स्वाभाविक मानता है। उसने राज्य को सर्वोच्च समुदाय माना है।

**6. संपत्ति** (Property)—ग्रीन ने मनुष्य के व्यक्तित्व के पूर्ण विकास के लिए संपत्ति को स्वाभाविक और अनिवार्य माना है। वह लॉक के इस मत से सहमत है कि प्रत्येक व्यक्ति को वैयक्तिक संपत्ति होनी चाहिए। लेकिन, इसका प्रयोग सामान्य हित में होना चाहिए। उसका कथन है कि यदि व्यक्ति को अपना नैतिक विकास करने के लिए स्वतंत्र जीवन का अधिकार है, तो उसे संपत्ति रखने का भी अधिकार है; क्योंकि संपत्ति ही उसे अपनी शक्तियों और क्षमताओं का विकास करने का साधन प्रदान करती है। इस प्रकार, ग्रीन ने नैतिक विकास हेतु वैयक्तिक संपत्ति का समर्थन किया है। उसने संपत्ति की असमानता का समर्थन तथा असीमित धन-संचय और जमींदारी-प्रथा का विरोध किया है।

**7. दंड-सिद्धांत** (Theory of Punishment)—ग्रीन का कथन है कि उत्तम जीवन और अधिकारों की रक्षा हेतु, राज्य की ओर से दंड-व्यवस्था आवश्यक है। उसने प्रतिशोधात्मक, प्रतिरोधात्मक और सुधारात्मक सिद्धांत, तीनों का समन्वय

कर अपने दंड-सिद्धांत का निर्माण किया है तथा प्रतिरोधात्मक सिद्धांत पर विशेष बल दिया है; क्योंकि उसकी मान्यता है कि दंड का उद्देश्य व्यक्तियों के मन में भय का संचार करना है, ताकि व्यक्ति अपराध न करें। वस्तुतः, दंड के माध्यम से अपराध का निवारण होता है तथा सामाजिक व्यवस्था का संतुलन बना रहता है।

**8. युद्ध** (War)—ग्रीन ने सभी प्रकार के युद्धों का विरोध किया है। युद्ध एक आवश्यक बुराई है। यह एक नैतिक अपराध है। यह जीवनाधिकार के विरुद्ध है। इससे सद्गुणों का विकास नहीं होता है। वस्तुतः, यह अपूर्ण राज्य का प्रतीक है। ग्रीन ने युद्ध की निंदा करते हुए कहा है कि युद्ध को चाहे जितना भी क्षमा किया जाए, पर उसको कभी भी उचित नहीं बताया जा सकता है। इस प्रकार, मानवता के दृष्टिकोण से युद्ध कभी वांछनीय नहीं।

**9. विश्वबंधुत्व** (Universal Brotherhood)—ग्रीन विश्वबंधुत्व और विश्वशांति का कट्टर समर्थक है। उसने अंतरराष्ट्रीय नैतिक संहिता और अंतरराष्ट्रीय समाज की कल्पना की है और मानव के लिए आवश्यक बताया है।

**10. सुधार** (Reforms)—ग्रीन की देन इंग्लैंड के वैधानिक सुधारों में भी है। उसने स्वयं इंग्लैंड में वृद्धावस्था पेंशन, बेरोजगारी बीमा, श्रमिकों के लिए मुआवजा, फैक्टरी अधिनियम और सामाजिक अधिनियम पारित कराने हेतु अथक परिश्रम किया। उसने मद्य निषेध के जन-आंदोलन का संचालन किया तथा उसके विचारों के आधार पर ही इंग्लैंड के दंड विषयक कानूनों का संशोधन किया गया।

**11. उपयोगितावाद का संशोधन** (Revision of Utilitarianism)—बेंथम के उपयोगितावाद का मुख्य दोष यह था कि उसने व्यक्ति को स्वार्थ की भावना से प्रेरित होकर, सुख या आंनद की खोज करने वाला प्राणी माना था। उसने इस सनातन सत्य की पूर्ण उपेक्षा की थी कि व्यक्ति में नैतिकता और बलिदान के श्रेष्ठ गुण होते हैं। ग्रीन ने व्यक्ति के इन गुणों पर बल दिया और कहा कि व्यक्ति अपने और अपने साथियों के नैतिक विकास को अन्य सभी हितों से श्रेष्ठतर मानता है। इस प्रकार, ग्रीन ने उपयोगितावाद का संशोधन किया।

**12. उदारवाद का संशोधन** (Revision of Liberalism)—सेबाइन के अनुसार, "उदारवादी सिद्धांत का जो संशोधन 1880 ई॰ के आगे के दो दशकों में ऑक्सफोर्ड के आदर्शवादियों द्वारा पूर्ण किया गया, उनमें टामस हिल ग्रीन कम-से-कम राजनीतिक दर्शन के क्षेत्र में सबसे प्रमुख था।"

आरंभिक उदारवाद मुख्य रूप से उद्योगवाद और उसके सामाजिक परिणामों की कार्य आलोचना के रूप में था। वह अपने राजनीतिक दृष्टिकोण में उदार

नहीं था। भूतकाल में उदारवाद की नीति पुराने और अनुपयुक्त कानूनों को रद्द करने की थी। ग्रीन ने उदारवाद में संशोधन किया। उसने यह विचार प्रकट किया कि उदारवादी राज्य या सरकार का लक्ष्य, सर्वसाधारण का कल्याण होना चाहिए। इस दृष्टि से राज्य को न केवल व्यक्तिगत स्वतंत्रता और अधिकारों के उपभोग का आश्वासन देना चाहिए, बल्कि जनसाधारण के कल्याण के लिए व्यक्तिगत संपत्ति की सुरक्षा, सार्वजनिक शिक्षा, स्वास्थ्य की व्यवस्था और उचित जीवन-स्तर के लिए परिस्थितियों का निर्माण करना भी होना चाहिए। साथ ही, राज्य को यह भी देखना चाहिए कि देश की अधिकांश जनसंख्या इन सुविधाओं से वंचित न रहे।

सेबाइन के शब्दों में, "ग्रीन से पहले उदारवाद का सामाजिक दर्शन बड़ा संकीर्ण था और वह केवल एक वर्ग के हितों का ही प्रतिपादन करता था। ग्रीन ने उदारवाद को इतना विस्तृत कर दिया कि उसमें समाज के सभी महत्वपूर्ण हितों का समावेश हो सकता था तथा संपूर्ण राष्ट्रीय समुदाय की कल्याण साधना हो सकती थी।"

**13. आदर्शवाद का संशोधन** (Revision of Idealism)—आदर्शवाद ने राज्य को स्वयं साध्य और नैतिकता का एकमात्र स्रोत माना था। उसने व्यक्ति को राज्य का साधन बताकर, उसके हितों को राज्य के लिए बलिदान कर दिया था। उसने राज्य-युद्ध का समर्थन किया था और अंतरराष्ट्रीय कानूनों के बंधन को अस्वीकार किया था। ग्रीन ने इन सभी दोषपूर्ण सिद्धांतों में संशोधन किया। उसने दृढ़तापूर्वक कहा कि साध्य व्यक्ति है, न कि राज्य। इसलिए, राज्य के लिए व्यक्ति के हितों का बलिदान नहीं किया जा सकता है। उसने युद्ध को एक नैतिक अपराध माना और अंतरराष्ट्रीय कानून, अंतरराष्ट्रीय समाज तथा विश्वबंधुत्व में आस्था प्रकट की।

**14. व्यक्तिवाद का संशोधन** (Revision of Individualism)—ग्रीन से पूर्व व्यक्तिवाद का आधार उपयोगितावाद था। लेकिन, ग्रीन ने ईसाइयत और यूनानी दर्शन का समन्वय करके मानव-जीवन का लक्ष्य पूर्णता की प्राप्ति माना। उसने प्राकृतिक अधिकारों को अमान्य घोषित करके, मानव के व्यक्तित्व को पुष्पित करने वाले अधिकारों को ही प्राकृतिक अधिकार मानकर व्यक्तिवाद को उच्च धरातलीय स्तर प्रदान किया।

**15. आदर्शवाद और व्यक्तिवाद का समन्वय** (Co-Ordination of Idealism and Individualism)—ग्रीन ने आदर्शवाद और व्यक्तिवाद का मिश्रण किया है। हीगल ने राज्य का आदर्शीकरण करने के लिए उसे सब कुछ और व्यक्ति को नगण्य माना था। अतः, उसने राज्य को साध्य और व्यक्ति को साधन बताकर, व्यक्ति को राज्य की वेदी पर बलि दे दी थी। ग्रीन ने हीगल की इस

धारणा को ठुकराकर, व्यक्ति के निजी मूल्य और गौरव को सम्मान प्रदान किया। अतएव, उसने राज्य के आदर्श को स्वीकार करके भी, व्यक्ति को साध्य और राज्य को व्यक्ति का नैतिक उत्थान करने का साधन बताया।

**16. उदारवाद की पुनः स्थापना** (Re-establishment of Liberalism)—मैक्सी का कथन है कि ग्रीन ने उदारवाद को राजनीतिक विचारधारा की श्रेणियों में पुनः सम्मानपूर्ण पद पर प्रतिष्ठित किया तथा उसे ऐसा सिद्धांत बना दिया कि उसे राजनीतिक सिद्धांत के रूप में पुनः व्यावहारिक मान्यता प्राप्त हुई।

उपर्युक्त तथ्यों से यह स्पष्ट है कि राजनीतिक विचारधारा के क्षेत्र में ग्रीन की देन विविध है।

## ग्रीन का प्रभाव
## (Influence of Green)

ग्रीन के विचारों का प्रभाव अनेक विद्वानों पर पड़ा। इटली में बेनेडेटो क्रोस, इंग्लैंड में सर हेनरी जीन्स, जॉन वॉटसन, जे० एस० मेकेंजी, बारकर, हरिंगटन, हर्नले और फिशर तथा अमेरिका में हॉकिग और नार्मन वाइल्ड ने ग्रीन के विचारों का अनुसरण किया। ये विद्वान ग्रीन के समान साधारणतया यह मानते हैं कि मनुष्य केवल राजनीतिक समाज का सदस्य होने के कारण ही सबसे सच्चे अर्थ में मनुष्य है, जिसका आचरण पशु से ऊपर है। वे यह भी मानते हैं कि राज्य का लक्ष्य ऐसी सामाजिक अवस्थाओं को सुरक्षित रखना है, जिनमें अच्छे स्वभाव वाले व्यक्ति की नैतिक और बौद्धिक उन्नति में कम-से-कम बाधाएँ हों। व्यक्तिगत संपत्ति का अस्तित्व इसीलिए है कि समाज ने उसे मनुष्य के बौद्धिक और नैतिक विकास में सहायक के रूप में स्वीकार किया है।

बारकर ने भी लिखा है कि लास्की, लिंडसे, आदि के विचारों पर ग्रीन के उदारवाद का पर्याप्त प्रभाव है। लॉर्ड ऐसक्विथ, कर्जन और रैम्जे मैकडॉनल्ड, आदि राजनेता भी उसके विचारों से प्रभावित थे।

डॉयल के अनुसार, ग्रीन का प्रभाव अत्यधिक व्यापक था; क्योंकि उसने हीगल के इस सिद्धांत को, कि व्यक्ति और समाज अपृथक्करणीय हैं, सही नहीं माना, बल्कि उसने राज्य को महनतम बनाए बिना उसे आदर्श की स्थिति प्रदान कर दी।

## ग्रीन का महत्व
## (Importance of Green)

राजनीतिक विचारधारा के इतिहास में ग्रीन का महत्व उसके सिद्धांतों के कारण है। इस संदर्भ में, बारकर का कथन है कि ग्रीन ऊँची उड़ान लेने

वाला आदर्शवादी और यथार्थवादी है। जिन सिद्धांतों का उसने प्रतिपादन किया है, वे अपने अमर सत्य के कारण महत्वपूर्ण हैं। प्रत्येक युग में व्यक्ति अपनी परिस्थितियों के अनुसार उनकी प्रगतिशील व्याख्या करके, उनको क्रियान्वित कर सकते हैं। व्यक्ति के मूल्य और गौरव का सम्मान, व्यक्ति की स्वतंत्रता और अधिकारों का संरक्षण, व्यक्ति को कठिन परिस्थितियों में राज्य का विरोध करने का अधिकार, व्यक्ति और समाज के पारस्परिक हितों में संबंध, व्यक्तित्व के विकास के लिए संपत्ति की आवश्यकता, पूँजी-संबंधी संपत्ति की उपादेयता, दंड के प्रतिरोधात्मक तत्व का औचित्य, राज्य को रहस्यवादी शिखर पर पहुँचाने के विचार का खंडन, राज्य द्वारा अनुपार्जित आय के विनियोग का विरोध, नैतिक कार्यों को संपन्न करने के लिए व्यक्ति की आत्म-प्रेरणा को जीवित रखने के उद्देश्य से राज्य की शक्ति का सीमांकन, युद्ध की अनुपयोगिता, अंतरराष्ट्रीय न्यायालय की कल्पना, विश्व-शांति और विश्वबंधुत्व का समर्थन—ग्रीन के इन सब सिद्धांतों का आज भी उतना ही औचित्य और महत्व है, जितना कि 1879-80 ई० में था, जब उसने ऑक्सफोर्ड में इन पर अपने व्याख्यान दिए थे।

## निष्कर्ष

निष्कर्ष में वेपर के शब्दों में कहा जा सकता है, "ग्रीन की उपलब्धि यह है कि उसने अँग्रेजों को बेंथमवाद से अधिक संतोषजनक सिद्धांत दिया, उदारवाद को रुचि वाले विषय के बजाय एक विश्वास में बदल दिया, व्यक्तिवाद को नैतिक और सामाजिक आवरण पहना दिया तथा आदर्शवाद को शिष्ट और सुरक्षित बना दिया। कम-से-कम अँग्रेज लोग उसकी इस उपलब्धि को तुच्छ नहीं समझेंगे।"[1]

इस प्रकार, ग्रीन का राजनीतिक विचारधारा के क्षेत्र में महान देन, प्रचंड प्रभाव और महत्व है।

1. "Here, then, is Green's achievement, that he gave Englishmen something more satisfying than Benthamism, that he left liberalism a faith instead of an interest, that he made individualism moral and social, and idealism civilized and safe. Englishmen at least will consider that achievement no inconsiderable one."—Wayper.

# कार्ल मार्क्स

## Karl Marx

(1818–1883)

# 27

# पृष्ठभूमि

# (Background)

## भूमिका
## (Introduction)

कार्ल मार्क्स आधुनिक समाजवाद का जन्मदाता है। उसके द्वारा प्रतिपादित समाजवाद को मार्क्सवाद या वैज्ञानिक समाजवाद या साम्यवाद भी कहा जाता है। उसने **साम्यवादी घोषणापत्र**[1] में लिखा है,

"साम्यवाद अपने शाब्दिक अर्थ में अवश्य ही एक विधि का सिद्धांत है। यह उन नियमों को स्थापित करता है जिनके द्वारा पूँजीवाद को समाजवाद में बदला जा सकता है और इसमें दो आवश्यक सिद्धांत है—वर्ग-संघर्ष और क्रांति या हिसांत्मक ढंग से सर्वहारा द्वारा सत्ता की प्राप्ति।"

मार्क्स प्रथम व्यावहारिक दार्शनिक है जिसने इस बात पर जोर दिया है कि ऐतिहासिक घटनाओं पर आर्थिक परिस्थितियाँ अपना गहरा प्रभाव डालती है। उसने विश्व के मजदूरों, एक हो जाओ[2] का नारा दिया। उसने 1864 ई० में प्रथम अंतरराष्ट्रीय संगठन की स्थापना में योगदान दिया। जोड का कथन है,

"मार्क्स प्रथम समाजवादी लेखक है जिसके कार्य को वैज्ञानिक कहा जा सकता है। उसने अपने वांछित समाज का चित्रण ही नहीं किया है, बल्कि वह

---

1. *The Communist Manifesto*.
2. "Workers of the World Unite."—Karl Marx.

उन स्थितियों का भी विस्तृत वर्णन करता है जिनके माध्यम से इस लक्ष्य को प्राप्त किया जा सकता है।"[1]

टेलर के अनुसार, "मार्क्सवाद में सामाजिक परिवर्तन करने वाली शक्तियों की जो व्याख्या है, वह उसे वैज्ञानिकता प्रदान करती है। इसके अलावा इन परिवर्तन करने वाली शक्तियों की व्याख्या मानव मनोविज्ञान पर आधारित है।"[2]

लास्की ने मार्क्सवाद की प्रशंसा करते हुए कहा है, "किसी भी पहलू से हम उसे देखें, कार्ल मार्क्स का चिंतन सामाजिक दर्शन के इतिहास में स्वयं एक युग है। उसके विषय में एक महत्वपूर्ण बात यह है कि उसने साम्यवाद को अस्त-व्यस्त रूप में पाया तथा उसने उसे एक आंदोलन बना दिया। उसके द्वारा साम्यवाद को एक दर्शन और गति प्रदान की गयी।"[3] लेनिन ने मार्क्सवाद का व्यावहारिक रूप रूस में और माओ ने चीन में दिया।

## मार्क्स के पूर्ववर्ती विचारक
## (Marx's Predecessors)

कार्ल मार्क्स आधुनिक समाजवाद का जन्मदाता है, लेकिन उसके पूर्ववर्ती समाजवादी को कल्पनावादी समाजवादी कहा जाता है। मार्क्स के पूर्ववर्ती समाजवादी निम्नांकित थे:

**1. प्लेटो** (Plato)—प्लेटो ने **रिपब्लिक** में एक आदर्श राज्य की कल्पना की है जिसके अंतर्गत शासक और सैनिक वर्ग के लिए निजी परिवार और निजी संपत्ति का उन्मूलन करके, साम्यवाद के सिद्धांत का प्रतिपादन किया है।

**2. टॉमस मूर** (Thomas More)—इसने अपनी पुस्तक **यूटोपिया**[4] में एक आदर्श समाजवादी व्यवस्था का चित्र उपस्थित किया है जिसके अंतर्गत सभी वस्तुओं पर सभी का स्वामित्व रहता है और सभी सुखी रहते हैं।

**3. संत साइमन** (St. Simon) **1760-1825 ई०**—इसने समाजवाद, वस्तुनिष्ठवाद, अन्तर्राष्ट्रीयवाद और अनेक सिद्धांतों पर विचार किया तथा एक नये युग की कल्पना की।

**4. चार्ल्स फोरियर** (Charles Fourier) **1772-1837 ई०**—उसके दर्शन में अराजकतावाद का पुट मिलता है। वह राज्य की सत्ता के विघटनीकरण के पक्ष में था। उसने तत्कालीन सामाजिक, आर्थिक और राजनीतिक व्यवस्था की

1. Joad.
2. Taylor.
3. Laski.
4. Utopia.

कटु आलोचना की है। उसके अनुसार मनुष्य स्वभाव से अच्छा होता है, लेकिन समाज उसे गलत मार्ग पर ले जाता है। उसने एक नए समाज की कल्पना की, जिसमें सभी को कार्य करने की स्वतंत्रता होगी।

**5. रॉबर्ट ओवेन** (Robert Owen) **1771-1858 ई०**—ओवेन एक अंग्रेज समाजवादी विचारक है। उसने पूँजीवाद की कटु आलोचना की है। उसका कथन है कि गरीबी एक अभिशाप है इसका उन्मूलन होना चाहिए। उसने छोटे-छोटे आर्थिक समुदायों के निर्माण पर जोर दिया।

**6. चार्ल्स हॉल** (Charles Hall), **हॉगस्किन** (Hodgskin), **विलियम थॉम्पसन** (William Thompson), **जॉन ग्रे** (John Gray) अन्य समाजवादी विचारक हैं। वस्तुतः, ये सभी समाजवादी कल्पनावादी थे।

वेपर ने ठीक ही लिखा है, "उन्होंने सुन्दर गुलाब के फूलों की कल्पना तो की, लेकिन, गुलाब के वृक्षों के लिए कोई धरती तैयार नहीं की।"[1]

इस प्रकार, मार्क्स के पूर्व समाजवादी विचारधारा कल्पनावादी विचारधारा बनकर रह गयी।

---

1. "They conjured up visions of beautiful roses but prepared no soil for the rose trees."—Wayper.

# 28

# कार्ल मार्क्स का जीवन एवं रचनाएँ
# (The Life and Works of Karl Marx)

## जन्म (Birth)

कार्ल मार्क्स का जन्म 5 मई, 1818 ई० को जर्मनी के ट्रेवस (Traves) नामक स्थान पर एक यहूदी मध्यवर्गीय परिवार में हुआ था। इसके पिता का नाम हर्चेल मार्क्स (Herschel Marx) था जो वकालत करता था। बाद में वे ईसाई बन गए।[1]

## शिक्षा (Education)

मार्क्स की प्रारंभिक शिक्षा घर पर तथा एक विद्यालय में हुई। वह बचपन से ही तेज विद्यार्थी था और गरीबों के प्रति काफी सहानुभुति रखता था। उसने बोन विश्वविद्यालय में कानून, इतिहास और दर्शन का अध्ययन किया। उसने बर्लिन और जेना विश्वविद्यालयों में हीगल के द्वंद्वात्मक दर्शन का अध्ययन किया और इस दर्शन से काफी प्रभावित हुआ। उसने 1881 ई० में जेना विश्वविद्यालय से डेमोक्रिटस और एपिक्यूरस के प्राकृतिक दर्शन के भेद (The Difference between the Natural Philosophy of Democritus and Epicurus) पर डॉक्टरेट की उपाधि प्राप्त की।

## पेशा—प्राध्यापक, पत्रकार (Profession—Teacher, Journalist)

मार्क्स की इच्छा विश्वविद्यालय में प्राध्यापक बनने की थी। क्रांतिकारी विचारों के कारण इसे जर्मनी में यह पद नहीं मिल सका। अमेरिका में वह

1. "It may have been a nominal conversion so far as the parents were concerned; but for Karl Marx it became ultimately a deep intellectual and emotional rebirth."—Maxey.

थोड़े समय के लिए प्राध्यापक रहा। बाद में, वह **रीनिंश टाइम्स (Rhenish Times)** का सहायक सम्पादक और आगे चलकर सम्पादक बना।

### विवाह (Marriage)

1843 ई॰ में मार्क्स ने जेनी वॉन वेस्टफालेन (Jenny von Westphalen) से विवाह किया। जेनी के पिता मार्क्स के पिता के गहरे दोस्त थे और एक अच्छे वकील थे। मार्क्स जेनी के साथ पेरिस चला गया और वहाँ पर **फ्रैंको-जर्मन शब्दकोष (Franco-German Year Book)** का सम्पादक बन गया। वहाँ वह प्रूधाँ, बाकुनिन और अन्य अराजकतावादियों के सम्पर्क में आया।

### इंग्लैंड (England)

कार्ल मार्क्स अपने क्रांतिकारी विचारों के कारण पेरिस से निकाल दिया गया। वह 1849 ई॰ में इंग्लैंड पहुँचा और जीवन के अंतिम क्षण तक वहीं रहा। वहाँ पर उसकी भेंट एजिंल्स से हुई जो उसका घनिष्ठ मित्र बना और हमेशा आर्थिक मदद करता रहा। मार्क्स लंदन की सबसे गंदी गलियों में रहता था और **साम्यवादी घोषणा पत्र**[1] और **दास कैपिटल**[2] जैसी महान पुस्तकों की रचना की, जो समाजवाद का बाइबिल ग्रंथ सिद्ध हुआ। 1864 ई॰ में उसने प्रथम अंतर्राष्ट्रीय मजदूर सभा की स्थापना की।

### निधन (Death)

14 मार्च, 1883 ई॰ को दोपहर के बाद पौने तीन बजे महान समाजवादी प्रणेता मार्क्स का निधन हो गया। उसके निधन के शोक संदेश की कुछ पंक्तियाँ निम्न प्रकार है, "जीवन में उसका उद्देश्य प्रत्येक संभव तरीके से पूँजीवादी समाज के अंत का प्रयत्न करना था। संघर्ष उसके जीवन का मुख्य तत्व था और उसने ऐसे अदम्य उत्साह, साहस और सफलता से संघर्ष किया जिसकी बराबरी कोई नहीं कर सकता। परिणामतः, वह अपने समय का सबसे अधिक घृणा और श्रद्धा का पात्र था। उसका नाम और कार्य युग-युग तक जीवित रहेंगे।"

## कार्ल मार्क्स की रचनाएँ (Works of Karl Marx)

कार्ल मार्क्स की प्रमुख रचनाएँ निम्नांकित हैं—

1. हीगल के अधिकार-दर्शन की आलोचना की भूमिका (An Introduction to the Criticism of Hegel's Philosophy of Rights, 1844)
2. पवित्र परिवार (The Holy Family, 1845)
3. निर्धनता का दर्शन (Philosophy of Poverty, 1847)

---

1. *The Communist Manifesto.*
2. *Das Capital.*

4. साम्यवादी घोषणा पत्र (The Communist Manifesto, 1848)
5. आर्थिक व्यवस्था की आलोचना (Critique of Political Economy, 1852)
6. अंतर्राष्ट्रीय मजदूर संघ का उद्घाटन भाषण (Inaugural Address of the International Workingmen's Association, 1864)
7. मूल्य, कीमत और लाभ (Value, Price and Profit, 1865)
8. दास कैपिटल (Das Capital, 1867)
9. फ्रांस में वर्ग संघर्ष (Class Struggle of France, 1870-71)
10. गोथा प्रोग्राम तथा क्रांति और प्रतिक्रांति (Gotha Programme, Revolution and Counter-Revolution).

उपर्युक्त सभी रचनाओं में **The Communist Manifesto** and **The Das Capital** मार्क्स की महान कृतियाँ हैं।

## कार्ल मार्क्स के विचारों के स्त्रोत (Sources of Karl Marx's Thoughts)

कार्ल मार्क्स के दर्शन पर निम्नांकित विचारकों का प्रभाव पड़ा है:

### 1. हीगल दर्शन का प्रभाव (Influence of Hegelian Philosophy)

मार्क्स के दर्शन पर सबसे अधिक प्रभाव हीगल के दर्शन का पड़ा है। वह जिस समय जेना विश्वविद्यालय में पढ़ रहा था, हीगल के दर्शन के संपर्क में आया और उससे यह सीखा कि विश्व गतिशील है और उसमें निरन्तर परिर्वतन होता रहता है। इस विकास की प्रक्रिया से समझा जा सकता है। विकास की यह प्रक्रिया एक सीधी रेखा के रूप में नहीं, बल्कि टेढ़े-मेढ़े रास्ते के रूप में है जिस द्वन्द्व (Dialectic) कहा जाता है।

इस विकास की प्रक्रिया के तीन चरण होते हैं—(i) वाद (Thesis), (ii) प्रतिवाद (Antithesis) और (iii) सामंजस्य या संवाद (Synthesis)। अन्तर्विरोध के कारण वाद से प्रतिवाद और दोनों के मिलने से सांमजस्य का जन्म होता है।

इस प्रकार, विकास की प्रक्रिया सदा चलती रहती है। हीगल ने इसके माध्यम से विचारों की व्याख्या की है। उसकी द्वन्द्वात्मक पद्धति आदर्शात्मक या विचारात्मक है। उसका संबंध आत्मा से है।

इसके विपरीत, मार्क्स की द्वन्द्वात्मक पद्धति भौतिकवाद पर आधारित है। यह उसने फ्यूअरबेक (Feurbach) से ग्रहण की है। मार्क्स के शब्दों में, "उसका अपना द्वन्द्ववाद हीगल से न केवल भिन्न है, बल्कि उसका ठीक उल्टा है।"

सेबाइन ने भी लिखा है, "हीगल के विचारों में द्वन्द्वात्मक चिंतन शीर्षासन कर रहा था। मार्क्स ने आदर्शवादी भ्रांतियाँ दूर करके उसे प्राकृतिक स्थिति में पैरों के बल खड़ा किया।"[1]

मार्क्स के अनुसार आर्थिक व्यवस्था ही सारे सामाजिक और राजनीतिक संगठन, साहित्य, कला तथा विचारों को जन्म देती है। वह आर्थिक नियतिवाद (Economic Determinism) में आस्था प्रकट करता है। उसने हीगलवादी द्वन्द्ववाद को विचारात्मक से भौतिकवाद में बदला।

**2. ब्रिटिश समाजवादी एवं अर्थशास्त्रियों का प्रभाव (Influence of the British Socialists and Economists)**

मार्क्स पर ब्रिटिश समाजवादी—विलियम थॉमसन, टॉमस हॉगस्किन और राबर्ट ओवेन का काफी प्रभाव पड़ा। रॉबर्ट ओवेन से मार्क्स ने यह सीखा कि मानवीय चरित्र वातावरण से निर्धारित होता है, प्रकृति से नहीं।

ब्रिटिश अर्थशास्त्रियों में मार्क्स—एडम स्मिथ और रिकार्डो से प्रभावित हुआ। मार्क्स ने उनसे श्रम सिद्धांत सीखा। वस्तुओं में लगे श्रम के आधार पर उसकी विनिमय दर निश्चित की जा सकती है। इसी सिद्धांत पर मार्क्स ने अतिरिक्त मूल्य के सिद्धांत को प्रतिपादित किया।

**3. फ्रेंच समाजवादियों का प्रभाव (Influence of the French Socialists)**

फ्रेंच समाजवादी—संत साइमन, चार्ल्स फोरियर और केबेट (Cabet) है। संत साइमन ने इस बात पर जोर दिया कि स्वयं श्रम करने वाले वर्ग को ही जीवित रहने का अधिकार है। मार्क्स ने इसे अपने दर्शन का आधार बनाया। उसने वर्गविहीन विचार को भी संत साइमन से ही ग्रहण किया। उसने केबेट से साम्यवाद का सिद्धांत ग्रहण किया। केबेट का कथन था कि उत्पादन के साधनों पर राज्य का स्वामित्व होना चाहिए।

इस प्रकार, मार्क्स ने विभिन्न स्रोतों से अलग-अलग विचारों का ग्रहण कर एक नया विचार दिया जो मार्क्सवाद के नाम से प्रसिद्ध हुआ।

कोकर के शब्दों में, "उसने ईंट-पत्थरों की भाँति सब स्थलों से विचारों को एकत्रित किया। लेकिन, जिस विचार-भवन का निर्माण किया, वह स्वयं उसकी ही इच्छानुसार था।"[2]

---

1. "In Hegel, the dialectic stands on its head, Marx merely turned it right way up by removing the mystitication of idealism."—Sabine.
2. "It is doubtless true that the component parts of Marxian thought can be traced to a multitude of sources. He collected his bricks from many masons yards, but he used them very much according to his own design."—Coker.

# 29

# द्वन्द्वात्मक भौतिकवाद
# (Dialectical Materialism)

## मार्क्सवाद के प्रमुख सिद्धांत
## (Main Principles of Marxism)

मार्क्सवाद मूलतः निम्नलिखित चार प्रमुख सिद्धांतों पर आधारित है।

1. द्वन्द्वात्मक भौतिकवाद।
2. इतिहास की भौतिकवादी या आर्थिक व्याख्या।
3. वर्ग-संघर्ष का सिद्धांत, तथा
4. अतिरिक्त मूल्य का सिद्धांत।

## द्वन्द्वात्मक भौतिकवाद
## (Dialectical Materialism)

मार्क्स के संपूर्ण दर्शन का आधार द्वन्द्वात्मक भौतिकवाद है। इसके माध्यम से विश्व की समस्त समस्याओं के समाधान में मदद मिलती है।

**द्वन्द्वात्मक शब्द की उत्पत्ति (Origin of the Word Dialectic)**

द्वन्द्वात्मक शब्द अंग्रेजी के डायलेक्टिक (Dialectic) का हिन्दी अनुवाद है जो यूनानी भाषा के डायलेगो (Dialego) से बना है। इसका अर्थ होता है— वाद-विवाद करना अर्थात् दो तरह के विचारों में वाद-विवाद कर एक सही निष्कर्ष पर पहुँचा जा सकता है।

**द्वन्द्वात्मक भौतिकवाद का अर्थ (Meaning of Dialectical Materialism)**

द्वन्द्वात्मक भौतिकवाद दो शब्दों से बना है। प्रथम शब्द तो उस प्रक्रिया को स्पष्ट करता है, जिसके अनुसार सृष्टि का विकास हो रहा है तथा दूसरा शब्द सृष्टि के मूल तत्व को बताता है।

**हीगल के अनुसार द्वन्द्वात्मक प्रक्रिया (Dialectical Process According to Hegel)**

हीगल ने विश्व को गतिशील और परिवर्तनशील बताते हुए विश्वात्मा (World Spirit) को उसका नियामक कारण माना है। उसकी द्वन्द्वात्मक प्रक्रिया विचार (Idea) या विवेक (Reason) या आत्मा (Spirit) पर आधारित है। उसने द्वन्द्वात्मक के अंतर्गत होने वाले बौद्धिक क्रम को अस्तित्व में होना (Being), अस्तित्व में न होना (Non-Being) और अस्तित्व में आना (Becoming) के रूप में देखा है। उसने इन तीन चरणों को क्रमशः वाद (Thesis), प्रतिवाद (Antithesis) और संवाद या संश्लेषण (Synthesis) की संज्ञा दी है। अंतर्विरोध के कारण वाद प्रतिवाद में बदलता है, फिर प्रतिवाद में द्वन्द्व के फलस्वरूप एक समझौता होता है जो संवाद में बदलता है। फिर संवाद वाद में, वाद प्रतिवाद में और प्रतिवाद संवाद में बदलता है और परिवर्तन की यह प्रक्रिया निरन्तर चलती रहती है। इसी को हीगल ने द्वन्द्वात्मक पद्धति कहा है।

**मार्क्स के अनुसार द्वन्द्वात्मक प्रक्रिया (Dialectical Process According to Marx)**

मार्क्स ने द्वन्द्वात्मक पद्धति को हीगल से ग्रहण किया है। लेकिन, उसने विचार के स्थान पर पदार्थ की महत्ता पर बल दिया है। उसके अनुसार इस विश्व का आधार भौतिक पदार्थ है। भौतिक जगत में परिवर्तन होता रहता है—कुछ प्रवृत्तियाँ विकसित होती हैं, कुछ नष्ट होती हैं और कुछ की पुनरावृत्ति होती है। यह विकास क्रम सदा चलता रहता है। विकास वाद, प्रतिवाद और संवाद द्वारा होता है, जैसे—गेहूँ का बीज वाद है, उसका सड़कर धरती से पौधा निकलना प्रतिवाद है और फिर पौधा नष्ट होकर नये दाने को जन्म देना संवाद या संश्लेषण है।

उसी तरह से एक दूसरा उदाहरण यह दिया जाता है कि अंडा वाद है, अंडे का सड़ जाना प्रतिवाद है और सड़े अंडे से एक मुर्गी के बच्चे का निकलना संवाद है। इस तरह से विकास की प्रक्रिया चलती है। मार्क्स के अनुसार आदि समाज वाद है, पूँजीवाद प्रतिवाद है और वर्गहीन साम्यवाद संवाद है। इसके बाद विकास की प्रक्रिया समाप्त हो जाती है।

कोल ने मार्क्सवाद के द्वन्द्ववाद की व्याख्या निम्न शब्दों में की है, "इतिहास की प्रत्येक मंजिल या युग में उत्पादन शक्तियों से मनुष्यों में एक प्रकार के आर्थिक संबंध पैदा होते हैं। मार्क्स का कहना है कि संपूर्ण मानव इतिहास में इन संबंधों के परिणामस्वरूप मनुष्य आर्थिक वर्गों में बँटे रहते हैं। प्राचीन ग्रीस में स्वतंत्र नागरिक एवं दास, रोम में प्रेट्रेशियन और प्लेबीयन, मध्ययुग में भूपति और किसान तथा वर्तमान युग में पूँजीपति और मजदूर वर्ग और इनके बीच हुए संघर्ष से ही समाज आगे बढ़ता है।"

आचार्य नरेन्द्र देव के अनुसार, "द्वन्द्वात्मक भौतिकवाद वह दार्शनिक प्रणाली है जिसके अनुसार इस भौतिक जगत का विकास होता है, इस भौतिक जगत में रहने वाले प्राणियों का विकास होता है; तथा उनके विचारों में रूपान्तर होता है। द्वन्द्वात्मक भौतिकवाद दृश्य जगत की गति के नियमों की व्याख्या करता है।"

## हीगल एवं मार्क्स की द्वन्द्वात्मक पद्धति में अंतर
## (Difference between Hegel and Marx's Dialectical Method)

हीगल और मार्क्स की द्वन्द्वात्मक पद्धति में निम्न अंतर हैं—

1. हीगल की द्वन्द्वात्मक पद्धति का आधार विश्वात्मा (World Spirit) है, जबकि मार्क्स का पदार्थ (Matter)।

2. हीगल के अनुसार इतिहास के विकास की प्रक्रिया विभिन्न राष्ट्रों में संघर्ष के कारण होती है, जबकि मार्क्स के अनुसार आर्थिक वर्गों के कारण।

3. हीगल के अनुसार द्वन्द्वात्मक विकास की प्रक्रिया सदा चलती रहती है, लेकिन मार्क्स के अनुसार वर्गहीन समाज की स्थापना के बाद विकास की प्रक्रिया रुक जाती है।

मार्क्स ने स्वयं अपनी और हीगल की द्वन्द्वात्मक पद्धति का अंतर स्पष्ट करते हुए लिखा है, "मेरी द्वन्द्वात्मक पद्धति न केवल हीगल की पद्धति से भिन्न है, बल्कि एकदम विपरीत है। मैंने हीगल के द्वन्द्ववाद को शीर्षासन की अवस्था में पाया और मैंने उसे पैरो पर खड़ा कर दिया।"[1]

---

1. "My dialectic method is not only different from the Hegelian but its direct opposite. I found the Hegelian dialectic standing on its head, I put it down on its feet."—Marx.

## द्वन्द्वात्मक भौतिकवाद की विशेषताएँ
## (Features of the Dialectical Materialism)

मार्क्स के द्वन्द्वात्मक भौतिकवाद की अग्रलिखित विशेषताएँ हैं—

**1. गतिशीलता** (Movement)

मार्क्स के अनुसार संसार की सभी वस्तुएँ गतिशील है।

**2. परिवर्तन** (Change)

संसार की सभी वस्तुओं में परिवर्तन होता रहता है। एक वस्तु नष्ट होती है तो दूसरी बनती है। यह परिवर्तन क्रम चलता रहता है।

**3. संबद्धता** (Coherency)

संसार की सभी वस्तुएँ एक-दूसरे से संबद्ध है और एक-दूसरे पर आश्रित।

**4. आंतरिक संघर्ष** (Inernal Conflict)

सभी प्रकार की वस्तुओं में आंतरिक संघर्ष व्याप्त है। इसलिए वाद, प्रतिवाद और संवाद की प्रक्रिया चलती रहती है।

**5. विकास टेढ़े-मेढ़े** (Progress in Zig-Zag)

द्वन्द्वात्मक पद्धति में विकास की प्रक्रिया सीधी रेखा में नहीं होती है, बल्कि उसे टेढ़े-मेढ़े रास्ते से होकर जाना पड़ता है।

**6. मात्रात्मक और गुणात्मक परिवर्तन** (Quantitative and Qualitative Change)

द्वन्द्वात्मक भौतिकवाद में वस्तुओं की मात्रा और गुण दोनों में परिवर्तन होता है, जैसे—जल-वाष्प या बर्फ बनना।

**7. अचानक परिवर्तन** (All of a Sudden Change)

वस्तुओं में जो गुणात्मक परिवर्तन होता है, वह धीरे-धीरे नहीं बल्कि अचानक होता है।

**8. आर्थिक आधार** (Economic Basis)

द्वन्द्वात्मक भौतिकवाद प्राकृतिक जगत की व्याख्या आर्थिक आधार पर करता है। पदार्थ ही संपूर्ण विश्व का नियामक है।

## द्वन्द्वात्मक भौतिकवाद की आलोचना
## (Criticism of the Dialectical Materialism)

द्वन्द्वात्मक भौतिकवाद की निम्नलिखित आलोचनाएँ उल्लेखनीय हैं—

**1. गूढ़ और अस्पष्ट** (Difficult and Vague)

आलोचकों का कथन है कि स्वयं मार्क्स ने द्वन्द्वात्मक भौतिकवाद का स्पष्ट रूप से विवेचन नहीं किया है। यह अत्यन्त ही गूढ़ और अस्पष्ट है। वेपर के शब्दों में "द्वन्द्ववाद की धारणा अत्यन्त गूढ़ और अस्पष्ट है। यद्यपि मार्क्स और एंजिल्स के समस्त लेखन का यह आधार है लेकिन इसे कहीं पर भी स्पष्ट नहीं किया गया है।"

**2. असंगतिपूर्ण (Incoherent)**

मार्क्स का द्वन्द्वात्मक भौतिकवाद असंगतिपूर्ण है। मार्क्स कभी कहता है कि मनुष्य परिस्थितियों का निर्माण करता है तो कभी कहता है कि परिस्थितियाँ मनुष्य का निर्माण करती है।

**3. आर्थिक तत्व पर जोर (Emphasis on Economic Factor)**

मार्क्स ने विकास की प्रक्रिया में केवल आर्थिक तत्व पर अधिक जोर दिया है। समाज में परिवर्तन अनेक तत्वों के कारण होता है। मार्क्स ने उनकी उपेक्षा की है। लास्की का भी मत है, "इतिहास की धारा को मोड़ने का श्रेय केवल आर्थिक तत्व को ही नहीं, बल्कि अन्य तत्वों को भी है।"

**4. अधूरा एवं अपर्याप्त (Incomplete and Insufficient)**

आलोचकों ने मार्क्स के द्वन्द्वात्मक भौतिकवाद को अधूरा और अपर्याप्त बताया है। उन लोगों के अनुसार मार्क्स ने हजारों वर्षों के मानव इतिहास से कुछ उपयोगी घटनाओं के आधार पर अपने सिद्धांत का निर्माण किया है जो ठीक नहीं है। कोल का भी मत है, "मार्क्स द्वारा भौतिकवादी शब्द का प्रयोग उपयुक्त नहीं है और यदि उसे अवैज्ञानिक नहीं तो अपर्याप्त जरूर कहा जा सकता है।"[1]

**5. सदैव उन्नति नहीं (Not Always Progress)**

द्वन्द्वात्मक पद्धति के अंतर्गत यह मान लिया जाता है कि मानव इतिहास हमेशा उन्नति की ओर ही रहा है। वस्तुतः, इसमें पतन भी होता है। उत्थान और पतन दोनों मानव इतिहास में पाये जाते हैं।

---

1. "Marx's use of word materialism is not proper and if not unscientific, is inadequate."—Cole.

### 6. क्रांति आवश्यक नहीं (Revolution not Must)

मार्क्स का कथन है कि समाज को उच्चत्तर सीमा तक पहुँचने के लिए हिंसा और क्रांति की आवश्यकता होती है, लेकिन क्रांति को आवश्यक मानना ठीक नहीं है।

### 7. द्वन्द्वात्मक पद्धति खतरनाक (Dialectical Method Dangerous)

मार्क्स ने मानव के ऐतिहासिक विकास क्रम में संघर्ष को आवश्यक माना है जो उपयुक्त नहीं है। द्वन्द्वात्मक पद्धति अपने आप में खतरनाक है। क्योंकि, मनुष्य केवल आर्थिक शक्तियों का दास नहीं है, मानवीय चेतना का भी। केरयू हंट का कथन है, "यद्यपि द्वन्द्ववाद हमें मानव विकास के इतिहास में मूल्यांकन क्रांतियों का दिग्दर्शन कराता है लेकिन मार्क्स का यह दावा स्वीकार नहीं किया जा सकता कि सत्य का अनुसंधान करने के लिए यही एकमात्र पद्धति है।"[1]

---

1. "The dialetic may give us valuable insights into the history of human development, the Marxists claim that it constitutes the only scientific approach to reality, cannot be allowed."—Hunt.

# 30

# इतिहास की भौतिकवादी या आर्थिक व्याख्या
# (Materialistic or Economic Interpretation of History)

## भूमिका
## (Introduction)

मार्क्स के अनुसार इतिहास की भौतिकवादी व्याख्या द्वंद्वात्मक पद्धति की दूसरी कड़ी है। यह संपूर्ण मार्क्स दर्शन का आधार है। कुछ विद्वानों ने इसे इतिहास की आर्थिक व्याख्या कहना अधिक पसंद किया है, क्योंकि, इतिहास के निर्णायक तत्व आर्थिक शक्तियाँ होती हैं। वेपर का भी मत है, "इतिहास की भौतिकवादी व्याख्या के सिद्धांत के अंतर्गत मार्क्स ने जो बात कही है, उसके लिए यह नाम भ्रमपूर्ण है। इस सिद्धांत को भौतिकवाद नहीं कहा जा सकता क्योंकि, भौतिक शब्द का अर्थ चेतनाहीन पदार्थ से होता है, जबकि इस सिद्धांत में मार्क्स चेतनाहीन पदार्थ की कोई बात नहीं करता। इस सिद्धांत के अंतर्गत मार्क्स सामाजिक परिवर्तन की बात करते हुए कहता है कि परिवर्तन आर्थिक कारणों से होता है। अतः, मार्क्स के सिद्धांत का नाम इतिहास की आर्थिक व्याख्या होनी चाहिए।"

**सिद्धांत की व्याख्या (Theory Explained)**

मार्क्स इतिहास की भौतिकवादी व्याख्या के द्वारा समस्त ऐतिहासिक घटनाओं का चित्र चित्रित करता है। प्रत्येक देश का सामाजिक, आर्थिक, शैक्षणिक,

राजनीतिक और धार्मिक संगठन आर्थिक तत्वों से प्रभावित होता है। व्यापार, उद्योग, कला, साहित्य, दर्शन, रीति-रिवाज, नियम, आचरण, धर्म और नैतिकता, आदि पर भौतिक अवस्थाओं का प्रभाव रहता है। जीवन की भौतिक अवस्थाओं का अर्थ-वातावरण, उत्पादन, वितरण और विनियम से है। मार्क्स के शब्दों में, "सभी सामाजिक, राजनीतिक और बौद्धिक संबंध, सभी धार्मिक और कानूनी पद्धतियाँ, बौद्धिक दृष्टिकोण जो इतिहास के विकास-क्रम में जन्म लेते हैं, वे सब जीवन की भौतिक अवस्थाओं से उत्पन्न होते हैं।"[1]

मार्क्स अपने सिद्धांत को दो क्रांतियों पर लागू करता है—

(i) भूत में सामंतवादियों और बुर्जुआ की तथा

(ii) भविष्य में बुर्जुआ और सर्वहारा के बीच।

मार्क्स के ऐतिहासिक भौतिकवाद की व्याख्या निम्नलिखित रूप में की जा सकती है:

### 1. भोजन (Food)

मार्क्स का कथन है कि मनुष्य की सबसे पहली आवश्यकता भोजन है। मनुष्य इसे प्रकृति या उत्पादन से प्राप्त करता है।

### 2. उत्पादन प्रवृत्तियाँ (Productive Forces)

मार्क्स के अनुसार उत्पादन शक्तियों में तीन चीजें होती हैं:

(क) प्राकृतिक साधन—भूमि, जलवायु, खनिज पदार्थ, जल, शक्ति, आदि,

(ख) मशीन, यंत्र और उत्पादन कला, तथा

(ग) मनुष्यों के मानसिक एवं नैतिक गुण।

मार्क्स का विश्वास है कि ये उत्पादन शक्तियाँ मानव की समस्त सामाजिक, आर्थिक, राजनीतिक और धार्मिक घटनाओं को निर्धारित करती है। समाज और राज्य का ढाँचा इन्हीं आर्थिक शक्तियों द्वारा तैयार होता है।

### 3. परिवर्तनशील उत्पादन शक्तियाँ (Changing Productive Forces)

मार्क्स का कथन है कि उत्पादन की शक्तियाँ सदा परिवर्तित होती रहती हैं इसलिए सामाजिक संबंधों में भी परिवर्तन होता रहता है। यही कारण है कि "हस्तचलित यंत्रों के युग में सामन्तवादी समाज और वाष्पचलित युग में पूँजीवादी समाज की स्थापना हुई।" उत्पादन शक्तियाँ निरन्तर विकसित होती रहती हैं।

---

1. "All the social, political and intellectual relations, all religious and legal systems, all the theoretical outlooks which emerge in the course of history are derived from the material conditions of life."—Karl Marx.

**4. द्वन्द्ववाद (Dialectic)**

मार्क्स का मत है कि उत्पादन की अवस्थाओं में तब तक परिवर्तन चलता रहता है जब तक कि उत्पादन की सर्वश्रेष्ठ अवस्था नहीं आ जाती। यह द्वन्द्ववाद द्वारा संभव है जो समाजवाद लाने में सहायता करता है।

**5. धर्म (Religion)**

मार्क्स ने धर्म को अफीम माना है। उसे धर्म में विश्वास नहीं है। धर्म दोषपूर्ण आर्थिक व्यवस्था की देन है।

**6. इतिहास की अनिवार्यता (Necessity of History)**

मार्क्स ने इतिहास की अनिवार्यता में विश्वास प्रकट किया है। इतिहास का विकास स्वतः होता है।

**7. वर्ग-संघर्ष (Class Struggle)**

मार्क्स का मत है कि मनुष्य का इतिहास वर्ग-संघर्ष का इतिहास है। प्रत्येक युग में दो वर्गों में संघर्ष हुआ है जिसके फलस्वरूप इतिहास का निर्माण हुआ है। वर्ग-संघर्ष से ही समाजवाद की स्थापना संभव है।

**8. इतिहास का काल विभाजन (Division of the Age of History)**

मार्क्स ने आर्थिक अवस्थाओं के आधार पर मानव इतिहास को निम्न युगों में बाँटा है:

**(क) आदिम साम्यवाद का युग** (Age of Primitive Communism)—यह मनुष्य की प्रारम्भिक अवस्था थी। इसमें लोग कन्द-मूल, फल और शिकार, आदि द्वारा जीवन-निर्वाह करते थे। वैयक्तिक संपत्ति नहीं थी। वर्ग-संघर्ष नहीं था। लोगों का जीवन सुखी था। कोई वर्ग नहीं था।

**(ख) दास युग** (Slave Age)—इसमें कृषि का विकास हुआ। वैयक्तिक संपत्ति का प्रचलन हुआ। भूमि का मालिक हुआ। स्वामी और दास दो वर्गों का प्रचलन हुआ।

**(ग) सामन्ती युग** (Feudal Age)—उत्पादन के साधनों का विकास हुआ। राज्य का जन्म हुआ। भूमि और उत्पादन के साधनों पर सामन्तों का अधिकार रहता था, लेकिन खेती और उद्योग किसान चलाते थे। किसानों का काफी शोषण होने लगा। समाज राजा और प्रजा दो वर्गों में विभाजित हो गया।

**(घ) पूँजीवादी युग** (Capitalist Age)—बड़े-बड़े उद्योगों की स्थापना से पूँजीवादी युग का प्रारम्भ हुआ। उत्पादन के साधनों और उद्योगों पर पूँजीपतियों का स्वामित्व हो गया। मजदूरों का शोषण होने लगा। समाज पूँजीपति और मजदूरवर्ग में बँट गया।

**( ङ ) समाजवादी युग** (Socialist Age)—पूँजीवादी व्यवस्था के बाद समाजवादी युग का प्रारम्भ होगा। इसमें उत्पादन की शक्तियों पर सर्वहारा वर्ग का अधिकार रहेगा। पूँजीपतियों का अंत होगा। किसी का शोषण नहीं होगा। समाज में, "प्रत्येक व्यक्ति अपनी योग्यतानुसार काम करेगा और अपने काम के अनुसार प्राप्त करेगा।"[1] यह एक संक्रमणकालीन अवस्था होगी। इसमें समाजवाद का रूप रहेगा।

**( च ) साम्यवादी युग** (Communist Age)—समाजवादी युग के बाद साम्यवादी युग का प्रारम्भ होगा। इसमें न राज्य होगा और न वर्ग। एक वर्गहीन और राज्यहीन समाज की स्थापना की जाएगी। इसमें पूर्ण रूप से शोषण का अंत होगा। समाज में, "प्रत्येक व्यक्ति अपनी योग्यतानुसार काम करेगा और अपनी आवश्यकतानुसार प्राप्त करेगा।"[2] साम्यवादी युग विकास की चरम सीमा होगी। इसके बाद कोई परिवर्तन नहीं होगा। द्वन्द्वात्मक भौतिकवाद की प्रक्रिया समाप्त हो जाएगी।

## ऐतिहासिक भौतिकवाद की आलोचना
## (Criticism of Historical Materialism)

मार्क्स के ऐतिहासिक भौतिकवाद की कटु आलोचनाएँ निम्न प्रकार से की जाती हैं—

### 1. आर्थिक तत्व पर विशेष बल (Too Much Emphasis on Economic Factor)

आलोचकों का कहना है कि मार्क्स ने सामाजिक, आर्थिक, राजनीतिक, धार्मिक और अन्य परिवर्तनों का आधार आर्थिक बताया है जो पूर्णतः सही नहीं है। बुद्ध, महावीर, ईसा और मुहम्मद विचारों के माध्यम से समाज में परिवर्तन लाए।

### 2. धर्म की गलत व्याख्या (Wrong Interpretation of Religion)

मार्क्स ने धर्म को अफीम माना है। उसने धर्म की गलत व्याख्या की है। वस्तुतः, मानव जीवन में धर्म का स्थान उच्च है। धर्म के अभाव में मानव-जाति सुरक्षित नहीं रह सकती। मनुष्य चीजों के साथ धर्म का भी भूखा रहता है।

### 3. पूँजीपति और मजदूरों में कटुता नहीं (No Bitterness between Capitalists and Workers)

मार्क्स ने कहा है कि पूँजीवादी व्यवस्था में पूँजीपति और मजदूर में काफी कटुता रहती है। लेकिन, अमेरिका में ऐसी बात नहीं है। वहाँ मजदूर वर्ग की भी आर्थिक स्थिति अच्छी है।

---

1. "From each according to his ability, to each according to his work."—Karl Marx.
2. "From each according to his ability, to each accroding to his needs."—Karl Marx.

**4. युगों का विभाजन काल्पनिक (Divisions of Ages Imaginary)**

मार्क्स ने जो आदिम साम्यवाद, दास युग, सामंती युग, पूँजीवादी युग, समाजवादी और साम्यवादी युग की कल्पना की है, वह कल्पित है। उसका युगों का विभाजन त्रुटिपूर्ण है।

**5. द्वन्द्वात्मक प्रक्रिया रुकेगी (Dialectic Process will Stop)**

मार्क्स का कहना है कि वर्गविहीन और राज्यविहीन समाज की स्थापना के बाद, द्वन्द्वात्मक प्रक्रिया समाप्त हो जाएगी। यह धारणा गलत है। विकास की प्रक्रिया सदा चलती रहती है।

**6. राजनीतिक सत्ता आर्थिक शक्ति पर आधारित नहीं (Political Power not Based on Economic Power)**

मार्क्स का कहना है कि आर्थिक शक्ति के आधार पर ही राजनीतिक शक्ति प्राप्त की जाती है, लेकिन, यह कोई आवश्यक नहीं है। मध्यकाल में यूरोप में पोप ने अनार्थिक कारणों से शक्ति प्राप्त की थी।

**7. इतिहास में आकस्मिक तत्वों का हाथ (Hand of Contingent Elements in History)**

इतिहास का विकास केवल आर्थिक कारणों से ही नहीं हुआ है, बल्कि उसमें आकस्मिक तत्वों का भी हाथ रहा है। द्रौपदी के कारण महाभारत हुआ। रोगी, बूढ़ा और शव को देखकर गौतम ने सन्यास ग्रहण किया।

**8. राजनीतिक शक्ति पर अर्थ-व्यवस्था आधारित (Economic System Based on Political Power)**

मार्क्स के अनुसार आर्थिक-व्यवस्था राजनीतिक शक्ति को बदलती है; लेकिन, आलोचकों का कहना है कि राजनीतिक शक्ति के अनुरूप अर्थ-व्यवस्था निर्धारित होती है। ओद्योगिक क्रांति में व्यक्तिवादी विचारधारा ने अर्थ-व्यवस्था में लोगों को पूरी स्वतंत्रता दी। साम्यवादी रूस में अर्थ-व्यवस्था को नियंत्रित किया गया।

## निष्कर्ष

उपर्युक्त आलोचनाओं के आधार पर यह नहीं समझना चाहिए कि मार्क्स का ऐतिहासिक भौतिकवाद निरर्थक है। वस्तुतः, मार्क्स ने इसके माध्यम से लोगों का ध्यान इस और आकृष्ट किया कि इतिहास की सामाजिक, राजनीतिक, धार्मिक और अन्य घटनाओं में आर्थिक तत्व का विशेष हाथ रहता है।

# 31

# वर्ग-संघर्ष का सिद्धांत
# (Theory of Class Struggle)

## सिद्धांत की व्याख्या
## (Theory Explained)

मार्क्स के दर्शन में वर्ग-संघर्ष एक विशेष महत्व रखता है। मानव इतिहास सदा दो वर्गों में विभजित रहा है—शोषक और शोषित। पूँजीपति को शोषक वर्ग और मजदूर को शोषित वर्ग कहा जाता है। इन दोनों वर्गों में सदा संघर्ष चलता रहता है। पूँजीपति कम वेतन देकर मजदूरों से श्रम लेना चाहता है और मजदूर अधिक वेतन की माँग करता है। इस प्रकार अमीरों और गरीबों के बीच श्रेष्ठ जीवन के लिए सदा संघर्ष होता आया है। मार्क्स ने कहा है, "अब तक के समस्त सामाजिक जीवन का इतिहास वर्ग-संघर्ष का ही इतिहास है।"[1]

वह वर्ग-संघर्ष पर ही निम्न शब्दों में प्रकाश डालता है, "स्वतंत्र व्यक्ति और दास, कुलीन व जनसाधारण, जागीरदार व रैयत, गिल्ड व कारीगर, एक शब्द में शोषक और शोषित—सदा एक-दूसरे के विरोध में खड़े होकर कभी प्रत्यक्ष और कभी परोक्ष रूप से लगातार युद्ध करते रहते हैं। यह एक ऐसा संघर्ष है जो कि प्रत्येक बार या तो समाज के क्रांतिकारी पुन:निर्माण में समाप्त हुआ या फिर युद्ध में लगे हुए दोनों वर्गों के सर्वनाश में।"

---

1. "The history of all hitherto society is the history of class-struggle."—Karl Marx.

इस प्रकार, पूँजीपति और मजदूरों में संघर्ष सदा चलता रहता है। पूँजीपति कम मजदूरी देकर अधिक-से-अधिक श्रम लेना चाहता है और मजदूर अपने श्रम का उचित लाभ लेना चाहता है। इसी में, दोनों में संघर्ष चलता रहता है।

## पूँजीपति समाज की विशेषताएँ (Features of the Capitalist Society)

पूँजीपति अपने अंदर विनाश का बीज रखता है। उसकी प्रमुख विशेषताएँ निम्नांकित हैं—

1. पूँजीपति व्यवस्था में स्वयं अपने विनाश के बीज निहित हैं।
2. इसमें राजनीतिक और आर्थिक सत्ता के लिए अमीरों और गरीबों में निरन्तर संघर्ष रहता है।
3. पूँजीपति फैक्ट्री के स्वामी होते हैं और श्रमिक अपने श्रम पर जीवित रहते हैं।
4. पूँजीपति कम मजदूरी देना चाहते हैं और मजदूर अधिक पाने की इच्छा रखते हैं।
5. पूँजीपति निजी लाभ की दृष्टि से उत्पादन कराते हैं।
6. वे अतिरिक्त मूल्य भी रख लेते हैं।
7. वे सभी संस्थाओं को नियंत्रित करते हैं।
8. वे कच्चे माल और तैयार माल बेचने के लिए साम्राज्यवाद की नीति अपनाते हैं।
9. वे पूँजी पर नियंत्रण रखते हैं। पूँजी कुछ ही व्यक्तियों के हाथों में रहती है।
10. मशीन के कारण बेकारी की समस्या बढ़ती है जो वर्ग चेतना को जन्म देती है। इससे मजदूर संगठित होते हैं।
11. संचार से अंतर्राष्ट्रीय मजदूर संगठन का निर्माण हुआ। विश्व मार्केट से भी एकता बढ़ी।
12. पूँजीपतियों में संघर्ष उत्पन्न होने से विश्वयुद्ध की संभावना बढ़ी।

उपर्युक्त त्रुटियों के कारण पूँजीवाद का स्वयं नाश होगा और उसके स्थान पर सर्वहारा वर्ग का अधिनायकत्व स्थापित होगा।

कोकर का भी मत है, "पूँजीवादी व्यवस्था मजदूरों की संख्या बढ़ाती है, उन्हें वह संगठित समुदायों में एकत्रित कर देती है, उनमें वर्ग चेतना का प्रादुर्भाव करती है और उनमें परस्पर संपर्क तथा सहयोग स्थापित करने के लिए विश्वव्यापी

पैमाने पर साधन प्रदान करती है, उनकी क्रयशक्ति को कम करती है और उनका अधिकाधिक शोषण करके उन्हें संगठित प्रतिरोध करने के लिए प्रेरित करती है।"[1]

मार्क्स को पूर्ण विश्वास था कि पूँजीवाद का नाश होगा और मजदूरों की जीत होगी। लेनिन और स्टालिन ने रूस में तथा माओ ने चीन में मार्क्स के सपने को साकार कर दिया। एक वर्गविहीन और राज्यविहीन साम्यवादी राज्य की स्थापना सर्वहारा वर्ग का अंतिम लक्ष्य होगा।

## वर्ग-संघर्ष की आलोचना (Criticism of Class Struggle)

विभिन्न आलोचकों ने मार्क्स के वर्ग-संघर्ष की आलोचना निम्न रूप से की है:

### 1. सहयोग, संघर्ष नहीं (Co-operation, Not Struggle)

आलोचकों का कहना है कि सामाजिक जीवन में केवल संघर्ष ही नहीं है; उसमें प्रेम, सहानुभूति और सहयोग भी है। इसी पर समाज चल रहा है। मार्क्स ने इसकी उपेक्षा कर, केवल संघर्ष पर जोर दिया है जो गलत है।

### 2. मध्यमवर्ग की उपेक्षा (Negligence of Middle Class)

मार्क्स ने समाज में दो वर्ग माने हैं—शोषक और शोषित। उसने मध्यमवर्ग की उपेक्षा की है। डॉक्टर, इंजीनियर, वकील, प्रोफेसर मध्यमवर्ग में आते हैं जिनका समाज में विशिष्ट स्थान रहता है।

### 3. वर्ग अस्पष्ट (Class Vague)

मार्क्स ने सामाजिक और आर्थिक वर्ग में विभेद नहीं किया है। उसका वर्ग अस्पष्टता पर आधारित है। सामाजिक और आर्थिक वर्ग अलग-अलग होते हैं।

### 4. बुद्धिजीवी द्वारा क्रांति (Revolution by Intellectuals)

मार्क्स ने सर्वहारा वर्ग की क्रांति पर विशेष जोर दिया है। लेकिन, मानव इतिहास इस बात का साक्षी है कि अधिकांश क्रांतियों में बुद्धिजीवियों का हाथ रहा है।

---

1. "Thus the capitalist system enlarges the number of workers, brings them together into compact groups, makes them class-conscious, supplies them with means of inter-communication and co-operation on a worldwide scale, reduces their purchasing power, and by increasingly exploiting them arouses them in organised resistance."—Coker.

**5. वर्गीयता से राष्ट्रीयता प्रबल (The Feeling of Nationality Stronger than Class)**

मार्क्स ने वर्गीयता पर विशेष जोर दिया है जबकि राष्ट्रीयता की भावना उससे अधिक प्रबल है।

**6. समस्त इतिहास वर्ग-संघर्ष नहीं (All History not Class Struggle)**

आलोचकों का मत है कि संसार का समस्त इतिहास वर्ग-संघर्ष नहीं है। यह ऐतिहासिक दृष्टिकोण से गलत है। शक्ति, धर्म, विवाह, महत्वाकांक्षा, आदि का भी संघर्ष में हाथ रहा है।

**7. पूँजीवाद का नाश नहीं (No Destruction of Capitalism)**

वर्ग-संघर्ष इंग्लैंड और अमेरिका में लागू नहीं हुआ। वहाँ की पूँजीवादी व्यवस्था का नाश नहीं हुआ, बल्कि पूँजीवाद की जड़ें और गहरी हो गयी हैं।

**8. कैरयू हंट (Carew Hunt)**

कैरयू के अनुसार, "मार्क्स का यह विचार कि मनुष्यों के समस्त झगड़े वर्ग-संघर्ष से उत्पन्न होते हैं, यद्यपि आम लोगों को यह विश्वास दिलाने में, कि उनका दुर्भाग्य पूँजीवादी व्यवस्था के कारण है जो सर्वहारा वर्ग की विजय के साथ ही समाप्त हो जाएगा, युक्ति महत्व रखता है, लेकिन एक वैज्ञानिक धारणा के रूप में मिथ्या है।"[1]

वस्तुतः, मार्क्स ने जिस वर्गविहीन और राज्यविहीन साम्यवादी समाज की कल्पना की है, वह संभव नहीं है। अभी भी रूस और चीन में राज्य का नाश नहीं हुआ है, बल्कि वहाँ का राज्य और शक्तिशाली हो गया है।

---

1. "Finally, Marx's thesis that all conflict among men arises from the class struggle, albeit of undoubted tactical value as calculated to convince the masses that their misfortunes are attributed to the capitalist system and will disappear with the victory of the proletariat, is nonetheless fallacious."—Carew Hunt.

# 32

# अतिरिक्त मूल्य का सिद्धांत
# (Theory of Surplus Value)

## सिद्धांत की व्याख्या
## (Theory Explained)

मार्क्स ने अतिरिक्त मूल्य के सिद्धांत का वर्णन अपनी पुस्तक **दास कैपिटल**[1] में किया है। इसके माध्यम से वह यह सिद्ध करता है कि पूँजीपति मजदूरों को यथायोग्य मजदूरी नहीं देते हैं। उसने मूल्य का सिद्धांत रिकार्डो से लिया है। उसने श्रम के मूल्य के स्थान पर श्रम-शक्ति पर विशेष जोर दिया है।

वेपर का भी मत है, "मार्क्स का अतिरिक्त मूल्य का सिद्धांत रिकार्डो के सिद्धांत का ही व्यापक रूप है जिसके अनुसार किसी भी वस्तु का मूल्य उसके निहित श्रम की माँग के अनुपात में होता है, बशर्ते यह श्रम-उत्पादन की क्षमता के वर्तमान स्तर के तुल्य हो।"

मार्क्स के अनुसार प्रत्येक वस्तु के दो मूल्य होते हैं—

(क) उपयोग मूल्य (Use Value) और

(ख) विनिमय मूल्य (Exchange Value)।

वायु या जल पर श्रम खर्च नहीं होता है इसलिए उसका उपयोग मूल्य है। लेकिन, गाड़ी बनाने पर श्रम खर्च होता है इसलिए उसका विनिमय मूल्य होता है।

1. *Das Capital.*

पूँजीपति और मजदूर में निरन्तर संघर्ष अतिरिक्त मूल्य के कारण होता है। पूँजीपति अपनी पूँजी के बल पर श्रम खरीदता है और श्रमिकों को मजदूरी देता है लेकिन मजदूरों की मजदूरी मूल्य से बहुत कम होती है जो उसके श्रम द्वारा तैयार वस्तुओं पर पूँजीपति को बाजार में मिलता है।

दूसरे शब्दों में, मजदूर श्रम तो अधिक करता है लेकिन मजदूरी उस अनुपात में बहुत कम दी जाती है। लागत के मूल्य और बिक्री के मूल्य के अंतर को अतिरिक्त मूल्य कहते हैं। अतिरिक्त मूल्य का स्रोत वही बची हुई श्रम शक्ति है जिसका उचित मूल्य मजदूर को मिलना चाहिए लेकिन पूँजीपति उसे न देकर स्वयं हड़प लेता है।

मार्क्स के शब्दों में, "यह उन दो मूल्यों का अंतर है जिसे मजदूर पैदा करता है और जिसे वह वास्तव में पाता है।"[1]

वस्तुतः, यह वह मूल्य है जिसे पूँजीपति मजदूर के श्रम से प्राप्त करता है जिसके लिए उसने मजदूर को कोई मूल्य नहीं चुकाया है। मैक्सी का भी मत है, "यह वह मूल्य है जिसे पूँजीपति मजदूरों के खून-पसीने की कमाई पर पथ-कर के रूप में वसूल करता है।"

उदाहरण के रूप में, यदि किसी फैक्ट्री में एक मजदूर एक धोती बनाता है तो उसे पाँच रुपए मजदूरी दी जाती है और उसमें दस रुपए की अन्य सामग्री लगी तो धोती की लागत पन्द्रह रुपए हो गयी; लेकिन वह धोती बाजार में पच्चीस रुपए में बिकती है तो पच्चीस रुपए में से पन्द्रह रुपए लागत निकाल देने पर दस रुपया अतिरिक्त मूल्य बचता है जो सीधे पूँजीपति को मिल जाता है।

अतिरिक्त मूल्य सिद्धांत से मार्क्स ने तीन नियम बनाये--

### (क) पूँजी संचय का सिद्धांत (The Law of Capital Accumulation)

अधिक मशीन प्रयोग कर श्रम की बचत और उत्पादन की वृद्धि की जाती है।

### (ख) पूँजी के केन्द्रीकरण का सिद्धांत (The Law of Concentration of Capital)

पूँजीपतियों की संख्या में कमी होती है और पूँजी कुछ व्यक्तियों के हाथों में आ जाती है।

---

1. "Surplus value is the difference between the value of the wages which a labour produces and which he actually receives."—Karl Marx.

**(ग) कष्टों की वृद्धि का सिद्धांत (The Law of Increasing Misery)**

इसमें मजदूरों को काफी शोषण करके, कष्ट पहुँचाया जाता है जो आगे चलकर क्रांति का रूप ले लेता है।

## अतिरिक्त मूल्य सिद्धांत की आलोचना (Criticism of the Surplus Value)

विभिन्न आलोचकों ने इसकी आलोचना निम्न रूप से की है—

**1. केवल श्रम उत्पादन का साधन नहीं (Only Labour not the Means of Production)**

मार्क्स का कहना है कि चीजों के उत्पादन में केवल श्रम का ही हाथ रहता है लेकिन, यह गलत है। भूमि, पूँजी, प्रबंध और साहस का भी हाथ वस्तुओं के उत्पादन में रहता है।

**2. अनेक व्यय (Many Expenses)**

पूँजीपतियों के द्वारा वस्तुओं के उत्पादन में अनेक व्यय किए जाते हैं, जैसे—मशीनों की घिसावट, मजदूरों के उत्तम जीवन, बीमा, बोनस, आदि। मार्क्स ने इस पर विचार नहीं किया है।

**3. सिद्धांत अस्पष्ट (Theory Vague)**

मार्क्स ने मूल्य और दाम शब्दों का प्रयोग मनमाने ढंग से किया है। उसका सिद्धांत अस्पष्ट और अतिरंजित है।

**4. मानसिक श्रम की उपेक्षा (Negligence of Mental Labour)**

वस्तुओं के उत्पादन में शारीरिक श्रम के अतिरिक्त मानसिक श्रम भी लगता है। मार्क्स ने इसकी उपेक्षा की है।

**5. प्रचार (Propaganda)**

आलोचकों का कहना है कि अतिरिक्त मूल्य का सिद्धांत आर्थिक होने की अपेक्षा अधिक प्रचारात्मक है।

6. कोल (Cole) के अनुसार, "मार्क्स का सिद्धांत काफी सीमा तक एक ऐसा वादानुवादी तथा शास्त्रार्थ-पूर्ण है जो अपनी निरन्तर गलतफहमियों के परिणामस्वरूप, जिन्हें मार्क्स के शिष्यों ने फैलाया, बढ़ाया और फलता-फूलता जा रहा है।"

7. रसेल (Russell) के शब्दों में, "वर्तमान पद्धति के विषय में मार्क्स के विचारों के अनुसार अतिरिक्त मूल्य के सिद्धांत का अनुवाद शुद्ध सिद्धांत के

लिए देन की अपेक्षा घृणा की परिभाषा के सारांश रूप में किया जाए तो अधिक युक्तिसंगत होगा। अतिरिक्त मूल्य के सिद्धांत के लिए शुद्ध आर्थिक सिद्धांत को बहुत-सी अव्यावहारिक चर्चा अपेक्षित है। समाजवाद के व्यावहारिक पूर्ण या मिथ्या होने के संबंध में इस सिद्धांत में यह कोई विशेष उल्लेखनीय बात नहीं।"

**8.** मैक्स बियर (Max Beer) का यह मत है, "इस विचार को अस्वीकार करना असंभव है कि मार्क्स का सिद्धांत आर्थिक सत्य के स्थान पर राजनीतिक और सामाजिक नारे बाजी है।"[1]

## निष्कर्ष

अतिरिक्त मूल्य के सिद्धांत की जो भी आलोचनाएँ की जायें, इतना सत्य अवश्य है कि पूँजीपति मजदूर को श्रम के अनुपात में मजदूरी नहीं देते हैं और उसका शोषण करते हैं।

1. "It is impossible to set aside the view that Marx's theory of value has rather the significance of a political and social slogan."—Max Beer.

# 33

# मार्क्सवादी राज्य का सिद्धांत
# (Marxian Theory of State)

## भूमिका
## (Introduction)

राज्य की उत्पत्ति कब, कैसे और कहाँ हुई। यह एक रहस्यमय समस्या है। इस संबंध में विद्वानों में काफी मतभेद है। राज्य की उत्पत्ति के संबंध में निम्नलिखित सिद्धांत मुख्य रूप से प्रचलित हैं—

1. दैवी सिद्धांत,
2. शक्ति सिद्धांत,
3. पैतृक और मातृक सिद्धांत,
4. सामाजिक समझौते का सिद्धांत और
5. विकासवादी या ऐतिहासिक सिद्धांत।

लेकिन, कार्ल मार्क्स ने भी राज्य की उत्पत्ति पर विचार किया है जिसको एक वर्गीकरण के रूप में माना जा सकता है। उसने हॉब्स, लॉक और रूसो की तरह राज्य को एक मानवकृत संस्था माना है। वह विकासवादी सिद्धांत में विश्वास नहीं करता है। उसके अनुसार, "राज्य एक निर्मित संस्था है, विकसित नहीं।"[1]

1. "State is a creation and not an evolution."—Karl Marx.

उसने दैवी और शक्ति सिद्धांत का भी खंडन किया है। उसने राज्य की उत्पत्ति पर अपना मौलिक विचार दिया है। उसके अनुसार मानव इतिहास दो युगों में विभाजित है:

(क) राज्य विहीनयुग और

(ख) राज्य निर्माण के बाद का युग।

## आदिम साम्यवाद
## (Primitive Communism)

राज्य विहीन युग को मार्क्स ने आदिम साम्यवाद कहकर पुकारा है। इस युग में राज्य और वर्ग नहीं था। वैयक्तिक संपत्ति नहीं थी। सारी संपत्ति पर सामूहिक स्वामित्व होता था। लोग जंगलों और गुफाओं में रहते थे। कंद-मूल और फल खाकर वे जीवन-निर्वाह करते थे। आपस में मेरा और तेरा की भावना नहीं थी। आपस में वर्ग-संघर्ष नहीं था। लोग स्वर्गिक आनन्द की अनुभूति करते थे। इसी युग को मार्क्स ने आदिम साम्यवाद माना है।

## राज्य की उत्पत्ति के कारण
## (Causes of the Origin of State)

**वैयक्तिक संपत्ति, शोषण और वर्ग-संघर्ष (Individual Property, Exploitation and Class Struggle)**

मार्क्स का कथन है कि आगे चलकर आदिम साम्यवाद की परिस्थितियाँ बदल गयीं। लोगों ने उत्पादन के साधनों का आविष्कार किया। जिसके कारण बड़े पैमाने पर चीजों का उत्पादन होने लगा। जिस व्यक्ति के हाथ में उत्पादन के साधन थे, वह सारी संपत्ति का मालिक बन बैठा।

इस प्रकार, वैयक्तिक संपत्ति का प्रचलन हुआ। आपस में **मेरे** और **तेरे** की भावना का प्रचार हुआ। लोग अपनी संपत्ति के पीछे दौड़ने लगे।

समाज में दो वर्गों की उत्पत्ति हुई—

(क) पूँजीपति वर्ग, और

(ख) सर्वहारा वर्ग।

समाज में पूँजीपति और सर्वहारा वर्ग की उत्पत्ति से आदिम साम्यवाद का शांतिप्रिय युग समाप्त हो गया। पूँजीपति वर्ग कम संख्या में होते थे, इसलिए उनको अपनी वैयक्तिक संपत्ति की रक्षा की चिंता उत्पन्न हुई। वे हमेशा भयभीत होने लगे कि कहीं सर्वहारा वर्ग हमारी वैयक्तिक संपत्ति को छीन न ले। अतएव, अपनी संपत्ति की रक्षा हेतु राज्य जैसी संस्था का निर्माण किया जो शांति और

सुव्यवस्था की स्थापना कर सके। इसके साथ ही, व्यवस्थापिका, कार्यपालिका और न्यायपालिका जैसी संस्थाओं का निर्माण किया गया। उनका मूल उद्देश्य था—क्रमशः कानून का निर्माण करना, कानून को लागू करना और कानून उल्लंघन करने वाले को दंड देना। पुलिस और जेल की भी व्यवस्था की गयी। अतः, मार्क्स की इस व्यवस्था से यह स्पष्ट है कि राज्य की उत्पत्ति में पूँजीपति वर्ग का हाथ है। जिसका निर्माण उसने अपने स्वार्थ की पूर्ति के लिए किया। मार्क्स के शब्दों में, "राज्य की उत्पत्ति वैयक्तिक संपत्ति और समाज में वर्ग-विभेद से हुई।"[1]

एंजिल्स के अनुसार, "राज्य एक प्राकृतिक संस्था नहीं है। श्रम-विभाजन और व्यक्तिगत संपत्ति जैसी संस्थाओं के विकास के साथ शक्ति के लिए संघर्ष शुरू हुआ और राज्य का उदय इस कारण हुआ कि संपत्ति के अधिकारी अपनी संपत्ति की रक्षा गैर-संपत्ति वाले वर्ग का शोषण करके कर सकें।" वह आगे कहता है, "राज्य एक वर्ग द्वारा दूसरे वर्ग का शोषण करने की मशीन से अधिक कुछ नहीं है।"[2]

ग्रे के शब्दों में, "राज्य एक वर्ग संगठन है जो प्रभावी वर्ग के हितों का प्रतिनिधित्व तथा उनके विचारों को प्रतिबिम्बित करता है।"[3]

इस प्रकार, पूँजीपति वर्ग ने सर्वहारा वर्ग पर अपनी प्रभुता को जमाए रखने के लिए राज्य निर्माण किया। इसलिए, मार्क्स ने कहा है कि, "राज्य वर्ग-संघर्ष की उपज है।"[4]

## राज्य द्वन्द्वात्मक एवं ऐतिहासिक भौतिकवाद से संबंधित (State is Related to Dialectical and Historical Materialism)

राज्य की उत्पत्ति से यह स्पष्ट है कि मार्क्स का द्वन्द्वात्मक भौतिकवाद, ऐतिहासिक भौतिकवाद, वर्ग-संघर्ष और अतिरिक्त मूल्य—ये चारों सिद्धांत राज्य से किसी ने किसी प्रकार संबंधित हैं। इन सिद्धांतों के अंतर्गत मार्क्स ने भौतिक

1. "State is the result of private property and the division of society into classes." —Marx.
2. "State is nothing more than a machine for the oppression of one class by another." —Engels.
3. "The state is a class organisation, representing the interests and reflecting the ideas of dominant class."—Gray.
4. "State is the product of class struggle."—Marx.

पदार्थ पर जोर दिया है, जबकि हीगल के विचार पर मार्क्स का कथन है कि वर्ग-संघर्ष या इतिहास के निर्माण में भौतिक पदार्थों का हाथ रहा है।

इसके विपरीत, हीगल ने भौतिक पदार्थ के स्थान पर विचार को प्रधानता दी है। उसके अनुसार, "राज्य पृथ्वी पर ईश्वर का अवतरण है।"[1]

वस्तुतः, मार्क्स के अनुसार मानव समाज शोषक और शोषित के बीच विभाजित हो गया। शोषक की संख्या कम और शोषितों की संख्या अधिक हो गयी। राज्य ही पूँजीपति वर्ग की रक्षा करने लगा। मार्क्स के शब्दों में, "राज्य एक ऐसा मशीन सिद्ध हुआ जिसके द्वारा मुट्ठी भर पूँजीपति बहुसंख्यक सर्वहारा पर अन्याय, शोषण और दमन करने लगे।"[2]

इस प्रकार, राज्य के अंतर्गत पूँजीपति वर्ग का आधिपत्य व्यवस्थापिका, कार्यपालिका, न्यायपालिका, सेना, जेल, पुलिस और कानून, आदि पर पूर्ण रूप से रहा। ये सारी संस्थाएँ पूँजीपति वर्ग के हित में काम करती थीं और सर्वहारा वर्ग की उपेक्षा की जाती थी।

## पूँजीवादी राज्य का वर्गविहीन एवं राज्यविहीन साम्यवादी समाज में परिवर्तन
## (Replacement of the Capitalist State by Classless and Stateless Communistic Society)

मार्क्स ने निर्भीकतापूर्वक यह तर्क दिया कि इस प्रकार की शोषण करने वाली राज्य जैसी संस्था को जाना है। उसने राज्य के उन्मूलन हेतु क्रांतिकारी तरीके का आह्वान किया। उसका कथन था कि क्रांति के माध्यम से ही पूँजीवादी राज्य और व्यक्तिगत संपत्ति का जड़ से नाश किया जा सकता है। इसके साथ ही, व्यवस्थापिका, कार्यपालिका, न्यायपालिका, पुलिस, जेल, कानून, इत्यादि को भी क्रांति के माध्यम से ही त्यागा जा सकता है। इस प्रकार, जब पूँजीवादी राज्य का नाश हो जाएगा तो उसके स्थान पर एक साम्यवादी समाज की स्थापना की जाएगी, जिसके अंतर्गत न तो कोई पूँजीपति होगा और न कोई वर्ग होगा। व्यक्तिगत संपत्ति और वर्ग-संघर्ष दोनों को सदा के लिए समाप्त कर दिया जाएगा।

लेकिन, मार्क्स ने पूँजीवादी राज्य के नाश होने पर दो अवस्थाओं का उल्लेख किया है—

1. "The state is the march of god upon the earth."—Hegel.
2. "State is in reality, a machinery for the perpetuation of injustice, exploitation and oppression of the vast majority by a handful of minority."—Marx.

(क) संक्रमणकालीन अवस्था या समाजवादी समाज और

(ख) वर्गविहीन एवं राज्यविहीन साम्यवादी समाज।

## (क) संक्रमणकालीन अवस्था या समाजवादी समाज (Transitional Period or Socialist Society)

मार्क्स ने एक संक्रमणकालीन अवस्था की कल्पना की है। उसका कथन है कि पूँजीवादी राज्य या उसके नियम या अन्य संस्थाओं का अचानक नाश करना संभव नहीं है। वस्तुतः, उसकी सभी संस्थाओं का नाश धीरे-धीरे होगा। इस प्रकार, साम्यवादी व्यवस्था के पूर्व समाजवादी व्यवस्था की स्थापना की जाएगी और यह समाजवादी व्यवस्था कुछ समय के लिए रहेगी। जिसमें पूँजीवादी व्यवस्था साम्यवादी व्यवस्था के समीकरण से समाजवादी व्यवस्था की सृष्टि होगी। इसमें उत्पादन की शक्तियों पर सर्वहारा वर्ग का अधिनायकत्व रहेगा। इस संक्रमणकालीन अवस्था में यद्यपि सभी वस्तुओं का राष्ट्रीयकरण कर दिया जाएगा, फिर भी सरकार के पास इतनी क्षमता नहीं होगी कि सभी व्यक्तियों की जरूरतें पूरी कर सके। समाजवादी व्यवस्था में निर्देशित सिद्धांत होगा, "प्रत्येक व्यक्ति अपनी योग्यतानुसार कार्य करेगा और अपने काम के अनुसार प्राप्त करेगा।"[1]

## (ख) वर्गविहीन एवं राज्यविहीन साम्यवादी समाज (Classless and Stateless Communist Society)

कुछ समय के बाद, समाजवाद से स्वतः साम्यवाद का आविर्भाव होगा जिसके अंतर्गत पूँजीपति, व्यक्तिगत संपत्ति, वर्ग-संघर्ष और राज्य जैसी संस्था का नामोनिशान नहीं रहेगा। सभी प्रकार के शोषण का अंत होगा। सम्पूर्ण आर्थिक और राजनीतिक सत्ता सर्वहारा वर्ग के हाथों में होगी और उन्हीं के हित में व्यवस्थापिका, कार्यपालिका, न्यायपालिका, जेल, पुलिस और कानून, आदि का निर्माण किया जाएगा। राज्य स्वतः समाप्त हो जाएगा और एक वर्गविहीन तथा राज्य विहीन साम्यवादी समाज की स्थापना हो जायेगी। एंजिल्स ने कहा है, "जब अन्ततोगत्वा राज्य सम्पूर्ण समाज का प्रतिनिधि बन जाएगा तो यह अपने-आपको बेकार बना देगा। राज्य को समाप्त नहीं किया जाएगा, यह अपने-आप विलुप्त हो जाएगा।"[2]

---

1. "From each according to his ability, to each according to his work."—Marx.
2. "When ultimately, the state becomes really the representative of society as a whole it makes itself superfluous...the state is not abolished, it withers away." —Engels.

वस्तुतः, साम्यवादी समाज का निर्देशित सिद्धांत होगा, "प्रत्येक व्यक्ति अपनी योग्यतानुसार काम करेगा और अपनी आवश्यकतानुसार प्राप्त करेगा।"[1]

इस प्रकार, मार्क्स ने राज्य की उत्पत्ति का वर्णन किया है जिसमें पूँजीपति, व्यक्तिगत संपत्ति और उत्पादन के साधनों को मुख्य आधार माना है। साम्यवादी युग विकास की चरम सीमा होगी। इसके बाद कोई परिवर्तन नहीं होगा। द्वन्द्वात्मक भौतिकवाद की प्रक्रिया समाप्त हो जाएगी।

## मार्क्सवादी राज्य की आलोचना
## (Criticism of the Marxian State)

विभिन्न आलोचकों ने मार्क्स के राज्य की उत्पत्ति संबंधी सिद्धांत का खंडन किया है जिसका उल्लेख निम्नांकित रूप से किया जा सकता है—

### 1. शुद्ध रूप से आर्थिक सिद्धांत पर आधारित (Purely Based on Economic Theory)

मार्क्स का राज्य संबंधी सिद्धांत मुख्य रूप से आर्थिक सिद्धांत पर आधारित है। उसने केवल आर्थिक आधार पर ही राज्य की उत्पत्ति मानी है।

वस्तुतः, राज्य की उत्पत्ति में अनेक तत्वों का हाथ रहा है, जैसाकि विकासवादी सिद्धांत वाले मानते हैं। अर्थ या व्यापार उनमें से एक कारण ही हो सकता है। यह कहना कि केवल आर्थिक तत्व के कारण ही राज्य की उत्पत्ति हुई, गलत होगा। राज्य की उत्पत्ति में मानवीय आवश्यकताएँ, धर्म, रक्त-संबंध, युद्ध, राजनीतिक चेतना जैसे तत्वों का भी हाथ रहा है। मार्क्स ने इन तत्वों की उपेक्षा की है।

### 2. राज्यविहीन काल की धारणा (The Conception of Stateless Period)

मार्क्स ने राज्यविहीन युग की कल्पना की है जो आदिम साम्यवाद के समय विद्यमान था। उस समय राज्य की उत्पत्ति नहीं हुई थी या उसका अस्तित्व इस पृथ्वी पर नहीं था। आलोचकों का कहना है कि मार्क्स ने जो राज्यविहीन युग की कल्पना की है, वह हॉब्स, लॉक और रूसो की प्राकृतिक अवस्था की तरह कोरी कल्पना है। आज विकासवादी सिद्धांत वालों ने यह सिद्ध कर दिया है कि राज्य का क्रमिक रूप से विकास हुआ है। राज्य किसी न किसी रूप मे मानवीय सभ्यता के विकास में रहा है। जैसा कि अरस्तू ने अपनी पुस्तक **पॉलिटिक्स** में राज्य को एक प्राकृतिक संस्था माना है।

---

3. "From each according to his ability, to each according to his needs."—Marx.

### 3. राज्य का विलुप्त होना (Withering Away of the State)

मार्क्स ने यह भविष्यवाणी की थी कि जब पूर्ण रूप से साम्यवादी व्यवस्था की स्थापना हो जाएगी तो राज्य का धीरे-धीरे नाश हो जाएगा। लेकिन, रूस में 1917 ई॰ में और चीन में 1948 ई॰ में साम्यवादी व्यवस्था की स्थापना की गयी, वहाँ अभी तक राज्य के नाश होने का कोई लक्षण नहीं दिखाई पड़ रहा है, बल्कि, वहाँ राज्य की जड़ और मजबूत हो गयी है। वह काफी शक्तिशाली बन गया है। इसलिए मार्क्स ने जो राज्य के विलुप्त होने का नारा दिया है, वह मिथ्या सिद्ध हुआ।

### 4. प्राकृतिक कानून और प्राकृतिक अधिकार नहीं (No Natural Law and No Natural Rights)

मार्क्स ने आदिम साम्यवाद के अंतर्गत प्राकृतिक कानून और प्राकृतिक अधिकार का वर्णन हॉब्स तथा लॉक की तरह नहीं किया है।

वस्तुतः, बिना प्राकृतिक नियम और प्राकृतिक अधिकार के मनुष्य किस प्रकार अपना सुखमय जीवन आदिम युग में व्यतीत करता था, यह आश्चर्य की बात है। अतः, यह भी इस सिद्धांत की एक त्रुटि है।

### 5. द्वन्द्वात्मक प्रक्रिया का अंत (Dialectical Process will Stop)

मार्क्स ने कहा है कि जब पूर्ण रूप से वर्गविहीन और राज्यविहीन साम्यवादी समाज की स्थापना की जाएगी तो द्वन्द्वात्मक प्रक्रिया का स्वतः अंत हो जाएगा। लेकिन, दार्शनिक अरविंद का कथन है कि द्वन्द्वात्मक प्रक्रिया एक चिरंतन प्रक्रिया है। जब तक सृष्टि रहेगी, यह प्रक्रिया चलती रहेगी। सर्वहारा समाज की स्थापना से कैसे द्वन्द्वात्मक प्रक्रिया समाप्त हो जाएगी, यह भी आश्चर्य की बात है।

### 6. साम्यवादी व्यवस्था में अंतर्विरोध (Contradiction may Exist in Communistic Order Also)

मार्क्स ने कहा है कि साम्यवाद व्यवस्था के अंतर्गत किसी प्रकार की विरोधी शक्तियाँ नहीं रहेंगी। किसी प्रकार का संघर्ष नहीं रहेगा। लेकिन, माओ-त्से-तुंग का कथन है कि, "एक साथ विभिन्न मत वाले रह सकते है। एक साथ हजारों फूल खिल सकते हैं।"[1]

इस प्रकर, साम्यवादी विचारक पूर्ण रूप से विरोधी तत्वों का उन्मूलन नहीं कर सके।

---

1. "Let a thousand schools of thought contest. Let a thousand flowers bloom together".—Mao.

**7. राज्य कृत्रिम नहीं (State is not a Creation)**

मार्क्स ने समझौतावादियों की तरह राज्य को एक कृत्रिम संस्था माना है। मनुष्य ने राज्य का निर्माण किया है। यह तर्क भी विकासवादी सिद्धांत के आधार पर गलत सिद्ध हुआ। क्योंकि, राज्य एक विकसित संस्था है, कृत्रिम नहीं। आज आधुनिक विद्वान विकासवादी सिद्धांत के मत से सहमत है और राज्य की उत्पत्ति का उसे वैज्ञानिक सिद्धांत बताया जा रहा है।

**8. मानव स्वभाव (Human Nature)**

विभिन्न विचारकों ने मानव स्वभाव पर विभिन्न मत व्यक्त किए हैं। प्लेटो, अरस्तू, रूसो और हीगल जैसे विचारकों ने मनुष्य के स्वभाव को अच्छा बताया है।

दूसरी ओर, हॉब्स और मेकियावेली ने मनुष्य को शत-प्रतिशत स्वार्थी बताया है। मार्क्स ने कहा है कि आदिम साम्यवाद में मनुष्य का स्वभाव अच्छा था और वह सामूहिक जीवन व्यतीत करता था। आपस में प्रेम और सहयोग की भावना थी। लेकिन, हॉब्स और मेकियावेली के मानव स्वभाव के संदर्भ में यदि आदिम साम्यवाद का मूल्यांकन करें, तो यह स्पष्ट हो जाता है कि मार्क्स ने मानव स्वभाव का अध्ययन ठीक से नहीं किया है।

**9. मानव इतिहास का विभाजन (Division of Human History)**

मार्क्स ने मानव इतिहास को दो भागों में बाँटा है—राज्यविहीन युग और राज्य निर्माण के बाद का युग।

वस्तुतः, इस प्रकार का उदाहरण मानव इतिहास में कहीं भी देखने को नहीं मिलता है। इसलिए, मानव इतिहास का यह विभाजन गलत और अप्राकृतिक है।

**10. दो वर्ग (Two Classes)**

मार्क्स ने कहा है कि समाज के अंतर्गत मुख्यतः दो वर्ग रहे हैं—पूँजीपति और सर्वहारा वर्ग। यदि मानव इतिहास का अवलोकन करें और विभिन्न युगों की साम्यवादी व्यवस्था का अध्ययन करें तो पता चलेगा कि पूँजीपति और सर्वहारा वर्ग के साथ-साथ मध्यम वर्ग भी रहा है, जिसका राजनीतिक और आर्थिक क्षेत्र में काफी योगदान रहा है।

**11. वर्ग-संघर्ष (Class Struggle)**

मार्क्स ने कहा है कि राज्य की उत्पत्ति जैसे ही हुई, पूँजीपति और सर्वहारा वर्ग निरंतर संघर्ष में रहा। यदि, इस प्रकार की स्थिति रहती तो मानव सभ्यता का बहुत पहले ही नाश हो गया होता। संघर्ष या युद्ध या क्रांति से मानव

सभ्यता का विनाश होता है। यदि वर्ग-संघर्ष की बात रहती तो आज विश्व अपनी सभ्यता की चरम सीमा पर नहीं पहुँचता। विश्व का कुछ दूसरा की रूप रहता।

**12. धर्म (Religion)**

यदि मानव इतिहास का अध्ययन किया जाए तो पता चलता है कि धर्म का राज्य के निर्माण और विकास में बहुत बड़ा हाथ रहा है। पहले धर्म के आधार पर ही राज्य का निर्माण होता था। उसके लिए बड़े-बड़े युद्ध किए जाते थे। बड़े-बड़े साम्राज्यों की स्थापना धर्म के आधार पर ही हुई है। भारत में मुस्लिम और मुगल साम्राज्य, ब्रिटिश साम्राज्य तथा हिन्दू साम्राज्य की क्रमशः आधारशिला इस्लाम, ईसाई और हिन्दू धर्म रहा है। मार्क्स ने राज्य की उत्पत्ति में धर्म जैसे प्रधान तत्व की उपेक्षा की है।

## निष्कर्ष

उपर्युक्त आलोचनाओं से यह स्पष्ट है कि राज्य की उत्पत्ति के संबंध में मार्क्स का जो विचार है, वह त्रुटिपूर्ण है। फिर भी, उसने यह बताने का प्रयत्न किया है कि राज्य की उत्पत्ति में आर्थिक तत्व की प्रधानता रही है जो बहुत हद तक सही है। लेकिन, राज्य की उत्पत्ति केवल आर्थिक तत्व से हुई है, यह मान लेना सत्य को अस्वीकार करना है। यद्यपि, मार्क्स ने राज्य को सामने के दरवाजे से अस्वीकार किया है, लेकिन पीछे के दरवाजे से उसने राज्य जैसी संस्था का स्वागत किया है जो उसके दर्शन का बहुत बड़ा विरोधाभास है।

# 34

# कार्ल मार्क्स का महत्व एवं प्रभाव
# (The Importance and Influence of Karl Marx)

## कार्ल मार्क्स का महत्व
## (Importance of Karl Marx)

साम्यवादी विचारकों ने कार्ल मार्क्स की भूरि-भूरि प्रशंसा की है। इसके विपरीत, पूँजीपतियों ने मार्क्स को आधुनिक सभ्यता का शत्रु माना है। मार्क्स-दर्शन में अनेक त्रुटियाँ, असंगतियों और अंतर्विरोध भरा-पड़ा है। लेकिन, इससे मार्क्स के महत्व पर कोई आँच नहीं आती है। विश्व की राजनीति पर मार्क्सवाद का गहरा प्रभाव पड़ा है। हरमॉन का भी मत है, "मार्क्स के सिद्धांत के दोष उसको अमान्य नहीं कर देते हैं, विशेषकर जब हम संसार पर उसके प्रभाव पर विचार करते हैं। यदि उसका प्रभाव उसके औचित्य के निर्णय का आधार है, तो हमें उसका महत्व स्वीकार करना पड़ेगा।"[1]

कार्ल मार्क्स के महत्व और प्रभाव का विश्लेषण निम्नलिखित बिन्दुओं पर आँका जा सकता है—

1. "The flaws in Marx's theory do not invalidate it, particularly if we consider the impact it has had upon the world. If this be the basis of judgment, we must acknowlege its importance."—Harmon.

### 1. हीगलवाद का काया-कल्प (New-Orientation of Hegelism)

सेबाइन का कथन है, "कार्ल मार्क्स ने हीगल के चितंन का काया-कल्प किया और उनकी इस धारणा को निकाल दिया कि राष्ट्र सामाजिक विकास के लिए वास्तविक इकाइयाँ हैं। राष्ट्रों के स्थान पर वर्गों को रखकर तथा द्वन्द्ववाद में विचार के स्थान पर पदार्थ को रखकर मार्क्स ने हीगल की सभी विशेषताओं का अपहरण कर लिया है।"

मार्क्स ने न केवल द्वन्द्ववाद में बल्कि सभी विशेषताओं में हीगल की उल्टी गंगा बहाई है। हीगल की विशेषतायें थीं, राष्ट्रवाद, अनुदारवाद और क्रांति विरोधी स्वर। मार्क्स ने हीगलवाद को क्रांतिकारी उग्रवाद का रूप दिया और अपने दर्शन को उदारवादी तथा क्रांतिकारी बनाया।

### 2. मार्क्स एक क्रांतिकारी विचारक ( Marx as a Revolutionary Thinker)

मार्क्स अपने युग का एक क्रांतिकारी विचारक था। उसने समाजवाद की स्वप्निल विचारधारा को धरती पर उतारा। सेलिगमैन का भी मत है, "औद्योगिक समाज का जो विश्लेषण मार्क्स ने किया है उससे हम सहमत हो या न हो, पर यह तो कहा ही जा सकता है कि मार्क्स का अध्ययन तब तक नहीं हो सकता जब तक यह स्वीकार न कर लिया जाए कि शायद रिकार्डो को छोड़कर अर्थ विज्ञान के समूचे इतिहास में मार्क्स से बढ़कर, मौलिक, शक्तिशाली मेधावी व्यक्ति पैदा नहीं हुआ।"[1]

मार्क्स के क्रांतिकारी विचारों को लेनिन और स्टालिन ने रूस में व्यावहारिक रूप दिया। वहाँ की सामाजिक, आर्थिक और राजनीतिक ढाँचे में भूचाल लाया। माओ ने मार्क्सवाद पर चीन में सामाजिक, आर्थिक और राजनीतिक संरचना तैयार किया। लाल झँडा, लाल टोपी और लाल सलाम मार्क्सवाद के अमर संदेश है।

### 3. मार्क्स एक वैज्ञानिक विचारक (Marx as a Scientific Thinker)

मार्क्स को उन्नीसवी सदी का सबसे बड़ा वैज्ञानिक विचारक माना जाता है। उसने इतिहास की भौतिक विवेचना जिस ढंग से की है वह अपने आपमें एक अमूल्य देन है। अध्ययन में एक क्रमबद्धता है। तर्क और बौद्धिक विकास के लिए प्रचुर सामग्री है। इतिहास के अध्ययन में एक नए दृष्टिकोण का विशाल क्षेत्र लोगों को मिला और उस पर काफी शोध हुआ। मार्क्स के विचारों में व्यावहारिक कार्यक्रमों का सुन्दर समन्वय है जिसके कारण ही मार्क्सवाद का इतना अधिक प्रभाव विश्व राजनीति पर पड़ा।

---

1. Seligman, E.R.A., *The Economic Interpretation of History*.

मार्क्स का वैज्ञानिकवाद केवल भौतिकवाद है और वह इस अर्थ में वैज्ञानिक है कि वह उन भावनाओं और तथ्यों को लेकर चलता है जो इन्द्रियपरक होती है। पदार्थ मार्क्सवाद का आधार है और भौतिक सभ्यता का निर्माण इन्द्रियपरक ज्ञान तथा इन्द्रियों के लिए ग्राह्य तथ्यों पर ही हुआ है। इसी ज्ञान को वैज्ञानिक ज्ञान माना जाता है।

मार्क्स के प्रभाव और सफलता का रहस्य यही था कि उसने अपने सिद्धांतों का निर्माण, वैज्ञानिक नियमों के आधार पर किया। इस संदर्भ में, वेपर का मत है, "मार्क्स इसलिए सफल हुआ, क्योंकि वह राजनीतिक और आर्थिक सिद्धांत का वैज्ञानिक प्रतिपादक था।"[1]

### 4. भावी साम्यवादी समाज अस्पष्ट (Vague Future Communist Society)

कार्ल मार्क्स ने पूँजीवादी व्यवस्था की घोर भर्त्सना की है और उसकी समाप्ति के लिए अनेक सुझाव भी दिए हैं। लेकिन, उसके स्थान पर भावी साम्यवादी समाज की स्थापना, स्वरूप और संगठन के संबंध में उसने कहीं भी अपने दर्शन में स्पष्ट चित्र नहीं उपस्थित किया है। जिसके कारण वह अपने विरोधियों की आलोचना और समर्थकों के पारस्परिक वाक्-युद्ध से बच गया। मैक्सी का भी मत है, "भावी समाज का स्वरूप स्पष्ट न करने के कारण मार्क्स अपने विरोधियों की आलोचना तथा अपने समर्थकों के पारस्परिक वाक्-युद्ध से बच गया है।"

### 5. आम जनता के लिए मार्क्सवाद आकर्षण का केन्द्र (Centre of Attraction for Marxism for Common People)

मार्क्सवाद आम जनता के लिए आकर्षण का केन्द्र बना रहा। मार्क्स सदियों से सामाजिक और आर्थिक दृष्टिकोण से हीन तथा तिरस्कृत साधारण जनों में यह विश्वास कूट-कूट कर भर दिया कि वर्तमान सामाजिक और आर्थिक व्यवस्था का उन्मूलन किया जा सकता है; तथा उसके स्थान पर सामाजिक एवं आर्थिक दृष्टि से न्याय, समानता और स्वतंत्रता के आदर्श पर एक नवीन साम्यवादी समाज की स्थापना की जा सकती है। डॉ० विश्वनाथ प्रसाद वर्मा का कथन है, "मार्क्स ने क्रांतिपोषक राजनीतिक निष्कर्षों को एक उग्र अनिवार्यता का रूप देकर साधारण जनों के लिए उल्लासपूर्ण आकर्षण का विषय बना दिया है।"

---

1. "Marx succeeded because he was a scientific propounder of political and economic theory."—Wayper.

### 6. पूँजीवाद का सही आकलन (Correct Estimate of Capitalism)

मार्क्स ने अपने पूर्ववर्ती एंव समकालीन विचारकों की तुलना में पूँजीवाद के भावी स्वरूप पर कहीं अधिक सही आकलन किया है। पूँजीवाद ने धन के उत्पादन में वृद्धि की है और भविष्य में यह प्रवृत्ति जारी रहेगी, मार्क्स ने इसे गलत सिद्ध किया। उसका कथन है कि भविष्य में पूँजीवाद का यह स्वरूप नहीं रहेगा। बीसवीं सदी का पूँजीवाद उन्नीसवीं सदी के पूँजीवाद से भिन्न रहेगा। आज का जनकल्याणकारी राज्य पूँजीवादी व्यवस्था में मजदूरों के हितों पर अधिक ध्यान देता है। मजदूरों का शोषण जैसा कि गत शताब्दियों में होता था, वह वर्तमान समय में संभव नहीं है।

इंग्लैण्ड, जर्मनी और फ्राँस में मजदूरों के रहन-सहन में काफी सुधार हुआ है। उन लोगों का जीवन-स्तर काफी ऊँचा उठा है। एशियाई और अफ्रीकी देशों में भी बदलाव नज़र आ रहा है। लेकिन, यूरोपीय मजदूरों की तुलना में उनका जीवन-स्तर काफी नीचे है। फिर भी, सरकारी प्रयास उनके प्रति किए जा रहे अत्याचार, शोषण और अन्याय को दूर करने के लिए जारी है। मार्क्स ने पूँजीवाद का जो सही आकलन किया है, वह तथ्य विश्व की राजनीति में सामने उभर कर आ रहा है।

### 7. पूँजीवादी राज्य के सही तथ्यों का विश्लेषण (Analysis of the Real Facts of the Capitalist State)

मार्क्स ने बड़ी चतुराई से पूँजीवादी राज्य के सही तथ्यों को उजागर किया है। पूँजीवादी राज्य में अर्थ को ईश्वर का स्थान दिया गया है। कर्म की उपेक्षा की गयी है। आधुनिक पूँजीवादी राज्य अधिक कर वसूल करके जनता का शोषण कर रहा है। सेना, जेल ओर प्रशासन पूँजीपतियों के हित में काम करते हैं। अतएव, पूँजीपति वर्ग दंड के भागी हैं। इस संदर्भ में, डॉ॰ विश्वनाथ प्रसाद वर्मा का भी कहना है, "पूँजीवाद के आर्थिक आधार का परीक्षण करके, आधुनिक राज्य के आर्थिक आधार का भंडाफोड़ करने में मार्क्स को सफलता मिली है। वर्तमान नागरिक समाज, आर्थिक आधार पर निर्मित होकर किस प्रकार धनाधीशों की संचय-प्रक्रिया में एक इकाई मात्र रह गया है और कैसे अनेक अवसरों पर धनकुबेरों के राजनीतिक दलाल, शोषित वर्ग का दमन करके समाज में भय, आतंक और दमन के द्वारा अपना उल्लू सीधा करते हैं, इस मार्मिक कहानी का दर्दनाक वर्णन मार्क्सवादी साहित्य में बहुत अच्छे ढंग से हुआ है।"

## 8. उपदेश एवं विश्लेषण का सम्मिश्रण (A Combination of Preaching and Analysis)

मार्क्स को उतनी ख्याति पूँजीवाद के दोषों के उजागर करने से नहीं मिली, जितनी कि उपदेश और विश्लेषण के सम्मिश्रण से। वेपर के अनुसार, "उपदेश जो विश्लेषण होने का दावा कर सकता था, विश्लेषण जिसमें मानव की घोरतम् आवश्यकताओं के प्रति धार्मिक निष्ठा थी—इन दोनों के सम्मिश्रण ने मार्क्स के प्रति ऐसा उत्साह जाग्रत कर दिया तथा उसके प्रति ऐसी अगाध भक्ति उत्पन्न कर दी कि उसकी अंतिम विजय का विश्वास दूर-दूर तक फैल गया।"[1]

## 9. सर्वहारा वर्ग का नायक-पूजन (Hero Worship of the Proletarian Class)

मार्क्स ने सर्वहारा वर्ग को वीरत्व की उपाधि से अलंकृत किया है। उसमें दीन और दुःखी व्यक्तियों के प्रति असीम दया थी। इसलिए, उसने पूँजीवाद की कटु आलोचना की है। उसे दृढ़ विश्वास था कि एक दिन पूँजीवाद का नाश होगा और समाजवाद का उदय होगा। उसका यह दृढ़ विश्वास किसी धार्मिक विश्वास से कम नहीं था। वेपर के शब्दों में, "श्रमिक-वर्ग के विरोधियों के प्रति मार्क्स की धारणा पर धर्म की गहरी छाप है।"

## 10. वर्ग-संघर्ष गौरवान्वित (Class War Glorified)

वर्ग-संघर्ष के द्वारा श्रमिक वर्ग को पूँजीवाद के शोषण से मुक्त कराया गया। उनके सामने सामाजिक और आर्थिक समानता का आदर्श उपस्थित किया गया। श्रमिकों में एक नयी चेतना और एकता का संचार हुआ। उनको पूँजीवादी व्यवस्था को नाश करने के लिए बल-प्रयोग का पाठ पढ़ाया गया।

परिणामतः, इंग्लैंड और अमेरिका में मजदूर संगठन काफी शक्तिशाली बना। मजदूरों की आर्थिक स्थिति में सुधार हुआ। उनका जीवन-स्तर ऊँचा हुआ। उनका शोषण और हीन भावना का अंत हुआ। पूँजीवादी राज्य मजदूरों को अधिक-से-अधिक संतुष्ट रखने के लिए प्रयास करने लगे। मजदूरों का भय पूँजीपतियों को सताने लगा। उनमें आत्म-सम्मान की भावना का संचार हुआ। मैक्सी के शब्दों में, "मार्क्स ने वर्ग-संघर्ष को गौरवान्वित किया है। उसने इसे न केवल पूँजीवाद के अत्याचारों की समाप्ति के लिए, बल्कि सामाजिक

---

1. "A combination of the two, preaching that could claim to be analysis, analysis that carried with it a religious devotion to man's deepest needs, generated an enthusiasm and won a passionate allegiance that spread widely the conviction of eventual victory."—Wayper.

विकास की योजना में सर्वहारा वर्ग के लिए निर्धारित किए गए, व्यक्तियों को स्वतंत्रता प्रदान करने के महान कार्य को पूर्ण करने के लिए भी आवश्यक बताया है।"[1]

### 11. शोषितों एवं दलितों का मसीहा (Messiah of Exploited and Downtrodden People)

मार्क्स के हृदय में गरीबों, दलितों, शोषितों और पीड़ितों की असहाय अवस्था के प्रति असीम सहानुभूति थी। मजदूरों की दुर्दशा को देखकर मार्क्स मर्माहत हो गया। उसने उन लोगों की दशा में सुधार लाने के लिए विश्व मजदूर संगठन की स्थापना की। उसने यह नारा दिया, "विश्व के मजदूरों एक हो जाओ।" मार्क्स ने कहा कि केवल बातों से मजदूरों की दशा में सुधार नहीं लाया जा सकता है, बल्कि उससे संघर्ष करना होगा। उसके शब्दों में, "दार्शनिकों ने संसार की व्याख्या करने का प्रयास किया है, पर आवश्यकता इस बात की है कि उसमें परिवर्तन किया जाए।"[2]

इसको धरती पर उतारने के लिए मार्क्स ने सैद्धांतिक दर्शन के साथ-साथ, व्यावहारिक दर्शन पर अधिक ध्यान दिया। उसने पूँजीवादी व्यवस्था के नाश के लिए, मजदूरों को संगठित किया और उनको वर्ग-संघर्ष के अमोघ शस्त्र से सुसज्जित किया।

परिणामतः, मार्क्स शोषितों, दलितों और पीड़ितों के सुधार के लिए एक पैगम्बर के रूप में अवतरित हुआ। उसने उन लोगों की सामाजिक और आर्थिक दशा को सुधारने में एक अहम् भूमिका निभायी। हरमॉन ने भी लिखा है, "मार्क्सवाद दलित व्यक्तियों को बताता है कि उन्हें अपनी निम्न स्थिति के लिए स्वयं अपने को दोष नहीं देना चाहिए। वे पूँजीवादी व्यवस्था के शिकार हैं और सब मनुष्यों के साथ समानता के धरातल पर जीवन व्यतीत करने के लिए उनको केवल इस व्यवस्था को परिवर्तित करना आवश्यक है।"[3]

---

1. "Marx has glorified class-war, presenting it not only as necessary to the overthrow of bourgeois tyranny, but necessary to the fulfilment of the high mission of emancipation assigned to the proletariat in the scheme of social evolution." —Maxey.
2. "Philosophers have sought to interpret the world: what matters, however, is to change it."—Marx.
3. "Marxism tells the depressed that they are not themselves to blame for their inferior status, they are victims of a system and need only to change the system to be able to live on a plane of equality with all men."—Harmon.

## 12. मार्क्स की आलौकिक लोकप्रियता (Wonderful Popularity of Marx)

मार्क्स जिस युग में पैदा हुआ था, वह तर्कवाद, भौतिकवाद और वैज्ञानिक अनुसंधानों का युग था। उस युग में पूँजीवाद अपनी चरम सीमा पर था। चंद व्यक्तियों के हाथों में धन संचय हो रहा था और समाज की अधिकांश जनता भूखी और नंगी थी। गरीब लोगों के लिए रोटी, कपड़ा, मकान, शिक्षा और स्वास्थ्य की बहुत बड़ी समस्या बन चुकी थी। मार्क्स ने गरीबों के दुःख और दर्द को नजदीकी से देखा और उनकी मुक्ति के लिए वर्ग-संघर्ष का बिगुल फूँका। मजदूरों को संगठित करके, उनमें एक नयी चेतना का संचार किया। इससे वह मजदूरों का पैगम्बर बन गया और यूरोप में ही नहीं, बल्कि विश्व में उसे अलौकिक लोकप्रियता प्राप्त हुई। वह गरीबों का मसीहा बन बैठा।

वेपर के शब्दों में, "मार्क्स के प्रभाव में निरन्तर वृद्धि होती चली गयी और उसका प्रभाव विश्व के चारों कोनों में फैल गया। आज यूरोप और एशिया में लाखों व्यक्ति उसकी शिक्षा को दैवी-संदेश के रूप में स्वीकार करते हैं और उसे नवीन युग का ईश्वर मानते हैं।"[1]

## 13. मार्क्सवाद : नवीन धर्म (Marxism : New Religion)

विद्वानों ने मार्क्सवाद को नवीन धर्म की संज्ञा दी है। मार्क्स के सामाजिक, आर्थिक और राजनीतिक सिद्धांतों ने विश्व के करोड़ों लोगों को एक शक्तिशाली धर्म के समान प्रभावित किया है। उसके सिद्धांत, उसके शिष्यों के लिए अमृत-वाणी के समान है। अतएव, वे अगाध आस्था, अन्नय भक्ति, अविचल श्रद्धा, अटल निष्ठा तथा अदम्य उत्साह से उनका अनुसरण करते हैं। इसके साथ ही, वे उन सिद्धांतों के लिए महान त्याग और बलिदान देने के लिए सदैव तैयार रहते हैं।

इस संदर्भ में, वेपर का भी मत है, "साम्यवादियों के लिए मार्क्स नवीन धर्म का पैगम्बर है, जो मनुष्य के समक्ष जीवन के लक्ष्यों को प्रस्तुत करता है, उसे जीवन का प्रयोजन बताता है, उसके कार्यों के मापदंड निर्धारित करता है, उसको शोषण से मुक्ति प्राप्त करने का मार्ग दर्शाता है और उसे पृथ्वी पर वर्ग-विहीन और राज्य-विहीन मानव निर्मित समाज में स्वर्ग के राज्य[2] के सुखों तथा ऐश्वर्यों का उपभोग करने का आश्वासन देता है।"[3]

---

1. "Marx's stature grew and grew and his influence reached out to the from corners of the earth, until today millions in Europe and in Asia accept his teaching as revelation and look upon him as the God of the New Age."—Wayper.
2. Kingdom of Heaven.
3. Wayper.

इस कथन के आधार पर मार्क्सवाद को दर्शन की अपेक्षा धर्म की संज्ञा दी गयी है। यद्यपि, मार्क्स ने पारम्परिक धर्म की घोर निंदा की है और उसको शासकों द्वारा जनता को अपने अधिकारी के प्रति बेसुध करने वाली अफीम बताया है, फिर भी स्वयं मार्क्सवाद ने धर्म का रूप धारण कर लिया है। हरमॉन के शब्दों में, "मार्क्स के शब्दों में धर्म, निर्धन व्यक्तियों की अफीम है तथापि स्वयं मार्क्सवाद की धर्म में अनुरूपता है और यह इसके प्रभाव का आंशिक कारण है।"[1]

**मार्क्स के महत्व एवं प्रभाव पर विभिन्न विद्वानों के विचार (Opinions of Different Scholars on the Importance and Influence of Marx)**

विश्व राजनीति में मार्क्स का जो महत्व और प्रभाव अमिट है, वह निम्नलिखित विद्वानों के विचारों से उजागर होता है—

**1. वेपर**—"अपने संदेश की शक्ति, अपनी शिक्षाओं की प्रेरणा और भावी विकास पर अपने प्रभाव के कारण मार्क्स का स्थान, विश्व के राजनीतिक चिंतन के महान आचार्यों के किसी भी समूह में पूर्णतया सुरक्षित है।"[2]

**2. केटलिन**—"मार्क्स ने समाजवादी आंदोलन के लिए वह कुछ किया जो मेकियावेली ने राज्य-सिद्धांत के लिए किया।"

**3. हरमॉन**—"मार्क्सवाद आज लाखों व्यक्तियों का राजकीय सिद्धांत है। यह सत्य है कि मार्क्सवाद उन पर बलपूर्वक आरोपित किया गया है, लेकिन, अनेक व्यक्तियों ने उसे स्वेच्छा से इसलिए स्वीकार किया है, क्योंकि उन्हें उसकी अनिवार्य सत्यता पर पूर्ण विश्वास हो गया है।"

**4. एबेंस्टीन**—"मार्क्स की पूँजीवादी व्यवस्था की व्याख्या ने इतिहास के निर्माण को इतिहास के लेखन की अपेक्षा कहीं अधिक प्रभावित किया है। किसी व्यक्ति द्वारा उसके आर्थिक, सामाजिक, राजनीतिक तथा दर्शनिक विचारों को भले ही स्वीकार या अस्वीकार किया जाए, लेकिन, उसकी उपेक्षा करना असंभव है।"[3]

---

1. "Religion is, in Marx's words, the opium of the poor. Nevertheless, Marxism itself bears a resemblance to religion, and this accounts in part for its appeal." —Harmon.
2. "For the power of his message, for the inspiration of his teaching, and for his effect upon future development, Marx can be sure of his place in any collection of the world's great masters of political thought."—Wayper.
3. "Marx's analysis of the capitalist system has influenced the making of history even more than the writing of history. Regardless of what one accepts or rejects of Marx's social, economic, political and philosophical ideas, it is impossible to by pass him."—Harmon.

**5. ग्रे**—"मार्क्स के ग्रंथों में अत्यधिक नीरसता है। उसके सिद्धांतों में अत्यन्त अस्त-व्यस्तता एवं अंतर्विरोध है। उसके स्वभाव और चरित्र में ऐसे दोष हैं, जो उसे जनता का वीर नायक होने के योग्य नहीं बनाते हैं। लेकिन, इन सब कमियों के बावजूद यह तथ्य निर्विवाद है कि मार्क्स उन्नीसवीं सदी का सबसे अधिक प्रभावशाली व्यक्ति है।"[1]

**6. मैक्सी**—"सब आक्षेपों के बावजूद मार्क्सवाद आधुनिक समय के राजनीतिक और आर्थिक चिंतन में शक्तिशाली तत्व बन गया तथा अब भी बना हुआ है। मार्क्स के समय से सब प्रकार के समाजवादी विचार—मार्क्सवादी, अर्द्ध-मार्क्सवादी या मार्क्स-विरोधी रहे हैं। इसके अतिरिक्त, मार्क्स के समय से अधिकांश समाज-विरोधी या असामाजिक विचारों को मार्क्स का खंडन करने के लिए या मार्क्स के कुछ विचारों को अन्य कार्यों के अनुकूल बनाने के लिए प्रयोग किया गया है।"[2]

**7. मेरियम एवं बार्न्स**—"विभिन्न साम्यवादी दल मार्क्स के उद्धरण देकर, एक-दूसरे की आलोचना करते हैं, क्योंकि लगभग सभी विवादास्पद विषयों का समर्थन करने के लिए उसके उद्धरण उपलब्ध हैं।"[3]

**8. मॉरिस हिलक्विट**—"मार्क्सवाद आज भी समस्त विरोधी समाजवादी दलों का मान्य सिद्धांत है। प्रत्येक दल आधुनिक समाजवादी आंदोलन के संस्थापक के सैद्धांतिक तत्वों को वास्तविक रूप में सच्चाई से ग्रहण करने का दावा करता है, तथा अपने विरोधी समाजवादी दलों पर यह आक्षेप करता है कि उन्होंने उसके मूल सिद्धांतों का त्याग कर दिया है।"[4]

**9. विश्वनाथ प्रसाद वर्मा**—"मार्क्सवाद निस्संदेह एक प्रचंड विचारधारा है। इतिहास और राजनीति की यथार्थवादी मीमांसा करके, मार्क्सवाद आज अनेक राष्ट्रीय आंदोलनों का जबरदस्त नारा तथा शोषितों और उनके हिमायतियों का प्रबलतम मंत्र एवं आयत बना हुआ है। आज की दुनिया में मार्क्सवाद एक जबरदस्त नैतिक और धार्मिक महत्व है, जिसने यथास्थितिवाद के पुजारियों को जबरदस्त चुनौती दी है। रूस और चीन में साम्यवादियों ने राज्य-शक्ति धारणा करके, मार्क्सवाद को जबरदस्त युद्ध का नारा बना दिया है।"[5]

---

1. Gray.
2. Maxey.
3. Merriam and Barnes.
4. "Marxism is still the avowed creed of all contending socialist camps, each claiming strict adherence to the doctrine of the theoretical founder of modern socialist movement and charging its opponents with a palpable departure from them." Morris Hillquit, *From Marx to Lenin*, 1921.
5. Dr. V.P. Varma.

**10. केरयू हंट**—केरयू ने मार्क्सवाद को ईसाई धर्म के अभ्युदय के पश्चात् विश्व का सबसे महान आंदोलन घोषित किया। उसके शब्दों में, "समाज विज्ञानों के सभी आधुनिक लेखक मार्क्स के प्रति ऋणी हैं, चाहे वे इसे स्वीकार न भी करें।"[1]

**11. लास्की**—"मार्क्स के चिंतन का सार तत्व किसी विशेष आर्थिक सिद्धांत में उतना निहित नहीं है जितना कि उस भावना में जो उसमें सर्वव्यापी है। वह पहला समाजवादी चितंक था जिसने इस बात का अनुभव किया कि किसी काल्पनिक राज्य का विस्तृत संविधान तैयार करना उतना महत्वपूर्ण नहीं है जितना कि यह निर्धारित करना कि उस तक किस रास्ते से पहुँचा जा सकता है। वह इस तथ्य को समझने में भी सर्वप्रथम था कि उस रास्ते की खोज उन सामाजिक परिस्थितियों के विस्तृत विश्लेषण में की जानी चाहिए जो उसके चारों तरफ विद्यमान है। मार्क्स ने एक साथ पूँजीवाद का समाधिलेख और उससे उत्पन्न होने वाले परिणाम की भविष्यवाणी को लिपिबद्ध किया।"[2]

**12. ईसाह बर्लिन**—"उन्नीसवीं सदी में बहुत से प्रभावशाली आलोचक और क्रांतिकारी हुए हैं; जो मौलिकता, क्रांति एवं सिद्धांतवादिता में मार्क्स से कम नहीं थे, लेकिन उनमें से मार्क्स की भांति एकाग्रचित वाला अपने जीवन का प्रत्येक शब्द और कार्य साधन रूप में अपने एक तात्कालिक तथा व्यावहारिक उद्देश्य की पूर्ति के लिए बलिदान करने वाला कोई नहीं था।"

**13. वेपर**—"मार्क्स द्वारा दिया गया विश्व का विश्लेषण तो श्रेष्ठ है ही, उससे भी अधिक प्रशंसनीय है ऐतिहासिक शक्तियों की रचनात्मकता के संबंध में मार्क्स का दृष्टिकोण।"

**14. मैक्सी**—"समाजवाद को वैज्ञानिक रूप देना मार्क्स के माने हुए सिद्धांतों में से था। उसने साम्यवाद को केवल वैज्ञानिक आधार ही प्रदान नहीं किया, बल्कि उसे विशाल शक्ति प्रदान की।"

---

1. "All the modern writers on social sciences are indebted to Marx, even if they do not admit it."—Carew Hunt.
2. "The essence of Marx's work lies not in any special economic doctrine so much as in the spirit by which his total accomplishment was informed. He was the first socialist thinker to realise that it was less important to draw up the detailed Constitution of Utopia than to discuss how the road there to may be traversed. He was the first also to understand that the discovery of the road depended upon the detailed analysis of the environment about him. Marx wrote at once the epitaph of the new capitalism and the prophecy out its outcome." —Laski, *Communism*.

वह आगे कहता है, "एक ओर करोड़ों व्यक्ति मार्क्स को देवता की तरह पूजते हैं, तो दूसरी ओर करोड़ों व्यक्ति उसे दानव कहकर उसकी निंदा करते हैं। उसके बारे में विचार करने का एकमात्र तरीका है कि आवेश को दूर कर उसे समझने की कोशिश की जाए।"[1]

**15. लेनिन**—"केवल मार्क्स के भौतिकवादी दर्शन ने ही सर्वहारा वर्ग को उस आत्मिक दासता से मुक्ति पाने का मार्ग दिखाया है, जिसमें सभी उत्पीड़ित वर्ग अब तक सिसकते हुए अपने दिन काट रहें थे। केवल मार्क्स के आर्थिक सिद्धांत ने ही पूँजीवाद की सामान्य व्यवस्था में सर्वहारा वर्ग की वास्तविक स्थिति की व्याख्या की है।" वह आगे लिखता है, "मार्क्स की शिक्षा सर्वशक्तिमान है, क्योंकि वह सत्य है। वह व्यापक तथा सुसंगत है और मनुष्य को एक ऐसी अखंड विश्व दृष्टिकोण प्रदान करती है, जो किसी भी प्रकार के अंधविश्वास, प्रतिक्रियावादी प्रवृत्ति पर बुर्जुआ उत्पीड़न की किसी भी वकालत का कट्टर विरोधी है।"

**16. मैनचेस्टर गार्जियन**—"उन्नीसवीं सदी के मध्यकाल से जिन महापुरुषों के विचारों के कारण विश्व में हलचल रही है, यदि हम उनमें से पाँच-छह चुनें, तो उनमें मार्क्स का नाम सम्मिलित करना होगा।"[2]

**17. लैंडी**—"मार्क्सवाद सतरहवीं और अठारहवीं सदी में हुए प्रजातंत्रात्मक प्रयत्नों का ही ऐतिहासिक क्रम है। यह क्रम स्वप्नलोकीय तथा समाजवादियों के मानवतावादी प्रयत्नों को और भी विस्तृत पैमाने पर अग्रसर करता है।"[3]

**18. फ्रेज मेहरिंग**—"अपने युग की घृणा और प्रताड़ना मार्क्स को मिली; निरंकुश और गणतंत्रीय दोनों सरकारों ने उसे अपनी भूमि से निर्वासित किया; उच्चवर्ग, अनुदार दल, उग्र-जनतंत्रवादी सबने उसके विरुद्ध जहर उगलने में प्रतिस्पर्द्धा की। उसने इन सबको मकड़ी के जालों की तरह झाड़कर साफ कर दिया, उनकी उपेक्षा की और उत्तर उन्हें तभी दिया जब जरूरी हो गया। जब वह मरा करोड़ों क्रांतिकारी श्रमिकों ने अपना प्रेम, सम्मान, संवेदना सब कुछ उसे लुटाया। साइबेरिया के खदानों से लेकर केलिफोर्निया के तट तक सभी उसके

1. "It is hard to deal comparately with a man whom millions revere as a god and other millions despise as a devil. But there is no ignoring a man whose thought has divided the world into two hostile camps. The only honest way to deal with such a thinker is to throw emotion out of the window and try to understand him."—Maxey
2. "If one were to pick out the half-dozen men who most profoundly moved the world from the middle of the nineteenth century, Marx would have to be one of them."—*Manchester Guardian Weekly*, April 8, 1926.
3. A. Landy, *Marxism and the Democratic Tradition.*

मातम में दु:खी हुए और मैं साहसपूर्वक कह सकता हूँ कि उसके सैद्धांतिक प्रतिद्वन्द्वी चाहे अनेक रहे, लेकिन व्यक्तिगत शत्रु शायद ही कोई था। उसका नाम और काम सदियों तक अमर रहेगा।"

19. **कोकर**—"रूस के बाहर अधिकांश समाजवादी नेता, मार्क्सवाद के मौलिक सिद्धांतों को अस्वीकार करते हैं, या उन्हें पूर्ण रूप से स्वीकार नहीं करते हैं। अधिक शास्त्रीय सैद्धांतिकों के समान वे मार्क्स के इतिहास की आर्थिक व्याख्या और समाजवादी क्रांति की कल्पना को साधारणतया अस्वीकार करते हैं। मार्क्स के सिद्धांती आलोचक उसकी सैद्धांतिक प्रणाली के समस्त भागों में दोष देखते हैं। लेकिन, किसी सिद्धांत के तार्किक औचित्य की अस्वीकृति से यह सिद्ध नहीं होता है कि उसने परवर्ती विचार एवं व्यवहार पर अपना कोई स्थायी और महत्वपूर्ण प्रभाव नहीं छोड़ा है।"[1]

## निष्कर्ष

उपर्युक्त विद्वानों के विचारों से यह स्पष्ट है कि राजनीतिक विचारधारा के इतिहास में मार्क्स का स्थान सर्वोपरि है। मार्क्स उन्नीसवीं और बीसवीं सदी का महान विचारक है जिसके विचारों से सारा जगत ओत-प्रोत रहा। सभी राज्यों में समाजवाद एक फैशन का रूप ले लिया। **द कम्युनिस्ट मैनिफेस्टो** और **दास कैपिटल** राजनीतिक विचारधारा के अमर काव्य है जिससे सम्पूर्ण मानव को समाजवाद की प्रेरणा सदा मिलती रहेगी। लंदन की गंदी गलियों में निवास करने वाला तथा अर्थशास्त्र को नया आयाम देने वाला अर्थ के अभाव में भूख से तड़प-तड़प कर जीवन के अंतिम समय में अपनी जीवन लीला को समाप्त कर दिया। लेकिन, गरीबों, दलितों और पीड़ितों का मसीहा, अराध्यदेव तथा पैगम्बर कहलाने वाला आज भी विश्व की धरती पर पूज्य, प्रेरक, अमिट विचारक अमरता के द्वार पर खड़ा है। ऐसे महान समाजवादी विचारक का हमें प्रतिदिन नमन करना चाहिए।

1. Coker.

# परिशिष्ट
# (Appendix)

प्रश्नावली

(Questionnaire)

ग्रंथावली

(Bibliography)

# प्रश्नावली
# (Questionnaire)

## अध्याय 1
## बेन्थम का जीवन तथा रचनाएँ
## (The Life and Works of Bentham)

1. बेन्थम के जीवन तथा रचनाओं का वर्णन करें।
   Describe the life and works of Bentham.
2. बेन्थम के जीवन की समीक्षा करें।
   Examine the life of Bentham.

### वस्तुनिष्ठ प्रश्न
### (Objective Questions)

1. Who said this?
   "Jeremy Bentham died, at the age of eighty-four venerated by a group of disciples as a patriarch, a spiritual leader, almost a god."
   (a) Doyle (b) Sabine
   (c) Plato (d) Gettell
2. बेन्थम का जन्म किस शहर में हुआ था?
   (क) पेरिस (ख) लंदन
   (ग) न्यूयार्क (घ) मास्को
3. बेन्थम का जन्म कब हुआ?
   (क) 1749 (ख) 1738
   (ग) 1748 (घ) 1648

4. बेन्थम का निधन कब हुआ?

(क) 1833 (ख) 1842

(ग) 1732 (घ) 1832

5. **Fragment on Government** पुस्तक के रचयिता कौन हैं?

(क) बेन्थम (ख) मिल

(ग) हीगल (घ) ग्रीन

6. **An Introduction to the Principles of Morals and Legislation** ग्रंथ के लेखक कौन हैं?

(क) हीगल (ख) बेन्थम

(ग) गेटेल (घ) सेबाइन

7. **Principles of International Law** पुस्तक के रचनाकार कौन हैं?

(क) ग्रीन (ख) हीगल

(ग) बेन्थम (घ) वेपर

## उत्तर
## (Answers)

1. (a) 2. (b) 3. (ग) 4. (घ) 5. (क) 6. (ख) 7. (ग)

# अध्याय 2
# बेन्थम का उपयोगितावाद
# (Bentham's Utilitarianism)

1. बेन्थम के उपयोगितावाद सिद्धांत का विवेचन करें।
Discuss Bentham's Utilitarian Theory.

2. बेन्थम राजनीतिक दर्शन की उपयोगितावादी विचारधारा का यथार्थ प्रवर्तक था। समीक्षा कीजिए।
Bentham was the real founder of the Utilitarian School of Political Philosophy. Examine.

3. बेन्थम के उपयोगितावाद के आधारभूत सिद्धांतों की समीक्षा कीजिए और राजनीतिक चिंतन के इतिहास में उसके महत्व की विवेचना कीजिए।
Explain the basic principles of Bentham's Utilitarianism and discuss his importance in the History of Political Thought.

4. "बेन्थम के उपयोगिता-सिद्धांत में बहुत-सी कमियाँ होने के बावजूद भी राजनीतिक चिंतन के प्रति बेन्थम की सेवा महान थी।" व्याख्या कीजिए।
"In spite of many shortcomings in his theory of utility, Bentham's service to Political Thought was enormous." Comment.

5. "प्रकृति ने मनुष्य को दो प्रमुख स्वामियों दु:ख और सुख के अधीन रखा है।" **बेन्थम**। व्याख्या कीजिए।
"Nature has placed mankind under the governance of two sovereign masters—pain and plaesure." **Bentham**. Comment.

6. बेन्थम के उपयोगितावाद के गुण-दोषों का मूल्यांकन कीजिए।
Evaluate the merits and demerits of Bentham's Utilitarianism.

## वस्तुनिष्ठ प्रश्न
## (Objective Questions)

1. Who said this?
"By utility is meant that property in any object, whereby it tends to produce benefit, advantage, pleasure, good, or happiness, or to prevent the happening of mischief, pain, evil or unhappenings to the party, if that party be the community in general, then the happiness of the community, if a particular individual, then the happiness of that individual."
(a) Bentham (b) Mill
(c) Locke (d) Hegel

2. Who said this?
"Nature has placed mankind under the government of two sovereign masters, pain and pleasure...."
(a) Locke (b) Bentham
(c) Gettell (d) Sabine

3. Who said this?
"Quantity of pleasure being equal, Pushpin is as good as poetry."
(a) Hegel (b) Mill
(c) Bentham (d) Green

4. Who said this?
"There is no logical connection between the greatest number and greatest happiness."

(a) Bentham (b) Mill
(c) Green (d) Sabine

5. Who said this?
"The principle of utility can be criticised for being uninspiring, not imaginative enough and merely mechanical, yet despite such criticisms to some extent justified, Bentham changed the character of British Institutions more than any other man in the nineteenth century."
(a) Ebenstein (b) Coker
(c) Gettell (d) Wayper

6. यह कथन किसका है?
"उपयोगिता के सिद्धांत से हमारा तात्पर्य उस सिद्धांत से है, जिससे संबद्ध व्यक्ति की प्रसन्नता बढ़ती है या घटती है और जिसके आधार पर वह प्रत्येक कार्य को उचित या अनुचित ठहराता है। मैं यह बात प्रत्येक कार्य के लिए कहता हूँ और इसलिए मेरी यह बात किसी एक व्यक्ति पर नहीं, बल्कि प्रत्येक सरकारी कार्य के संबंध में भी लागू होती है।"
(क) ग्रीन (ख) बेन्थम
(ग) लॉक (घ) मिल

7. यह कथन किसका है?
"सुख की मात्रा समान होने पर पुश्पिन भी उतना ही श्रेष्ठ है, जितना कि काव्य पाठ।"
(क) सेबाइन (ख) गेटेल
(ग) बेन्थम (घ) मिल

8. यह कथन किसका है?
"राजनीति में अंकगणित का प्रयोग उतना ही निरर्थक है, जितना कि अंकगणित में राजनीति का।"
(क) बेन्थम (ख) सेबाइन
(ग) कोकर (घ) मेक्कन

9. यह कथन किसका है?
"अधिकतम संख्या तथा अधिकतम सुख दोनों में कोई तर्कपूर्ण संबंध नहीं है।"
(क) सेबाइन (ख) गेटेल
(ग) डनिंग (घ) वेपर

10. यह कथन किसका है?

"विशाल पैमाने पर विधि-निर्माण कार्य के लिए केवल एक ही संभव सिद्धांत समझ में आता है और वह है अधिकतम व्यक्तियों का अधिकतम सुख।"

(क) बेन्थम (ख) सर हेनरी मेन

(ग) सेबाइन (घ) वेपर

11. यह कथन किसका है?

"यद्यपि सुख मापक गणना पद्धति मनोवैज्ञानिक दृष्टि से निरर्थक है, पर जिस विधि-निर्माण कार्य के लिए इसका आविष्कार किया गया था, उसके लिए यह पूर्णतया निरर्थक नहीं है।"

(क) वेपर (ख) कोकर

(ग) मेकडॉनाल्ड (घ) गेटेल

12. यह कथन किसका है?

"बेन्थम के इस विचार की, कि सरकार को इस प्रकार कार्य करना चाहिए, जिससे अधिकतम व्यक्तियों के सुख में अधिकतम वृद्धि और दुःख में अधिकतम कमी हो, किसी भी प्रजातंत्रीय व्यवस्था में अस्वीकार नहीं किया जा सकता है।"

(क) गेटेल (ख) वेपर

(ग) कोकर (घ) हरमॉन

## उत्तर
## (Answers)

1. (a) 2. (b) 3. (c) 4. (d) 5. (a) 6. (ख) 7. (ग) 8. (घ) 9. (क) 10. (ख) 11. (ग) 12. (घ)

# अध्याय 3
# बेन्थम के राजनीतिक विचार
# (Bentham's Political Ideas)

1. बेन्थम के राजनीतिक विचारों को स्पष्ट कीजिए।
   Explain the Political Ideas of Bentham.
2. "व्यक्ति के हित को समझे बिना समाज के हित की बात करना व्यर्थ है।" **बेन्थम**। व्याख्या कीजिए।
   "It is vain to talk of the interest of the community without understanding what is the interest of the individual." **Bentham.** Comment.

3. "समाज का हित उन अनेक सदस्यों के हितों का योग है, जो उसका निर्माण करते हैं।" **बेन्थम**। व्याख्या कीजिए।
   "The interest of the community then is the sum of the interests of several members who compose it." **Bentham.** Comment.
4. बेन्थम के राज्य तथा सरकार संबंधी-धारणाओं की व्याख्या कीजिए।
   Explain the concept of state and government of Bentham.
5. बेन्थम के प्राकृतिक नियम, अधिकार, स्वतंत्रता तथा संप्रभुता-संबंधी विचार को स्पष्ट कीजिए।
   Explain Bentham's ideas regarding, Natural Law, Rights, Liberty and Sovereignty.

## वस्तुनिष्ठ प्रश्न
## (Objective Questions)

1. Who said this?
   "Natural rights are simple nonsense, rhetorical nonsense and nonsense upon stilts."
   (a) Bentham (b) Mill
   (c) Hegel (d) Green
2. Who said this?
   "Bentham's ideal form of Government was Republican, consisting of one house of delegates under the annual supervision of the electorate."
   (a) Green (b) Doyle
   (c) Gettell (d) Wayper
3. यह कथन किसका है?
   "राज्य व्यक्तियों का एक ऐसा समूह है, जो लोगों के लिए उपयोगिता को बनाये रखने तथा उसकी अभिवृद्धि करने के लिए संगठित किया जाता है।"
   (क) ग्रीन (ख) मिल
   (ग) बेन्थम (घ) हीगल
4. यह कथन किसका है?
   "राज्य की आज्ञा का पालन मनुष्य इसलिए करते हैं कि ऐसा करना उसके लिए लाभदायक और उपयोगी है तथा आज्ञापालन के संभावित दोष, अवज्ञा के संभावित दोषों की अपेक्षा कम है।"

(क) कोल (ख) वेपर
(ग) मिल (घ) बेन्थम

5. यह कथन किसका है?
"राज्य का एकमात्र उद्देश्य—अधिकतम व्यक्तियों का अधिकतम सुख है।"
(क) बेन्थम (ख) मिल
(ग) ग्रीन (घ) हीगल

6. यह कथन किसका है?
"सर्वोच्च शक्ति का विरोध करना नैतिक अधिकार हो सकता है, यह विद्रोह करने से हानि की अपेक्षा लाभ अधिक होने की संभावना है, तो विरोध करना नैतिक कर्तव्य भी बन सकता है।"
(क) बेन्थम (ख) गेटेल
(ग) वेपर (घ) कोकर

7. यह कथन किसका है?
"अधिकार मानव के सुखमय जीवन के नियम है, जिन्हें राज्य के कानूनों द्वारा मान्यता प्रदान की जाती है।"
(क) हीगल (ख) ग्रीन
(ग) बेन्थम (घ) मिल

8. यह कथन किसका है?
"सुख ही एकमात्र कसौटी है और स्वतंत्रता को उस कसौटी पर कसा जाना चाहिए। राज्य का ध्येय है—अधिकतम सुख, अधिकतम स्वतंत्रता नहीं।"
(क) मिल (ख) हीगल
(ग) ग्रीन (घ) बेन्थम

9. यह कथन किसका है?
"प्रभुसत्ता के अधिकार और उसका विरोध करने वालों के अधिकार का निश्चय उपयोगिता के सिद्धांत के आधार पर किया जाना चाहिए।"
(क) बेन्थम (ख) मिल
(ग) ग्रीन (घ) हीगल

10. यह कथन किसका है?
"यद्यपि सर्वोच्च शासक की शक्ति अपरिचित नहीं है, लेकिन वह किसी स्पष्ट परिपाटी द्वारा सीमित नहीं की गयी है, तो अनिर्धारित अवश्य होनी चाहिए।"

(क) कोल (ख) बेन्थम
(ग) वेपर (घ) मिल

11. यह कथन किसका है?
"बेन्थम का विश्वास गणतंत्र में है, क्योंकि उसका विचार है कि कार्यकुशलता, मितव्ययिता और जनता की सर्वोच्चता के लक्ष्य को गणतंत्र में ही प्राप्त किया जा सकता है।"
(क) सेबाइन (ख) गेटेल
(ग) डेविडसन (घ) कोल

12. यह कथन किसका है?
"बेन्थम का आदर्श था—निर्वाचक मंडल की वार्षिक देखरेख में प्रतिनिधियों द्वारा निर्मित होने वाली सरकार का एक-सदनात्मक गणतंत्रीय स्वरूप।"
(क) गेटेल (ख) वेपर
(ग) मैक्सी (घ) डॉयल

## उत्तर
## (Answers)

1. (a) 2. (b) 3. (ग) 4. (घ) 5. (क) 6. (ख) 7. (ग) 8. (घ) 9. (क) 10. (ख) 11. (ग) 12. (घ)

# अध्याय 4
# बेन्थम एक सुधारक के रूप में
# (Bentham as a Reformist)

1. अधिकतम व्यक्तियों के अधिकतम सुख के लिए कानून और दंड-व्यवस्था में सुधार के विषय में बेन्थम के सुझावों की व्याख्या कीजिए।
Critically examine Bentham's proposals for the reform of Law and Punishment with a view to ensuring the greatest happiness of the greatest number.

2. न्याय, जेल, शिक्षा तथा संसद संबंधी बेन्थम के सुधारों का वर्णन करें।
Describe Bentham's reforms regarding justice, jail, education and parliament.

3. बेन्थम का मूल्यांकन एक सुधारक के रूप में कीजिए।
Estimate Bentham as a Reformist.

4. राजनीति में बेन्थम के प्रमुख सुधारों की समीक्षा करें।
Discuss the main reforms of Bentham in Politics.

## वस्तुनिष्ठ प्रश्न
## (Objective Questions)

1. Who said this?
"Law is not a mystic mandate of reason or nature, but simply the command of that authority to which the members of the community render habitual obedience."
(a) Bentham (b) Mill
(c) Green (d) Hegel

2. Who said this?
"There is not a trace of vindictiveness in Bentham's system. Neither is there much compassion. But there is enough humanity."
(a) Sabine (b) McDonald
(c) Wayper (d) Coker

3. यह कथन किसका है?
"कानून विवेक या प्रकृति की अलौकिक आज्ञा नहीं है, वरन केवल उस शक्ति का आदेश है, जिसका समाज के सदस्य स्वाभाविक रूप से पालन करते हैं।"
(क) वेपर (ख) कोकर
(ग) बेन्थम (घ) मिल

4. यह कथन किसका है?
"हम बेन्थम से लेकर आज तक होने वाले ऐसे किसी वैधानिक सुधार को नहीं जानते जिस पर उसका प्रभाव न पड़ा हो।"
(क) सेबाइन (ख) कोकर
(ग) वेपर (घ) हेनरीमेन

5. यह कथन किसका है?
"इस देश में न्याय बेचा जाता है और बड़े महँगे दामों पर बेचा जाता है, जो व्यक्ति मूल्य नहीं चुका सकता, वह न्याय भी प्राप्त नहीं कर सकता है।"
(क) बेन्थम (ख) मिल
(ग) कोकर (घ) वेपर

6. यह कथन किसका है?

"न्याय-व्यवस्था ऐसी थी, जिसे किसी भी सभ्य समाज के लिए अपमानजनक कहा जा सकता था।"

(क) बेन्थम (ख) रोमिली
(ग) ग्रीन (घ) हीगल

7. यह कथन किसका है?

"वकीलगण आलसी, सत्य-असत्य का भेद करने में असमर्थ, अदूरदर्शी, जिद्दी, सार्वजनिक उपयोगिता के सिद्धांत की परवाह न करने वाले, स्वार्थी और अधिकारियों के संकेत पर नाचने वाले होते हैं।"

(क) ग्रीन (ख) मिल
(ग) बेन्थम (घ) कोकर

8. यह कथन किसका है?

"ऐसे अनेक उदाहरण हैं, जिनसे यह स्पष्ट हो जाता है कि दंड, अपराधी को बुराई से रोकने या उसका सुधार करने के लिए न दिया जाकर, केवल बदले या प्रतिशोध की भावना से दिया जाता है।"

(क) ग्रीन (ख) मिल
(ग) हीगल (घ) बेन्थम

9. यह कथन किसका है?

"सब प्रकार का दंड स्वयं में बुराई है। इसे उपयोगिता के सिद्धांत के अनुसार केवल तभी उचित माना जा सकता है, जब यह अपने से बड़ी किसी बुराई का निवारण करे।"

(क) बेन्थम (ख) वेपर
(ग) कोकर (घ) ग्रीन

10. यह कथन किसका है?

"बेन्थम की दंड-व्यवस्था में प्रतिशोध का एक भी चिह्न नहीं है और बहुत दया भी नहीं है, लेकिन पर्याप्त मानवता है।"

(क) सेबाइन (ख) मेकडॉनाल्ड
(ग) कोकर (घ) वेपर

11. यह कथन किसका है?

"पिछली पाँच पीढ़ियों में ब्रिटेन में कोई ऐसा सुधार नहीं हुआ, जिसका मूल प्रेरणा स्रोत बेन्थम नहीं रहा हो। इस प्रकार ब्रिटिश सरकार और जीवन पर बेन्थम की सुधारवादी योजना की अमिट छाप पड़ी।"

(क) कोकर (ख) वेपर

(ग) एबेंस्टीन (घ) मैक्सी

## उत्तर
## (Answers)

1. (a) 2. (b) 3. (ग) 4. (घ) 5. (क) 6. (ख) 7. (ग) 8. (घ) 9. (क) 10. (ख) 11. (ग)

# अध्याय 5
# राजनीतिक विचारधारा के इतिहास में बेन्थम की देन तथा प्रभाव
# (Bentham's Contributions and Influence in the History of Political Thought)

1. राजनीतिक विचारधारा के इतिहास में बेन्थम की देन तथा प्रभाव का वर्णन करें।
   Describe Bentham's contributions and influence in the History of Political Thought.
2. राजनीतिविज्ञान में बेन्थम की देन का मूल्यांकन करें।
   Evaluate Bentham's contributions in Political Science.
3. राजनीतिविज्ञान में बेन्थम के प्रभाव को स्पष्ट कीजिए।
   Explain Bentham's influence in Political Science.
4. राजनीतिविज्ञान में बेन्थम के महत्व को स्पष्ट कीजिए।
   Explain the Importance of Bentham in Political Science.
5. "बेन्थम एक मौलिक विचारक है।" स्पष्ट कीजिए।
   "Bentham is an original thinker." Explain.

## वस्तुनिष्ठ प्रश्न
## (Objective Questions)

1. Who said this?
   "Bentham is still important because utilitarianism is still important."
   (a) McDonald (b) Coker
   (c) Sabine (d) Wayper

2. Who said this?

"Bentham still exerts a posthumous over English Politics, and on the whole it is a benevolent despotism."

(a) Sabine (b) *London Times*, Feb. 4, 1948

(c) Coker (d) Maxey

3. यह कथन किसका है?

"बेन्थम ने अपने ज्ञान का सिद्धांत लॉक और ह्यूम से, सुख और दुःख का सिद्धांत हेलवेटियस से, सहानुभुति और घृणा का सिद्धांत ह्यूम से तथा उपयोगिता का विचार लगभग दस लेखकों से लिया है। मौलिकता के अभाव और पक्षपातपूर्ण परिकल्पनाओं के कारण उसके सिद्धांत उतने ही भ्रमपूर्ण और परस्पर विरोधी हैं, जितना कि वह उनसे संतुष्ट है।"

(क) सेबाइन (ख) गेटेल

(ग) वेपर (घ) कोकर

4. यह कथन किसका है?

"बेन्थम का अब भी महत्व है, क्यों उपयोगितावाद का अब भी महत्व है।"

(क) डनिंग (ख) सेबाइन

(ग) कोकर (घ) मेकडॉनाल्ड

5. यह कथन किसका है?

"उसका नाम इंग्लैंड में कम, यूरोप में अधिकतर तथा चिली के मैदानों और मेक्सिको की खानों में सर्वाधिक मशहूर हैं उसने नवीन विश्व को संविधान तथा भविष्य के लिए कानून प्रदान किया।"

(क) हैजलिट (ख) कोकर

(ग) वेपर (घ) जोन्स

6. यह कथन किसका है?

"बेन्थम को मानव जाति के सर्वाधिक बुद्धिमान और महान शिक्षकों में स्थान दिया जाना चाहिए, क्योंकि उसने मानवता को शाश्वत मूल्य के विचार प्रदान किए हैं।"

(क) कोकर (ख) मिल

(ग) वेपर (घ) हीगल

7. यह कथन किसका है?
"बेन्थम के यथार्थवाद ने उन्नीसवीं शताब्दी के राजनीतिक चिंतन का परिमार्जन कर दिया है उसे अवरोधों के जमघट से मुक्त करके वैज्ञानिकता का रूप दिया।"
(क) सेबाइन (ख) डनिंग
(ग) मैक्सी (घ) कोकर

8. यह कथन किसका है?
"मृत्यु उपरान्त भी बेन्थम का अँग्रेजी राजनीति पर निरंकुश शासन है, और समग्र रूप में यह उदार शासन है।"
(क) सेबाइन (ख) कोकर
(ग) वेपर (घ) *लंदन टाइम्स*

## उत्तर
## (Answers)

1. (a) 2. (b) 3. (ग) 4. (घ) 5. (क) 6. (ख) 7. (ग) 8. (घ)

# अध्याय 6

# हीगल का जीवन
# (The Life of Hegel)

1. हीगल के जीवन का वर्णन कीजिए।
Describe the Life of Hegel.
2. हीगल के जीवन तथा रचनाओं का उल्लेख करें।
Mention the life and works of Hegel.

## वस्तुनिष्ठ प्रश्न
## (Objective Questions)

1. In which year Hegel was born?
(a) 1770 (b) 1780
(c) 1722 (d) 1771
2. Point out the correct year of Hegel's death?
(a) 1821 (b) 1831
(c) 1830 (d) 1841

3. हीगल किस देश का दार्शनिक है?
   (क) इंग्लैंड (ख) फ्रांस
   (ग) जर्मनी (घ) इटली
4. **The Philosophy of Right** पुस्तक के लेखक कौन हैं?
   (क) कांट (ख) बेन्थम
   (ग) ग्रीन (घ) हीगल
5. **The Philosophy of History** ग्रंथ के रचयिता कौन हैं?
   (क) हीगल (ख) प्लेटो
   (ग) अरस्तू (घ) कांट
6. **Lectures on the Philosophy of Religion** पुस्तक के रचनाकार कौन है?
   (क) कांट (ख) हीगल
   (ग) ग्रीन (घ) मिल
7. **Lectures on Aesthetics** पुस्तक के लेखक कौन है?
   (क) बेन्थम (ख) कांट
   (ग) हीगल (घ) ग्रीन

### उत्तर
### (Answers)

1. (क) 2. (ख) 3. (ग) 4. (घ) 5. (क) 6. (ख) 7. (ग)

## अध्याय 7

# हीगल का द्वन्द्ववाद
# (Dialectics of Hegel)

1. हीगल की द्वन्द्वात्मक पद्धति का विवेचन करें।
   Examine the Dialectical Method of Hegel.
2. हीगल की द्वन्द्वात्मक पद्धति की प्रमुख विशेषताओं का वर्णन करें।
   Describe the main features of the Hegel's Dialectics.
3. हीगल की द्वन्द्वात्मक पद्धति के अर्थ एवं महत्व का विवेचन कीजिए।
   Discuss the meaning and significance of Hegel's Dialectics.

4. हीगल की द्वन्द्वात्मक पद्धति के गुण-दोषों का वर्णन करें।
Describe the merits and demerits of the Hegel's Dialectical Method.

5. हीगल के द्वन्द्व की सामाजिक व्यवस्था का विश्लेषण करें।
Analyse the Hegel's Dialectic social order.

6. कानून, सरकार एवं इतिहास में हीगल के द्वन्द्ववाद को स्पष्ट करें।
Explain the Hegel's Dialectics in law, government and history.

7. "विवेकमय वास्तविक है और वास्तविक ही विवेकमय है।" **हीगल**। व्याख्या कीजिए।
"The Rational is the Real and the Real is the Rational." **Hegel**. Elucidate.

8. हीगल के द्वन्द्वात्मक पद्धति के अर्थ एवं स्वरूप की मीमांसा कीजिए।
Discuss the meaning and form of the Hegel's Dialectical Method.

## वस्तुनिष्ठ प्रश्न
## (Objective Questions)

1. Who said this?
"The Rational is the Real and the Real is the Rational."
(a) Hegel (b) Kant
(c) Mill (d) Bentham

2. **Dialego** शब्द किस भाषा की देन है?
(क) अँग्रेजी (ख) यूनानी
(ग) फ्रांसीसी (घ) जर्मन

3. हीगल किस देश का दार्शनिक था?
(क) इंग्लैंड (ख) फ्रांस
(ग) जर्मनी (घ) इटली

4. वाद, प्रतिवाद और संवाद किस पद्धति के स्वरूप है?
(क) ऐतिहासिक (ख) तुलनात्मक
(ग) पर्यवेक्षणात्मक (घ) द्वन्द्वात्मक

5. यह कथन किसका है?
"द्वन्द्वात्मक पद्धति ने सामाजिक अध्ययनों में कुछ नए परिणाम निकाले हैं। ये परिणाम ऐसे हैं, जो अन्यथा सामने नहीं आ सकते थे।"

(क) सेबाइन (ख) कोकर

(ग) वेपर (घ) जोड

6. यह कथन किसका है?

"अपने विभिन्न अनुभवों को वाद-प्रतिवाद-संवाद के त्रिकोण में विभक्त करना एक नये मनोरंजन बौद्धिक व्यायाम मात्र है।"

(क) मैक्सी (ख) केटलिन

(ग) जोन्स (घ) वेपर

## उत्तर
## (Answers)

1. (a) 2. (ख) 3. (ग) 4. (घ) 5. (क) 6. (ख)

# अध्याय 8
# हीगल के राज्य-संबंधी विचार
# (Hegel's Views on State)

1. हीगल के राज्य-संबंधी विचार का विवेचन करें।
   Discuss Hegel's views on state.
2. "राज्य-पृथ्वी पर ईश्वर का आगमन है।" **हीगल**। विवेचना कीजिए।
   "The state is the march of God on earth." **Hegel.** Discuss.
3. हीगल के राज्य की विशेषताओं का वर्णन करें।
   Describe the characteristics of Hegel's state.
4. हीगल के राज्य तथा व्यक्ति के संबंध में विचार को स्पष्ट कीजिए।
   Explain Hegel's views on state and individual relationship.
5. हीगल के राज्य की उत्पत्ति पर प्रकाश डालिए।
   Throw light on the origin of Hegel's state.
6. "राज्य व्यक्ति से उच्चतर है।" कैसे?
   "The state is higher than individual." How?

## वस्तुनिष्ठ प्रश्न
## (Objective Questions)

1. Who said this?

"The synthesis, which preserves what is best in thesis and antithesis, which swallows up neither family nor buourgeois society, but which gives a unity and harmony to them is the state."

(a) Wayper (b) Coker
(c) Joad (d) Jones

2. Who said this?
"The state is the march of God upon the earth."
(a) Kant (b) Hegel
(c) Green (d) Bentham

3. Who said this?
"The state is absolute, fixed end in itself."
(a) Green (b) Kant
(c) Hegel (d) Mill

4. Who said this?
"The state is the realised ethical idea."
(a) Green (b) Wayper
(c) Kant (d) Hegel

5. Who said this?
"The sate is the reality of the socio-ethical idea."
(a) Hegel (b) Kant
(c) Mill (d) Green

6. Who said this?
"Hegel's rejection of the individualism that had developed in the seventeenth and eighteenth centuries was thorough going."
(a) Gettell (b) Harmon
(c) Wayper (d) Jones

7. Who said this?
"Hegel advocates some freedom in civil society, but he also recognises the danger of particularism and maintains the superior position of the state in order to check it."
(a) Sabine (b) Jones
(c) Harmon (d) Maxey

8. यह कथन किसका है?
"व्यक्ति के जीवन की वास्तविकता, राज्य का सदस्य होने में है। राज्य से पृथक् अथवा बाहर होकर उसका कोई अस्तित्व नहीं रह जाता है।"
(क) सेबाइन (ख) केटलिन
(ग) मैक्सी (घ) गेटेल

9. यह कथन किसका है?
"राज्य अपने आप में निरपेक्ष और निश्चित साध्य है।"
(क) हीगल (ख) कांट
(ग) ग्रीन (घ) मिल

10. यह कथन किसका है?
"राज्य पृथ्वी पर ईश्वर का आगमन है।"
(क) कांट (ख) हीगल
(ग) बेन्थम (घ) मिल

11. यह कथन किसका है?
"यद्यपि हीगल नागरिक समाज में कुछ स्वतंत्रता का समर्थन करता है, लेकिन वह संकीर्ण मनोवृत्ति के खतरे को भी जानता है। अतएव, वह इस मनोवृत्ति पर नियंत्रण रखने के लिए राज्य को उच्चतर स्थिति प्रदान करता है।"
(क) सेबाइन (ख) कोकर
(ग) हरमॉन (घ) जोड

## उत्तर
## (Answers)

1. (a) 2. (b) 3. (c) 4. (d) 5. (a) 6. (b) 7. (c) 8. (घ) 9. (क) 10. (ख) 11. (ग)

# अध्याय 9

# हीगल के स्वतंत्रता-संबंधी विचार
# (Hegel's Views of Freedom)

1. हीगल के स्वतंत्रता-संबंधी धारणा का विवेचन करें।
Discuss Hegel's concept of freedom.

2. हीगल की स्वतंत्रता का विश्लेषण कीजिए।
   Analyse the Hegel's freedom.
3. हीगल के स्वतंत्रता-संबंधी धारणा का आलोचनात्मक रूप से मीमांसा कीजिए।
   Examine critically the concept of Hegel's freedom.

## वस्तुनिष्ठ प्रश्न
## (Objective Questions)

1. Who said this?
   "The orient knew only that one (i.e. the despot) is free; the Greek and Roman world, that some are free; the German world knows that all are free."
   (a) Hegel (b) Kant
   (c) Green (d) Mill
2. Who said this?
   "Happiness is not the goal of men; the goal is freedom, and this can be accomplished only through subjection to the state."
   (a) Sabine (b) Harmon
   (c) Mill (d) Bentham
3. Who said this?
   "Hegel's theory of free citizenship, like that of Plato and Aristotle, ran not in terms of private rights but of social functions."
   (a) Harmon (b) Wayper
   (c) Sabine (d) Joad
4. Who said this?
   "There is, in Hegel's theory, no conflict between freedom and authority. The similarity of this aspect of Hegel's theory to Rousseau's view of the general will is apparent."
   (a) Sabine (b) Coker
   (c) Wayper (d) Harmon
5. Who said this?
   "It was Hegel who pressed the argument that individual freedom can only exist in and through the state, that the

state is absolutely rational, and that compliance with its will is man's truest and highest freedom."

(a) Maxey (b) Joad
(c) Wayper (d) Jones

6. यह कथन किसका है?

"मानव का लक्ष्य-सुख नहीं है। उसका लक्ष्य स्वतंत्रता है, तथा वह केवल राज्य की अधीनता स्वीकार करके ही इस लक्ष्य को प्राप्त कर सकता है।"

(क) सेबाइन (ख) हरमॉन
(ग) जोड (घ) जोन्स

7. यह कथन किसका है?

"प्लेटो और अरस्तू के समान हीगल का स्वतंत्रत नागरिकता का सिद्धांत व्यक्तिगत अधिकारों पर नहीं, बल्कि सामाजिक कार्यों पर आधारित है।"

(क) जोड (ख) कोकर
(ग) सेबाइन (घ) वेपर

8. यह कथन किसका है?

"हीगल के सिद्धांत में स्वतंत्रता और सत्ता में विरोध नहीं है। हीगल के सिद्धांत में इस पक्ष में और रूसो की सामान्य इच्छा की धारणा में प्रत्यक्ष समानता है।"

(क) कोकर (ख) जोड
(ग) जोन्स (घ) हरमॉन

9. यह कथन किसका है?

"हीगल ने इस तर्क को सत्यसिद्ध किया कि वैयक्तिक स्वतंत्रता केवल राज्य में और राज्य के द्वारा ही संभव हो सकती है। राज्य पूर्ण विवेक है और उसकी इच्छा के अनुकूल आचरण करना ही मनुष्य की सर्वोचित एवं सर्वोच्च स्वतंत्रता है।"

(क) मैक्सी (ख) कोकर
(ग) वेपर (घ) जोड

## उत्तर
## (Answers)

1. (a) 2. (b) 3. (c) 4. (d) 5. (a) 6. (ख) 7. (ग) 8. (घ) 9. (क)

## अध्याय 10

# हीगल के संविधान, सरकार, कानून, संप्रभुता, संपत्ति तथा दंड पर विचार
# (Hegel's Views on the Constitution, Government, Law, Sovereignty, Property and Punishment)

1. हीगल के संविधान तथा सरकार-संबंधी विचारों को स्पष्ट कीजिए।
   Explain Hegel's ideas on constitution and government.
2. हीगल के कानून तथा संप्रभुता-संबंधी विचारों का विवेचन करें।
   Discuss Hegel's ideas on law and sovereignty.
3. हीगल की संपत्ति तथा दंड-संबंधी विचारों की व्याख्या करें।
   Explain the Hegel's ideas on property and punishment.

## वस्तुनिष्ठ प्रश्न
## (Objective Questions)

1. Who said this?

   "Constitution should not be regarded as something made. It must be treated rather as something existent in and by itself, as divine therefore, and constant and exalted above the things that are made."

   (a) Hegel (b) Mill
   (c) Kant (d) Green

2. Who said this?

   "In place of the eternal system of unchangeable natural law, Hegel put the rational unfolding of the Absolute in history."

   (a) Jones (b) Sabine
   (c) Wayper (d) Coker

3. Who said this?

   "Sovereignty is to be ascribed formally to the Monarch."

   (a) Sabine (b) Joad
   (c) Dunning (d) Wayper

4. Who said this?

   "The immediate effect of Hegel's teaching was to divert attention from his theory of state sovereignty to its apparent identification of sovereignty with the monarch. Hegel considered constitutional monarchy decidedly superior to democracy."

(a) Sabine (b) Dunning
(c) Wayper (d) Gettell

5. Who said this?
"Property, according to Hegel's theory, is not created by the state or even by society but is an indispensable condition of human personality."
(a) Sabine (b) Coker
(c) Foster (d) Jones

6. Who said this?
"That I should hold property is necessary, but my holding of this particular property is contingent."
(a) Kant (b) Hegel
(c) Green (d) Mill

7. Who said this?
"Public redressal of the outrage done to be the individual in the first place and, through him, to the community and the law of justice in the second."
(a) Green (b) Kant
(c) Hegel (d) Mill

8. यह कथन किसका है?
"संविधान को निर्मित वस्तु नहीं समझा जाना चाहिए। इसके विपरीत, उँसे अपने आप में और अपने द्वारा विद्यमान माना जाना चाहिए। अतएव, उसे दैवी, शाश्वत और निर्मित वस्तुओं से श्रेष्ठ माना जाना चाहिए।"
(क) कांट (ख) ग्रीन
(ग) बेन्थम (घ) हीगल

9. यह कथन किसका है?
"राज्य के संगठन और आवश्यकताओं को समझने में उच्चतम सरकारी अधिकारियों में अधिक गंभीर और व्यापक दृष्टि होती है।"
(क) हीगल (ख) ग्रीन
(ग) कांट (घ) मिल

10. यह कथन किसका है?
"कानूनों के औचित्य का निर्णय किसी निश्चित मापदंड के द्वारा नहीं, बल्कि इतिहास द्वारा व्यक्त की जाने वाली संस्कृति और आत्म-चेतना की विभिन्न अवस्थाओं के संदर्भ में किया जाता है।"

(क) सेबाइन (ख) डनिंग

(ग) वेपर (घ) कोकर

11. यह कथन किसका है?

"हीगल का तर्क है कि जिस प्रकार हम प्राकृतिक अवस्था में कानूनों का ज्ञान प्राप्त करके और स्वेच्छा से उनकी अधीनता स्वीकार करके, न कि व्यर्थ में उनमें परिवर्तन करके, स्वतंत्रता का अनुभव करते हैं, उसी प्रकार हम समाज के कानूनों को स्वेच्छा से स्वीकार करके स्वतंत्रता का उपभोग कर सकते हैं।"

(क) डनिंग (ख) वेपर

(ग) एबेंस्टीन (घ) कोकर

12. यह कथन किसका है?

"हीगल का विचार है कि संपत्ति का निर्माण राज्य या समाज नहीं करता है, बल्कि वह मानव-व्यक्तित्व की अनिवार्य शर्त है।"

(क) वेपर (ख) जोड

(ग) कोकर (घ) सेबाइन

13. यह कथन किसका है?

"यह आवश्यक है कि मेरे पास संपत्ति हो, पर यह बात निस्सार है कि यह विशिष्ट संपत्ति मेरी हो।"

(क) हीगल (ख) कांट

(ग) ग्रीन (घ) मिल

### उत्तर
### (Answers)

1. (a) 2. (b) 3. (c) 4. (d) 5. (a) 6. (b) 7. (c) 8. (घ) 9. (क) 10. (ख) 11. (ग) 12. (घ) 13. (क)

## अध्याय 11

## हीगल के युद्ध, राष्ट्र-राज्य तथा अन्तरराष्ट्रीयता पर विचार (Hegel's Views on War, Nation-State and Internationalism)

1. हीगल के युद्ध-संबंधी विचारों का विवेचन करें।
   Discuss Hegel's views on war.

2. हीगल के राष्ट्र-राज्य की व्याख्या करें।
Explain the Hegel's nation-state.
3. हीगल का अंतरराष्ट्रीयता-संबंधी विचारों की मीमांसा कीजिए।
Discuss the Hegel's views on internationalism.

## वस्तुनिष्ठ प्रश्न
## (Objective Questions)

1. Who said this?
"The nation is at its best, when it is engaged in war."
(a) Hegel (b) Kant
(c) Green (d) Mill
2. Who said this?
"Successful wars check domestic unrest and consolidate the power of the state at home."
(a) Kant (b) Hegel
(c) Mill (d) Green
3. Who said this?
"War has the higher significance that by its agency the ethical health of people is maintained."
(a) Green (b) Kant
(c) Hegel (d) Wayper
4. Who said this?
"The gun, for instance, he (Hegel) tells us, is not a chance of invention...humanity needed it, and it made its appearance forthwith."
(a) Sabine (b) Coker
(c) Jones (d) Wayper
5. Who said this?
"The state is the self-certain absolute mind which acknowledges no abstract rules of good and evil."
(a) Hegel (b) Kant
(c) Mill (d) Green
6. Who said this?
"If states disagree and their particular wills cannot be harmonized, the matter can only be settled by war."

(a) Kant (b) Hegel
(c) Wayper (d) Coker

7. Who said this?
"When it comes to the question of how states are to live together, Hegel is an enthusiastic anarchist."
(a) Sabine (b) Coker
(c) Ebenstein (d) Wayper

8. यह कथन किसका है?
"राष्ट्र का सर्वोत्तम रूप वह है जब वह युद्ध में संलग्न रहता है।"
(क) कांट (ख) ग्रीन
(ग) बेन्थम (घ) हीगल

9. यह कथन किसका है?
"सफल युद्ध, आंतरिक असंतोष को रोकते है और राज्य की आतंरिक शक्ति को सुदृढ़ बनाते है।"
(क) हीगल (ख) बेन्थम
(ग) मिल (घ) कांट

10. यह कथन किसका है?
"युद्ध वास्तव में ऐसी भट्टी है, जिसमें तपकर ही राज्य के सच्चे व्यक्तित्व का निर्माण होता है।"
(क) सेबाइन (ख) गेटेल
(ग) जोड (घ) वेपर

11. यह कथन किसका है?
"युद्ध का उच्चतर महत्व यह है कि इसके द्वारा व्यक्तियों का नैतिक स्वास्थ्य सुरक्षित रखा जाता है।"
(क) कांट (ख) ग्रीन
(ग) हीगल (घ) मिल

12. यह कथन किसका है?
"हीगल ने इस बात की खोज की है कि विश्वात्मा ने चार मुख्य युगों में क्रमशः अपनी अभिव्यक्ति की है और प्रत्येक युग ने अपने स्वयं के सिद्धांत का प्रतिनिधित्व किया है।"

(क) डनिंग (ख) सेबाइन

(ग) जोड (घ) एबेंस्टीन

13. यह कथन किसका है?

"राज्य स्वनिश्चित निरपेक्ष बुद्धि है, जो अच्छे और बुरे किसी प्रकार के अमूर्त नियमों को स्वीकार नहीं करता है।"

(क) हीगल (ख) कांट

(ग) ग्रीन (घ) मिल

14. यह कथन किसका है?

"इस प्रश्न के विषय में कि राज्यों को एक साथ किस प्रकार रहना चाहिए, हीगल उत्कृष्ट अराजकतावादी है।"

(क) सेबाइन (ख) एबेंस्टीन

(ग) वेपर (घ) कोकर

15. यह कथन किसका है?

"यदि राज्य एक-दूसरे से किसी बात पर असहमत है और यदि उनकी विशिष्ट इच्छाओं में सामंजस्य स्थापित नहीं किया जा सकता है, तो उनके झगड़ों का निर्णय केवल युद्ध द्वारा ही किया जा सकता है।"

(क) कांट (ख) मिल

(ग) हीगल (घ) ग्रीन

## उत्तर
## (Answers)

1. (a) 2. (b) 3. (c) 4. (d) 5. (a) 6. (b) 7. (c) 8. (घ) 9. (क) 10. (ख) 11. (ग) 12. (घ) 13. (क) 14. (ख) 15. (ग)

# अध्याय 12

# राजनीतिक विचारधारा के इतिहास में हीगल का प्रभाव तथा योगदान

# (Hegel's Influence and Contributions in the History of Political Thought)

1. राजनीतिक विचारधारा के क्षेत्र में हीगल के प्रभाव को स्पष्ट कीजिए।
Explain Hegel's influence in the field of political thought.

2. राजनीतिक विचारधारा के इतिहास में हीगल के योगदान का वर्णन करें।
Describe Hegel's contributions to the history of political thought.

3. हीगल के प्रभाव तथा योगदान को स्पष्ट करें।
Explain Hegel's influence and contributions.

## वस्तुनिष्ठ प्रश्न
## (Objective Questions)

1. Who said this?
"Hegel's views and methodology have deeply affected the social sciences."
(a) Maxey (b) Wayper
(c) Joad (d) Coker

2. यह कथन किसका है?
"हीगल के विचारों और कार्य पद्धति ने सामाजिक विज्ञान पर गहरा प्रभाव डाला है।"
(क) सेबाइन (ख) मैक्सी
(ग) वेपर (घ) जोड

3. यह कथन किसका है?
"हीगल के राजनीतिक चिंतन को स्वच्छन्द कल्पना कह कर तिरस्कृत करना सरल नहीं है, क्योंकि वह एक ऐसा बीज था, जिसने उन्नीसवीं शताब्दी में सामाजिक दर्शन के प्रत्येक पहलू पर प्रभाव डाला, अच्छा भी और बुरा भी।"
(क) मैक्सी (ख) वेपर
(ग) सेबाइन (घ) कोकर

4. यह कथन किसका है?
"हीगल ने अपरिवर्तनशील प्राकृतिक कानूनों की व्यवस्था के स्थान पर इतिहास में निरपेक्ष के विवेकयुक्त उद्घाटन को प्रतिष्ठित किया है।"
(क) वेपर (ख) कोकर
(ग) डनिंग (घ) सेबाइन

## उत्तर
## (Answers)

1. (a) 2. (ख) 3. (ग) 4. (घ)

## अध्याय 13
## जॉन स्टुअर्ट मिल का जीवन
## (The Life of John Stuart Mill)

1. मिल के जीवन का वर्णन कीजिए।
   Describe the life of Mill.
2. मिल की रचनाओं का उल्लेख करें।
   Mention the works of Mill.
3. मिल के जीवन और रचनाओं का परीक्षण करें।
   Examine the life and works of Mill.

## वस्तुनिष्ठ प्रश्न
## (Objective Questions)

1. Who said this?
   "The reading of this book was an epoch in my life one of the turning points in my mental history."
   (a) Mill (b) Bentham
   (c) Green (d) Hegel
2. Who said this?
   "John Stuart Mill is one of the finest and most generous natures of the nineteenth century."
   (a) Sabine (b) Barker
   (c) Dunning (d) Coker
3. यह कथन किसका है?
   "अपने पिता का प्रभाव उस पर इतना अधिक है कि ऐसा मालूम होता है मानो वह कभी पैदा ही नहीं हुआ हो।"
   (क) सेबाइन (ख) कोकर
   (ग) मुरे (घ) वेपर
4. यह कथन किसका है?
   "मेरे पास बच्चों की कहानियों की पुस्तकें और खिलौने बहुत ही कम थे और केवल वही थे, जो मुझे कभी-कभी निजी संबंधी या परिचित व्यक्ति से उपहार में मिल जाते थे।"

(क) बेन्थम (ख) हीगल
(ग) ग्रीन (घ) मिल

5. यह कथन किसका है?
"मेरे लेखों में जो भी सर्वोत्तम है, वह उसी की प्रेरणा के कारण है, जो मेरी मित्र और पत्नी थी। उसकी सत्य और सद् की उत्कृष्ट भावना मेरी सबसे प्रबल प्रेरणा थी और उसकी प्रशंसा मेरा प्रमुख पुरस्कार था।"
(क) मिल (ख) बेन्थम
(ग) ग्रीन (घ) कोकर

6. यह कथन किसका है?
"जब जॉन स्टुअर्ट मिल बोलता था, तब मुझे ऐसा लगता था कि मैं किसी संत की वाणी सुन रहा हूँ।"
(क) कोकर (ख) ग्लैडस्टन
(ग) वेपर (घ) सेबाइन

7. यह कथन किसका है?
"जॉन स्टुअर्ट मिल उन्नीसवीं शताब्दी के सबसे बुद्धिमान और सबसे उदार स्वभाव वाले व्यक्तियों में से एक है।"
(क) सेबाइन (ख) कोकर
(ग) बारकर (घ) वेपर

8. मिल का जन्म किस शहर में हुआ था?
(क) पेरिस (ख) मास्को
(ग) न्यूयार्क (घ) लंदन

9. मिल का जन्म किस वर्ष में हुआ?
(क) 1806 (ख) 1706
(ग) 1805 (घ) 1804

10. मिल का निधन किस वर्ष में हुआ?
(क) 1773 (ख) 1873
(ग) 1870 (घ) 1872

11. **Essay on Liberty** पुस्तक के रचयिता कौन हैं?
(क) बेन्थम (ख) हीगल
(ग) मिल (घ) ग्रीन

12. **Utilitarianism** पुस्तक के लेखक कौन हैं?
    (क) ग्रीन (ख) हीगल
    (ग) बेन्थम (घ) मिल

13. **Three Essays on Religion** पुस्तक के रचनाकार कौन हैं?
    (क) मिल (ख) आगस्टीन
    (ग) हीगल (घ) ग्रीन

**उत्तर**
**(Answers)**

1. (a) 2. (b) 3. (ग) 4. (घ) 5. (क) 6. (ख) 7. (ग) 8. (घ) 9. (क) 10. (ख) 11. (ग) 12. (घ) 13. (क)

## अध्याय 14
## मिल का उपयोगितावाद
## (Utilitarianism of Mill)

1. "बेन्थम के सिद्धांत में संशोधन करके मिल ने उपयोगितावाद की सरलता और वस्तु-निरपेक्षता का अंत कर दिया।" व्याख्या कीजिए।
   "In an attempt to reform Bentham's Theory, Mill destroyed the simplicity and objectivity of utilitarianism." Explain.
2. बेन्थम के आधारभूत सिद्धांतों का वर्णन कीजिए। मिल ने इस सिद्धांत में किस प्रकार परिवर्तन किया? क्या वह उपयोगितावादी स्थिति की पुनर्व्याख्या करने में सफल हुआ?
   State the fundamentals of Benthamism. How did Mill modify these fundamentals? Was he successful in restating the Utilitarian position?
3. बेन्थम के उपयोगितावाद में मिल द्वारा लाए गए परिवर्तनों की विवेचना करें।
   Discuss the changes brought by Mill in Bentham's utilitarianism.

### वस्तुनिष्ठ प्रश्न
### (Objective Questions)

1. Who said this?
   "In the Benthamite principle of utility Mill found a creed, a doctrine, a philosophy and a religion."

(a) Author (b) Sabine
(c) Coker (d) Wayper

2. Who said this?

"Personal inclination as well as the exigencies of the political situation drove J.S. Mill to reconstruct the utilitarian philosophy of the state on a new basis."

(a) Maxey (b) Doyle
(c) Wayper (d) Gettell

3. Who said this?

" It is better to be a human being dissatisfied than a pig satisfied, better to be a Socrates dissatisfied than a fool satisfied."

(a) Bentham (b) Hegel
(c) J.S. Mill (d) Green

4. Who said this?

"Mill's Socialism is Utopian."

(a) Hegel (b) Green
(c) Wayper (d) Crane Brinton

5. Who said this?

"Mill softened down the harshness of Benthamite ethics, and in so doing, he made Utilitarianism at once more humane and less consistent."

(a) Author (b) Sabine
(c) Dunning (d) Maxey

6. यह कथन किसका है?

"व्यक्तिगत प्रवृत्ति और राजनीतिक परिस्थिति की आवश्यकताओं ने जॉन स्टुअर्ट मिल को राज्य को उपयोगितावादी दर्शन का एक नए आधार पर नवनिर्माण करने के लिए बाध्य किया।"

(क) सेबाइन (ख) डॉयल
(ग) कोकर (घ) वेपर

7. यह कथन किसका है?

"मैं इस विश्वास से कभी नहीं डिगा कि व्यवहार में सभी नियमों की कसौटी और जीवन का लक्ष्य सुख है। लेकिन, अब मैं सोचने लगा हूँ कि

इस लक्ष्य की प्राप्ति तभी हो सकती है, जब सुख को सीधा लक्ष्य न बनाया जाए। वे ही मनुष्य सुखी है, जो अपने स्वयं के सुख के स्थान पर किसी अन्य विषय पर अपने विचार केन्द्रित करते हैं।"

(क) वेपर (ख) कोकर

(ग) मिल (घ) बेन्थम

8. यह कथन किसका है?

"एक संतुष्ट सूअर होने की अपेक्षा एक असंतुष्ट मनुष्य होना कहीं अधिक श्रेष्ठ है। एक संतुष्ट मूर्ख बने रहने की अपेक्षा एक असंतुष्ट सुकरात होना अधिक श्रेष्ठ है।"

(क) हीगल (ख) बेन्थम

(ग) ग्रीन (घ) मिल

9. यह कथन किसका है?

"बेन्थम के लिए उपयोगिता का सिद्धांत एक ऐसा मापदंड था, जिससे परंपरागत नैतिकता का मूल्यांकन करके उसमें सुधार किया जा सकता था। लेकिन, मिल ने इसे ऐसा सिद्धांत बना दिया, जिससे उन मान्यताओं के औचित्य को सिद्ध करके उनके बौद्धिक स्वरूप की व्याख्या की जा सकती थी। अतः, इसमें कोई आश्चर्य की बात नहीं कि बेन्थम के सिद्धांत की अपेक्षा मिल का सिद्धांत असंगत है।"

(क) मुरे (ख) वेपर

(ग) कोकर (घ) सेबाइन

10. यह कथन किसका है?

"मिल का कहना था कि सुखों को उनके नैतिक गुण के अनुसार श्रेष्ठ या निकृष्ट माना जा सकता हैं इससे उनका अभिप्राय यह था कि वह एक मापदंड को मापने के लिए दूसरे मापदंड की माँग कर रहा था। यह एक प्रकार का विरोधाभास है और इसने उपयोगितावाद को पूर्णतया अनिश्चित सिद्धांत बना दिया है। मिल ने सुखों के गुण का निर्णय करने के लिए कोई मापदंड नहीं बताया और यदि बताया होता, तो वह मापदंड सुख कदापि नहीं होता।"

(क) डनिंग (ख) सेबाइन

(ग) कोकर (घ) मैक्सी

## उत्तर
(Answers)

1. (a) 2. (b) 3. (c) 4. (d) 5. (a) 6. (ख) 7. (ग) 8. (घ) 9. (क) 10. (ख)

# अध्याय 15
## स्वतंत्रता
(Liberty)

1. स्वतंत्रता पर जे॰ एस॰ मिल के विचारों का विवेचन करें।
   Discuss J.S. Mill's ideas on liberty.
2. "मिल खोखली स्वतंत्रता और अमूर्त व्यक्ति का पैगंबर था।" **बारकर**। विवेचना कीजिए।
   "Mill was the prophet of empty liberty and abstract individual." **Barker**. Discuss.
3. "स्वत: अपने ऊपर, अपने शरीर और मस्तिष्क के ऊपर व्यक्ति संप्रभु है।" **मिल**। समीक्षा कीजिए।
   "Over himself, over his own body and mind, the individual is sovereign." **Mill**. Discuss.
4. मिल के स्वतंत्रता संबंधी विचारों का विवेचन कीजिए और यह बताइए कि वे वर्तमान परिस्थितियों में कहाँ तक उपयुक्त है।
   Discuss Mill's views on liberty and point out how far they are tenable in the present times.
5. जे॰ एस॰ मिल को व्यक्तिवादी क्यों माना जाता है? समझाइए।
   Why is J.S. Mill regarded as an individualist? Explain.

## वस्तुनिष्ठ प्रश्न
(Objective Questions)

1. Who said this ?
   "Liberty of action and thought, the corollary of egoism, was at stake."
   (a) Doyle (b) Coker
   (c) Wayper (d) Jones

2. Who said this?

"Over himself, over his own body and mind, the individual is sovereign."

(a) Jones (b) Mill
(c) Sabine (d) Dunning

3. Who said this?

"Action should be as free as opinions. Men should be free to act upon their opinions."

(a) Jones (b) Coker
(c) Mill (d) Hegel

4. Who said this?

"If all mankind minus one, were of one opinion, and only one person were of the contrary opinion, mankind would be no more justified in silencing that one person, than he, if he had the power, would be justified in silencing mankind."

(a) Bentham (b) Green
(c) Hegel (d) Mill

5. Who said this?

"The peculiar evil of silencing the expression of an opinion is that it is robbing the human race, posterity as well as the existing generation."

(a) Mill (b) Green
(c) Bentham (d) Jones

6. Who said this?

"The Liberty of action of the individual must be limited. He must not make himself a nuisance to other people."

(a) Bentham (b) Mill
(c) Coker (d) Wayper

7. Who said this?

"Everyone should be free to pursue his line of action provided he does not harm to others."

(a) Sabine (b) Dunning
(c) Mill (d) Laski

8. Who said this?

"Mill's claim to enduring fame derives from *On Liberty*, he predicted that of all his writings, *On Liberty* was likely to survive longest, and his prediction has come true."

(a) Sabine (b) Dunning

(c) Jones (d) Ebenstein

9. Who said this?

"The book *On Liberty* is everlasting contribution to Political Thought."

(a) Sabine (b) Coker

(c) Wayper (d) Jones

10. Who said this?

"Mill's essay *On Liberty* is perhaps the most famous vindication of freedom of thought and most powerful plea for the toleration of opinions."

(a) Jones (b) Joad

(c) Coker (d) Wayper

11. Who said this?

"Mill's Liberty on freedom of expression is one of the greatest contributions in the annals of Political Literature."

(a) Sabine (b) Dunning

(c) Maxey (d) Jones

12. Who said this?

"Mill was the prophet of an empty Liberty and an abstract individual."

(a) Sabine (b) Wayper

(c) Coker (d) Barker

13. यह कथन किसका है?

"कार्य और विचार की स्वतंत्रता, जो अहम्-भाव का परिणाम है, दाँव पर लगी हुई थी।"

(क) डॉयल (ख) जोड

(ग) बारकर (घ) कोकर

14. यह कथन किसका है?
"प्रत्येक व्यक्ति अपने ऊपर, अपने शरीर और मस्तिष्क का संप्रभु है।"
(क) हीगल (ख) मिल
(ग) बेन्थम (घ) ग्रीन

15. यह कथन किसका है?
"एक व्यक्ति अपने कार्य को करने में वहीं तक स्वतंत्र है, जहाँ तक कि उसके कार्य से दूसरों को हानि नहीं पहुँचती हो।"
(क) ग्रीन (ख) हीगल
(ग) मिल (घ) बेन्थम

16. यह कथन किसका है?
"मिल के स्वतंत्रता के निबंध में व्यक्तिवाद के दर्शन को उसका सबसे महत्वपूर्ण और सुसंगत योगदान मिलता है।"
(क) सेबाइन (ख) जोड
(ग) मैक्सी (घ) मुरे

17. यह कथन किसका है?
"मिल के सिद्धांत में व्यक्तिवाद का पूर्ण और व्यवस्थित दर्शन निहित है।"
(क) डनिंग (ख) सेबाइन
(ग) जोड (घ) वेपर

18. यह कथन किसका है?
"मिल खोखली स्वतंत्रता और काल्पनिक व्यक्ति का मसीहा है।"
(क) जोड (ख) बारकर
(ग) वेपर (घ) कोकर

## उत्तर
## (Answers)

1. (a) 2. (b) 3. (c) 4. (d) 5. (a) 6. (b) 7. (c) 8. (d) 9. (a) 10. (b) 11. (c) 12. (d) 13. (क) 14. (ख) 15. (ग) 16. (घ) 17. (क) 18. (ख)

# अध्याय 16

## राज्य और सरकार
## (State and Government)

1. मिल के राज्य और सरकार संबंधी विचारों को स्पष्ट कीजिए।
   Explain Mill's views on state and government.
2. मिल के राज्य पर विचार को लिखिए।
   Write Mill's views on state.
3. मिल के आदर्श सरकार पर विचार को लिखिए।
   Write Mill's views on ideal government.

## वस्तुनिष्ठ प्रश्न
## (Objective Questions)

1. Who said this?
   "The ideally best form of government is that in which the sovereignty is vested in the entire community and every citizen is called on to take an actual part in the government by the personal discharge of some public function."
   (a) Mill (b) Bentham
   (c) Hegel (d) Green
2. यह कथन किसका है?
   "यद्यपि राज्य प्राकृतिक है, लेकिन उसका विकास उस तरह से नहीं हुआ है, जिस तरह से एक बार रोपे जाने के बाद मनुष्यों के सोते रहने पर भी पेड़ों का विकास होता रहता है। प्रत्येक स्तर पर राज्य का स्वरूप वैसा ही होता है, जैसा कि मनुष्यों द्वारा उसे प्रदान किया जाता है।"
   (क) ग्रीन (ख) मिल
   (ग) कोकर (घ) जोड
3. यह कथन किसका है?
   "आदर्श रूप में सर्वोत्तम सरकार वही है, जिसमें संप्रभुता समाज के सभी व्यक्तियों में निहित रहती है और प्रत्येक नागरिक को किसी सार्वजनिक कार्य को स्वयं करके सरकार के संचालन में वास्तविक भाग लेने के लिए आमंत्रित किया जाता है।"

(क) बेन्थम (ख) हीगल

(ग) मिल (घ) ग्रीन

### उत्तर
### (Answers)

1. (a) 2. (ख) 3. (ग)

# अध्याय 17
# प्रतिनिधि सरकार
# (Representative Government)

1. मिल के प्रतिनिधि सरकार के अर्थ और उसकी सफलता की शर्तों को स्पष्ट कीजिए।

   Explain the meaning and conditions for the success of Mill's Representative Government.

2. मिल की प्रतिनिधि सरकार की प्रमुख विशेषताओं का उल्लेख करें।

   Mention the main features of the Mill's Representative Government.

3. मिल की प्रतिनिधि सरकार के गुण-दोषों का वर्णन करें।

   Describe the merits and demerits of the Mill's Representative Government.

4. मिल के प्रतिनिधि सरकार-संबंधी विचारों की व्याख्या कीजिए और वर्तमान समय में उसकी उपयुक्तता का मूल्यांकन कीजिए।

   Examine Mill's views on Representative Government and estimate their validity today.

5. मिल द्वारा अपनी पुस्तक **प्रतिनिधि सरकार पर विचार** में प्रजातंत्र की कमजोरियों और खतरों को मिटाने के लिए प्रस्तुत प्रस्तावों का परीक्षण कीजिए।

   Carefully examine the proposals which Mill outlined in his book *Considerations on Representative Government* for overcoming the weaknesses and dangers of democracy.

### वस्तुनिष्ठ प्रश्न
### (Objective Questions)

1. Who said this?

   "The meaning of Representative Government is that the whole people, or some numerous portion of them, exercise, through deputies periodically elected by themselves, the ultimate controlling power, which, in every constitution, must reside somewhere."

(a) Mill (b) Hegel
(c) Green (d) Bentham

2. Who said this?
"Mill advocated far-reaching reforms in the electoral system, in parlimentary procedure and functions. Some of his suggestions are as pertinent today as they were in 1861."

(a) Joad (b) Doyle
(c) Jones (d) Coker

3. यह कथन किसका है?
"यदि एक सदन व्यक्तियों का प्रतिनिधि सदन हो तो दूसरा सदन राजनीतिज्ञों और ऐसे व्यक्तियों का सदन हो, जिन्होंने राजनीतिक और प्रशासकीय क्षेत्रों में महत्वपूर्ण कार्य किए हों।"

(क) बेन्थम (ख) ग्रीन
(ग) मिल (घ) कोकर

4. यह कथन किसका है?
"मैं इस बात को नितांत अनुचित मानता हूँ कि कोई व्यक्ति लिखने-पढ़ने की योग्यता प्राप्त करने के पूर्व ही मतदान में भाग ले। मताधिकार को सार्वभौम बनाने के पूर्व सभी को शिक्षा प्रदान करना नितांत आवश्यक है।"

(क) हीगल (ख) लास्की
(ग) बेन्थम (घ) मिल

5. यह कथन किसका है?
"वर्तमान शासन सभी व्यक्तियों का समान रूप से प्रतिनिधित्व करने वाला शासन नहीं है, बल्कि यह तो केवल बहुसंख्यकों का प्रतिनिधि शासन है। एक वास्तविक और सर्वसमान प्रजातंत्र में प्रत्येक वर्ग को उसकी जनसंख्या के अनुपात में प्रतिनिधित्व प्राप्त होना चाहिए।"

(क) मिल (ख) जोड
(ग) कोकर (घ) ग्रीन

6. यह कथन किसका है?

"मिल प्रजातंत्र की बुराइयों से प्रजातंत्र की रक्षा करना चाहता था; क्योंकि यह तत्कालीन आवश्यकता थी और ऐसा करने में वह सफल रहा है। उसका महत्व चिरंजीवी तथा चिरस्मरणीय है।"

(क) कोकर (ख) वेपर

(ग) जोड (घ) मैक्सी

7. यह कथन किसका है?

"मिल ने निर्वाचन-पद्धति, संसदीय कार्यप्रणाली और कार्यों के संबंध में अत्यंत महत्वपूर्ण सुधारों का पक्षपोषण किया। उसके कुछ सुझाव आज भी उतने ही महत्वपूर्ण हैं, जितने कि वे 1861 ई० में थे।"

(क) वेपर (ख) सेबाइन

(ग) डॉयल (घ) कोकर

### उत्तर
### (Answers)

1. (a) 2. (b) 3. (ग) 4. (घ) 5. (क) 6. (ख) 7. (ग)

## अध्याय 18

# मिल का महत्व और योगदान
# (Mill's Importance and Contributions)

1. राजनीतिक साहित्य में मिल के महत्व और योगदान की समीक्षा कीजिए। Examine Mill's importance and contributions in Political Literature.

2. राजनीतिक विचारधारा के क्षेत्र में मिल के योगदान को स्पष्ट कीजिए। Explain Mill's contributions in the field of Political Thought.

### वस्तुनिष्ठ प्रश्न
### (Objective Questions)

1. Who said this?

"And if the calibre of writers is to be judged by their effect on policy, Mill must rank high. As Logician, Economist and Political Philosopher, he was regarded as a prophet in his own age."

(a) Bowle (b) Joad
(c) Coker (d) Wayper

2. यह कथन किसका है?
"और यदि लेखकों की योग्यता का निर्णय इस बात से होता है कि उनका नीति पर क्या प्रभाव पड़ा है, तो मिल का स्थान निश्चित रूप से ही ऊँचा हैं एक न्यायशास्त्री, अर्थशास्त्री तथा राजनीतिक दार्शनिक के रूप में उसे अपने युग में एक अवतार समझा जाता था।"
(क) सेबाइन (ख) बाउल
(ग) जोड (घ) मैक्सी

## उत्तर
## (Answers)

1. (a) 2. (ख)

# अध्याय 19
# टॉमस हिल ग्रीन का जीवन
# (The Life of Thomas Hill Green)

1. ग्रीन के जीवन का वर्णन करें।
Describe the life of Green.
2. ग्रीन की प्रमुख रचनाओं का उल्लेख करें।
Mention the works of Green.
3. ग्रीन पर विभिन्न प्रभावों का विवेचन करें।
Discuss the different influences on Green.

## वस्तुनिष्ठ प्रश्न
## (Objective Questions)

1. Who said this?
"Directly and indirectly, Green's teaching became the most potent philosophical influence in England during the last quarter of the nineteenth century."
(a) Maxey (b) Jones
(c) Joad (d) Sabine

2. Who said this?
"Green built on Kant rather than Hegel."
(a) Gettell (b) Maxey
(c) Wayper (d) Jones

3. Who said this?
"Green was a Kantian who read Kant with Hegelian spectacles."
(a) Sabine (b) Dunning
(c) Author (d) Joad

4. Who said this?
"Green is an idealist, who can be hailed as an individualist."
(a) Foster (b) Coker
(c) Sabine (d) Wayper

5. ग्रीन का जन्म किस वर्ष में हुआ?
(क) 1836 (ख) 1834
(ग) 1835 (घ) 1846

6. ग्रीन का निधन किस वर्ष में हुआ?
(क) 1883 (ख) 1882
(ग) 1892 (घ) 1872

7. **Prolegomana to Ethics** पुस्तक के लेखक कौन है?
(क) अरस्तू (ख) प्लेटो
(ग) ग्रीन (घ) हीगल

8. **Lectures on the Principles of Political Obligation** पुस्तक के रचयिता कौन है?
(क) हीगल (ख) बेन्थम
(ग) मिल (घ) ग्रीन

9. यह कथन किसका है?
"ग्रीन आदर्शवादी है, पर वह ऐसा आदर्शवादी है, जिसका व्यक्तिवादी के रूप में अभिवादन किया जा सकता है।"
(क) वेपर (ख) कोकर
(ग) जोड (घ) जोन्स

## उत्तर
## (Answers)

1. (a) 2. (b) 3. (c) 4. (d) 5. (क) 6. (ख) 7. (ग) 8. (घ) 9. (क)

# अध्याय 20

# ग्रीन के स्वतंत्रता-संबंधी विचार

## (Green's Views on Freedom)

1. ग्रीन के स्वतंत्रता-संबंधी विचारों का विवेचन करें।
   Discuss Green's views on freedom.
2. ग्रीन की विधेयात्मक स्वतंत्रता पर आलोचनात्मक लेख लिखिए।
   Write a crtical note on Green's positive freedom.
3. ग्रीन के स्वतंत्रता-संबंधी विचारों का विवेचन कीजिए। उसके विचार कांट और हीगल के विचारों से किस प्रकार भिन्न है?

   Discuss Green's views on freedom. How do his views differ from those of Kant and Hegel?
4. "मानव-चेतना स्वतंत्रता चाहती है, स्वतंत्रता में अधिकारों के विचार निहित है, और अधिकारों की रक्षा के लिए राज्य की आवश्यकता है।" **ग्रीन**। स्पष्टीकरण कीजिए।

   "Human consciousness postulates liberty, liberty involves rights and rights demand the state." **Green**. Elucidate.
5. ग्रीन के स्वतंतत्रा-सिद्धांत की प्रमुख विशेषताओं का उल्लेख करें।
   Mention the main features of Green's theory of freedom.
6. ग्रीन के स्वतंत्रता-सिद्धांत की तुलना कांट और हीगल से कीजिए।
   Make a comparative study of Green's theory of freedom with Kant and Hegel.
7. ग्रीन की स्वतंत्रता की परिभाषा और आवश्यकता की व्याख्या कीजिए।
   Explain the definition and necessity of Green's freedom.

## वस्तुनिष्ठ प्रश्न
## (Objective Questions)

1. Who said this?

   "A man is free when he is in that state in which he shall have realized his ideal of himself, shall be at one with the law which he recognizes as that which he ought to obey, shall have become all that he has it in him to be, and so fulfil the law of his being."

(a) Green (b) Hegel
(c) Bentham (d) Kant

2. Who said this?
"Human consciousness postulates liberty; liberty involves rights, rights demand the state."
(a) Kant (b) Green
(c) Hegel (d) Mill

3. Who said this?
"Our modern legislation, then, with reference to labour, education and health, involving, as it does, manifold interference with freedom of contract, is justified on the ground that it is the business of the state, not indeed directly to promote goodness, but to maintain the conditions without which the free exercise of human facilities is impossible."
(a) Hegel (b) Kant
(c) Green (d) Bentham

4. यह कथन किसका है?
"स्वतंत्रता केवल कानूनी संकल्पना ही नहीं, बल्कि वास्तविक संभावना भी है। स्वतंत्रता का अर्थ यह है कि व्यक्ति की वास्तविक क्षमताओं का विकास हो, ताकि वह सामाजिक हित में अधिक-से-अधिक भाग ले सके और सामान्य हित के क्षेत्र को अधिक-से-अधिक योगदान दे सके।"
(क) डनिंग (ख) कोकर
(ग) वेपर (घ) सेबाइन

5. यह कथन किसका है?
"मानव-चेतना स्वतंत्रता चाहती है, स्वतंत्रता में अधिकारों का विचार निहित है, और अधिकारों की रक्षा के लिए राज्य आवश्यक है।"
(क) ग्रीन (ख) कांट
(ग) हीगल (घ) मिल

## उत्तर
## (Answers)

1. (a) 2. (b) 3. (c) 4. (घ) 5. (क)

# अध्याय 21

# ग्रीन के अधिकार-संबंधी विचार
# (Green's Views on Rights)

1. ग्रीन का अधिकार-संबंधी विचार की विवेचना कीजिए।
   Discuss Green's views on rights.
2. ग्रीन के प्राकृतिक अधिकार-संबंधी विचार की व्याख्या कीजिए।
   Explain Green's views on natural rights.
3. "ग्रीन का प्राकृतिक अधिकारों का सिद्धांत उसे कठिनाइयों में फँसा देता है।" **वेपर**। स्पष्टीकरण कीजिए।
   "Green's theory of natural rights leads him into difficulties." **Wayper**. Elucidate.
4. ग्रीन के अनुसार, अधिकार का कानून और नैतिकता से संबंध को स्पष्ट कीजिए।
   Explain the relationship of rights with law and morality, according to Green.
5. ग्रीन के प्राकृतिक कानून का वर्णन करें।
   Describe Green's Natural Law.
6. ग्रीन के अधिकार-सिद्धांत पर एक लेख लिखिए।
   Write an essay on Green's theory of rights.

## वस्तुनिष्ठ प्रश्न
## (Objective Questions)

1. Who said this?
   "Green denied that these are any such things as rights independent of and prior to society."
   (a) Coker (b) Wayper
   (c) Joad (d) Jones
2. Who said this?
   "Rights are the outer conditions essential for a man's inner development."

(a) Sabine (b) Author
(c) Dunning (d) Doyle

3. यह कथन किसका है?

"अधिकार व्यक्ति द्वारा अपने ऐसे उद्देश्यों को पूर्ण करने की शक्ति है, जिन उद्देश्यों को वह अपने लिए हितकर समझता है तथा समाज यह अधिकार व्यक्ति को इस आधार पर प्रदान करता है कि इस अधिकार के प्रयोग से समाज का हित सिद्ध होगा।"

(क) हीगल (ख) कांट
(ग) ग्रीन (घ) मिल

4. यह कथन किसका है?

"व्यक्ति अपनी चेतना के कारण सामान्य हित का कार्य करने की माँग करता है; क्योंकि वह जानता है कि उसके हित में दूसरों का हित और दूसरों के हित में स्वयं उसका हित है। अतः, व्यक्तियों की सामान्य चेतना पर आधारित माँग को समाज की पूर्व स्वीकृति प्राप्त हो जाती है। समाज उस माँग को स्वीकृति प्रदान करके उसे केवल यथार्थ रूप प्रदान करता है।"

(क) कांट (ख) हीगल
(ग) मिल (घ) ग्रीन

5. यह कथन किसका है?

"कानून, मनुष्य को नैतिक बनाने का प्रयास नहीं कर सकता है। इसका कारण यह है कि नैतिकता का संबंध चरित्र से है और चरित्र का निर्माण, कानून के दबाव से नहीं किया जा सकता है। कानून का संबंध अनिवार्य रूप से मनुष्य के बाहरी आचरण से होता है, आचरण की भावना या इच्छा से नहीं।"

(क) सेबाइन (ख) डनिंग
(ग) वेपर (घ) कोकर

## उत्तर
## (Answers)

1. (a) 2. (b) 3. (ग) 4. (घ) 5. (क)

## अध्याय 22
## ग्रीन के राज्य-संबंधी विचार
## (Green's Views on State)

1. ग्रीन के राज्य-संबंधी विचारों की विवेचना करें।
   Discuss Green's views on state.
2. "राज्य का आधार-इच्छा है, शक्ति नहीं।" **ग्रीन**। मीमांसा कीजिए।
   "Will, not force is the basis of state." **Green**. Discuss.
3. ग्रीन के राज्य के कार्यक्षेत्र के सिद्धांत की व्याख्या कीजिए।
   Examine Green's theory of state action.
4. "राज्य का कार्य बाधाओं का निवारण करना है।" स्पष्ट कीजिए।
   "The function of state is hindering the hindrances." Discuss.
5. ग्रीन के संप्रभुता-संबंधी विचार को स्पष्ट कीजिए।
   Explain Green's views on sovereignty.
6. ग्रीन के राज्य के विरोध करने के अधिकार का वर्णन करें।
   Describe Green's right of resistance to state.
7. "राज्य सर्वोच्च समुदाय है।" **ग्रीन**। व्याख्या कीजिए।
   "State is Supreme Association." **Green**. Explain.
8. "राज्य का कार्य, व्यक्तियों को नैतिक बनाना नहीं है। उसका कार्य है—उन बाधाओं का निवारण करना, जो व्यक्तियों को नैतिक बनाने से रोकती है।" विवेचन कीजिए।
   "The function of the state is not to make individuals moral, it is to remove the obstacles which prevent men from becoming moral." Comment.

## वस्तुनिष्ठ प्रश्न
## (Objective Questions)

1. Who said this?
   "Human consciousness postulates liberty, liberty involves rights, and rights demand state."
   (a) Barker (b) Sabine
   (c) Coker (d) Wayper
2. Who said this?
   "Might without right can at least be only temporary, might with right is the permanent basis of the state."

(a) Hegel (b) Green
(c) Mill (d) Bentham

3. यह कथन किसका है?
"मानव-चेतना का विकास स्वतंत्रता में संभव है। स्वतंत्रता के लिए अधिकार चाहिए। अधिकार की प्राप्ति राज्य में ही संभव है।"
(क) हीगल (ख) कांट
(ग) ग्रीन (घ) वेपर

4. यह कथन किसका है?
"ग्रीन का कहना है कि शासन, शक्ति पर नहीं, बल्कि इच्छा पर आधारित होता है। इसका कारण यह है कि व्यक्ति को समाज से बाँधने वाली कड़ी, उसकी अपने स्वयं के स्वभाव की विवशता है, न कि कानून के दंड या स्वार्थपूर्ण लाभों का विचार।"
(क) डनिंग (ख) वेपर
(ग) कोकर (घ) सेबाइन

5. यह कथन किसका है?
"राज्य समुदायों से अनिवार्य रूप से श्रेष्ठ है; क्योंकि वह उनमें समन्वय और सामंजस्य स्थापित करता है तथा उनकी रक्षा भी करता है।"
(क) वेपर (ख) कोकर
(ग) जोड (घ) जोन्स

6. यह कथन किसका है?
"नागरिक को यह विश्वास होना चाहिए कि सफल विरोध द्वारा निश्चित सामाजिक हित की वृद्धि संभव है और उसे यह भी विश्वास होना चाहिए कि सामाज का पर्याप्त बड़ा भाग उसी के समान विचार का है।"
(क) कांट (ख) ग्रीन
(ग) बेन्थम (घ) मिल

7. यह कथन किसका है?
"जहाँ तक इच्छा का संबंध है, वह सामान्य नहीं होती और जहाँ तक सामान्य होती है, वह इच्छा नहीं होती।"
(क) सेबाइन (ख) जोड
(ग) हॉबहाउस (घ) जोन्स

## उत्तर
## (Answers)

1. (a) 2. (b) 3. (ग) 4. (घ) 5. (क) 6. (ख) 7. (ग)

# अध्याय 23
# ग्रीन के संपत्ति और दंड पर विचार
## (Green's Views on Property and Punishment)

1. ग्रीन के संपत्ति-संबंधी विचार की विवेचना करें।
   Discuss Green's views on property.
2. ग्रीन के दंड-संबंधी विचार की व्याख्या करें।
   Explain Green's views on punishment.
3. ग्रीन के संपत्ति और दंड-संबंधी विचारों का संक्षेप में वर्णन करें।
   Describe briefly Green's views on property and punishment.

## वस्तुनिष्ठ प्रश्न
## (Objective Questions)

1. Who said this?
   "Green agreed that all rights of private property can be delegated only if they contribute to the common good."
   (a) Sabine (b) Dunning
   (c) Joad (d) Maxey
2. Who said this?
   "All that T.H. Green insists upon is that property should be potentially directed to social good."
   (a) Kant (b) Green
   (c) Hegel (d) Laski
3. Who said this?
   "The social good requires that different men should fill different positions in the social whole. Different persons require different means, and in this way differences of property are potentially though they may not be so actually, for the good of society."
   (a) Joad (b) Wayper
   (c) Barker (d) Foster

4. Who said this?
   "Green holds a liberal view of property being neither an extreme individualist nor an extreme socialist."
   (a) Sabine (b) Wayper
   (c) Joad (d) Author
5. Who said this?
   "An eye for an eye and a tooth for a tooth."
   (a) Hamurabi (b) Jones
   (c) Wayper (d) Laski
6. यह कथन किसका है?
   "ग्रीन का तर्क है कि व्यक्तिगत संपत्ति-संबंधी सब अधिकारों का समर्थन केवल उसी समय किया जा सकता है, जबकि वे सामान्य हित में सहयोग दें।"
   (क) हीगल (ख) सेबाइन
   (ग) जोड (घ) जोन्स
7. यह कथन किसका है?
   "आँख के बदले आँख और दाँत के बदले दाँत।"
   (क) कोकर (ख) वेपर
   (ग) हमुराबी (घ) जोड

## उत्तर
## (Answers)

1. (a) 2. (b) 3. (c) 4. (d) 5. (a) 6. (ख) 7. (ग)

## अध्याय 24

# ग्रीन के युद्ध और विश्वबंधुत्व पर विचार
## (Green's Views on War and Universal Brotherhood)

1. ग्रीन के युद्ध-संबंधी विचार को स्पष्ट कीजिए।
   Explain Green's views on war.
2. हीगल और ग्रीन के युद्ध-संबंधी विचारों का तुलनात्मक अध्ययन कीजिए।
   Make a comparative study of Hegel's and Green's views on war.

3. ग्रीन के विश्वबंधुत्व-संबंधी विचारों का विवेचन करें।
Discuss Green's views on universal brotherhood.

4. ग्रीन के युद्ध और विश्वबंधुत्व-संबंधी विचारों की व्याख्या करें।
Explain Green's views on war and universal brotherhood.

## वस्तुनिष्ठ प्रश्न
## (Objective Questions)

1. Who said this?
"War is evil, and an immoral action remains an immoral action even if committed by the state."
(a) Wayper (b) Coker
(c) Jones (d) Sabine

2. Who said this?
"Green condemned outright all war. It could never be justified however much it might be condoned."
(a) Dunning (b) Doyle
(c) Maxey (d) Wayper

3. Who said this?
"Green's condemnation of war constitues one of the finest and strongest parts of his lectures."
(a) Sabine (b) Doyle
(c) Barker (d) Joad

4. यह कथन किसका है?
"युद्ध बुराई है और अनैतिक कार्य सदैव अनैतिक कार्य ही रहता है चाहे वह राज्य द्वारा ही क्यों न किया जाए।"
(क) सेबाइन (ख) कोकर
(ग) जोन्स (घ) वेपर

5. यह कथन किसका है?
"युद्ध को चाहे जितना भी क्षमा किया जाए, पर उसको कभी भी उचित नहीं बताया जा सकता है।"
(क) डॉयल (ख) जोड
(ग) जोन्स (घ) कोकर

6. यह कथन किसका है?
"ग्रीन द्वारा युद्ध की निंदा उसके व्याख्यानों में सबसे श्रेष्ठ और ओजस्वी भागों में से एक भाग का निर्माण करते हैं।"
(क) कोकर (ख) बारकर
(ग) सेबाइन (घ) डनिंग

### उत्तर
### (Answers)

1. (a) 2. (b) 3. (c) 4. (घ) 5. (क) 6. (ख)

## अध्याय 25
## ग्रीन और हीगल के विचारों का तुलनात्मक अध्ययन
## (A Comparative Study of Green's and Hegel's Ideas)

1. ग्रीन और हीगल के विचारों के अंतर को स्पष्ट कीजिए।
Explain the differences of Green's and Hegel's thoughts.
2. ग्रीन और हीगल के विचारों में समानताओं का विवेचन करें।
Discuss the similarities between the thoughts of Green and Hegel.
3. ग्रीन और हीगल के विचारों के अंतर और समानताओं की समीक्षा कीजिए।
Examine the differences and similarities of thoughts of Green and Hegel.
4. ग्रीन और हीगल के विचारों का तुलनात्मक अध्ययन कीजिए।
Make a comparative study of Green's and Hegel's ideas.

### वस्तुनिष्ठ प्रश्न
### (Objective Questions)

1. Who said this?
"Real is rational and rational is real."
(a) Hegel (b) Kant
(c) Green (d) Bentham
2. यह कथन किसका है?
"वास्तविकता ही आदर्श है और आदर्श ही वास्तविकता।"
(क) कांट (ख) हीगल
(ग) ग्रीन (घ) सेबाइन

## उत्तर
## (Answers)

1. (a) 2. (ख)

# अध्याय 26
# राजनीतिक विचारधारा में ग्रीन की देन, प्रभाव और महत्व
# (Green's Contributions, Influence and Importance to Political Thought)

1. राजनीतिक विचारधारा में ग्रीन की देन का विवेचन करें।
   Discuss Green's contributions to political thought.
2. राजनीतिक विचारधारा में ग्रीन के महत्व और प्रभाव को स्पष्ट कीजिए।
   Explain Green's importance and influence to political thought.
3. राजनीतिक दर्शन के क्षेत्र में ग्रीन की उपलब्धि पर एक आलोचनात्मक निबंध लिखिए।

   Write a critical essay on Green's achievement in the sphere of political philosophy.
4. राजनीतिक विचारधारा में ग्रीन की देन, प्रभाव और महत्व की समीक्षा कीजिए।
   Discuss Green's contributions, influence and importance to political thought.

## वस्तुनिष्ठ प्रश्न
## (Objective Questions)

1. Who said this?

   "Here, then, is Green's achievement, that he gave Englishmen something more satisfying than Benthamism, that he left liberalism a faith instead of an interest, that he made individualism moral and social, and idealism civilized and safe; Englishmen at least will cosider that achievement no in considerable one."

   (a) Wayper (b) Sabine
   (c) Dunning (d) Maxey
2. यह कथन किसका है?

   "ग्रीन से पहले उदारवाद का सामाजिक दर्शन बड़ा संकीर्ण था और वह केवल एक वर्ग के हितों का ही प्रतिपादन करता था। ग्रीन ने उदारवाद को

इतना विस्तृत कर दिया कि उसमें समाज के सभी महत्वपूर्ण हितों का समावेश हो सकता था तथा संपूर्ण राष्ट्रीय समुदाय की कल्याण साधना हो सकती थी।"

(क) वेपर (ख) सेबाइन
(ग) जोड (घ) जोन्स

3. यह कथन किसका है?

"ग्रीन ने उदारवाद को राजनीतिक विचारधारा की श्रेणियों में पुनः सम्मानपूर्ण पद पर प्रतिष्ठित किया तथा उसे ऐसा सिद्धांत बना दिया कि उसे राजनीतिक सिद्धांत के रूप में पुनः व्यावहारिक मान्यता प्राप्त हुई।"

(क) जोड (ख) कोकर
(ग) मैक्सी (घ) वेपर

4. यह कथन किसका है?

"लास्की, लिंडसे, आदि के विचारों पर ग्रीन के उदारवाद का पर्याप्त प्रभाव है। लॉर्ड ऐसक्विथ, कर्जन और रैम्जे मेकडॉनाल्ड, आदि राजनेता भी उसके विचारों से प्रभावित थे।"

(क) मैक्सी (ख) जोड
(ग) जोन्स (घ) बारकर

5. यह कथन किसका है?

"ग्रीन का प्रभाव अत्यधिक व्यापक था; क्योंकि उसने हीगल के इस सिद्धांत को, कि व्यक्ति और समाज अपृथक्करणीय है, सही ही नहीं माना, बल्कि उसने राज्य को महानतम बनाए बिना उसे आदर्श की स्थिति प्रदान कर दी।"

(क) डॉयल (ख) सेबाइन
(ग) मैक्सी (घ) कोकर

6. यह कथन किसका है?

"ग्रीन के इन सब सिद्धांतों का आज भी उतना ही औचित्य और महत्व है, जितना कि 1879-80 ई० में था, जब उसने ऑक्सफोर्ड में इन पर अपने व्याख्यान दिए थे।"

(क) वेपर (ख) बारकर
(ग) जोन्स (घ) जोड

7. यह कथन किसका है?

"ग्रीन की उपलब्धि यह है कि उसने अँग्रेजों को बेंथमवाद से अधिक संतोषजनक सिद्धांत दिया, उदारवाद को रूचि वाले विषय के बजाय एक विश्वास में बदल दिया, व्यक्तिवाद को नैतिक और सामाजिक आवरण पहना दिया तथा आदर्शवाद को शिष्ट और सुरक्षित बना दिया। कम-से-कम अँग्रेज लोग उसकी इस उपलब्धि को तुच्छ नहीं समझेंगे।"

(क) कोकर (ख) जोड

(ग) वेपर (घ) जोन्स

## उत्तर
## (Answers)

1. (a) 2. (ख) 3. (ग) 4. (घ) 5. (क) 6. (ख) 7. (ग)

# अध्याय 27
# पृष्ठभूमि
# (Background)

1. कार्ल मार्क्स के राजनीतिक दर्शन की पृष्ठभूमि की विवेचना कीजिए।
   Discuss the background of Karl Marx's political philosophy.
2. मार्क्स के पूर्ववर्ती विचारकों का मूल्यांकन कीजिए।
   Evaluate the predecessors of Marx.
3. मार्क्स के पूर्व प्रचलित समाजवादी विचारधारा का वर्णन करें।
   Describe the prevalent socialistic thought before Marx.

## वस्तुनिष्ठ प्रश्न
## (Objective Questions)

1. Who said this?

"They conjured up visions of beautiful roses but prepared no soil for the rose trees."

(a) Wayper (b) Coker

(c) Sabine (d) Joad

2. **The Communist Manifesto** के लेखक कौन है?

(क) लेनिन (ख) मार्क्स

(ग) एजिंल्स (घ) स्टालिन

3. Who said this?
   "Workers of the world unite."
   (a) Lenin (b) Stalin
   (c) Marx (d) Engels

4. यह कथन किसका है?
   "मार्क्स प्रथम समाजवादी लेखक है जिसके कार्य को वैज्ञानिक कहा जा सकता है। उसने अपने वांछित समाज का चित्रण ही नहीं किया है, बल्कि वह उन सिद्धांतों का भी विस्तृत वर्णन करता है जिनके माध्यम से इस लक्ष्य को प्राप्त किया जा सकता है।"
   (क) टेलर (ख) लास्की
   (ग) सेबाइन (घ) जोड

5. यह कथन किसका है?
   "मार्क्सवाद में सामाजिक परिवर्तन करने वाली शक्तियों की जो व्याख्या है, वह उसे वैज्ञानिकता प्रदान करती है। इसके अलावा इन परिवर्तन करने वाली शक्तियों की व्याख्या मानव मनोविज्ञान पर आधारित है।"
   (क) टेलर (ख) वेपर
   (ग) कोकर (घ) लास्की

6. यह कथन किसका है?
   "किसी भी पहलू से हम उसे देखें, कार्ल मार्क्स का चिंतन सामाजिक दर्शन के इतिहास में स्वयं एक युग है। उसके विषय में एक महत्वपूर्ण बात यह है कि उसने साम्यवाद को अस्त-व्यस्त रूप में पाया तथा उसने उसे एक आंदोलन बना दिया। उसके द्वारा साम्यवाद को एक दर्शन और गति प्रदान की गयी।"
   (क) कोकर (ख) लास्की
   (ग) सेबाइन (घ) डनिंग

7. **Utopia** पुस्तक के रचयिता कौन है?
   (क) प्लेटो (ख) अरस्तू
   (ग) टॉमसमूर (घ) टेलर

8. यह कथन किसका है?
   "उन्होंने सुंदर गुलाब के फूलों की कल्पना तो की लेकिन गुलाब के वृक्षों के लिए कोई धरती तैयार नहीं की।"

(क) कोकर (ख) टेलर
(ग) लास्की (घ) वेपर

### उत्तर
### (Answers)

1. (a) 2. (ख) 3. (c) 4. (घ) 5. (क) 6. (ख) 7. (ग) 8. (घ)

## अध्याय 28

## कार्ल मार्क्स का जीवन एवं रचनाएँ
## (The Life and Works of Karl Marx)

1. कार्ल मार्क्स के जीवन का वर्णन कीजिए।
Describe the life of Karl Marx.
2. कार्ल मार्क्स के जीवन एवं रचनाओं का विवेचन करें।
Discuss the life and works of Karl Marx.
3. कार्ल मार्क्स के विभिन्नों स्रोतों का उल्लेख करें।
Mention the different sources of Karl Marx.
4. कार्ल मार्क्स के दर्शन पर विभिन्न प्रभावों की समीक्षा कीजिए।
Examine the different influences on Karl Marx's philosophy.

### वस्तुनिष्ठ प्रश्न
### (Objective Questions)

1. Who said this?
"In Hegel, the dialectics stands on its head, Marx merely turned it right way up by removing the mystification of idealism."
(a) Sabine (b) Dunning
(c) Taylor (d) Wayper
2. कार्ल मार्क्स का जन्म किस वर्ष में हुआ था?
(क) 1819 (ख) 1818
(ग) 1718 (घ) 1828
3. कार्ल मार्क्स का निधन किस वर्ष में हुआ था?
(क) 1884 (ख) 1882
(ग) 1883 (घ) 1783

4. कार्ल मार्क्स किस देश का विचारक था?
   (क) फ्रांस (ख) इंग्लैंड
   (ग) अमेरिका (घ) जर्मनी
5. कार्ल मार्क्स का सर्वश्रेष्ठ मित्र कौन था?
   (क) एजिंल्स (ख) लेनिन
   (ग) स्टालिन (घ) बुलगानिन
6. **Das Capital** पुस्तक के रचनाकार कौन है?
   (क) लेनिन (ख) कार्ल मार्क्स
   (ग) अरस्तू (घ) स्टालिन
7. **Philosophy of Poverty** पुस्तक के लेखक कौन है?
   (क) लेनिन (ख) स्टालिन
   (ग) कार्ल मार्क्स (घ) हीगल
8. यह कथन किसका है?
   "उसका अपना द्वन्द्ववाद हीगल से न केवल भिन्न है, बल्कि उसका ठीक उल्टा है।"
   (क) हीगल (ख) ग्रीन
   (ग) वेपर (घ) कार्ल मार्क्स
9. यह कथन किसका है?
   "हीगल के विचारों में द्वन्द्वात्मक चिंतन शीर्षासन कर रहा था। मार्क्स ने आदर्शवादी भ्रांतियाँ दूर करके उसे प्राकृतिक स्थिति में पैरों के बल खड़ा किया।"
   (क) सेबाइन (ख) डनिंग
   (ग) वेपर (घ) कोकर
10. यह कथन किसका है?
   "उसने ईंट-पत्थरों की भांति सब स्थलों से विचारों को एकत्रित किया। लेकिन, जिस विचार-भवन का निर्माण किया, वह स्वयं उसकी ही इच्छानुसार था।"
   (क) वेपर (ख) कोकर
   (ग) जोड (घ) जोन्स

## उत्तर
## (Answers)

1. (a) 2. (ख) 3. (ग) 4. (घ) 5. (क) 6. (ख) 7. (ग) 8. (घ) 9. (क) 10. (ख)

# अध्याय 29
# द्वन्द्वात्मक भौतिकवाद
# (Dialectical Materialism)

1. मार्क्स के द्वन्द्वात्मक भौतिकवाद की समीक्षा कीजिए।
   Examine Marx's dialectical materialism.
2. मार्क्स के द्वन्द्वात्मक भौतिकवाद की प्रमुख विशेषताओं का उल्लेख करें।
   Mention the main features of Marx's dialectical materialism.
3. मार्क्स और हीगल के द्वन्द्ववाद के अंतर को स्पष्ट कीजिए।
   Explain the differences of dialectics of Marx and Hegel.
4. मार्क्स के द्वन्द्वात्मक भौतिक की आलोचनात्मक ढंग से समीक्षा कीजिए।
   Critically examine the Marx's dialectical materialism.
5. "मार्क्स ने द्वन्द्ववाद को हीगल से उधार लिया है।" यह कहाँ तक सत्य है? स्पष्ट कीजिए।
   "Marx borrows Dialectics from Hegel." How far it is true? Explain.

## वस्तुनिष्ठ प्रश्न
## (Objective Questions)

1. Who said this?
   "My dialectic method is not only different from the Hegelian but its direct opposite. I found the Hegelian dialectic standing on its head, I put it down on its feet."
   (a) Marx (b) Stalin
   (c) Hegel (d) Lenin
2. Who said this?
   "Marx's use of word materialism is not proper and if not unscientific, is inadequate."
   (a) Sabine (b) Cole
   (c) Joad (d) Jones

3. Dialego शब्द किस भाषा का है?

(क) इंगलिश (ख) फ्रेंच

(ग) ग्रीक (घ) जर्मन

4. यह कथन किसका है?

"द्वन्द्वात्मक भौतिकवाद वह दार्शनिक प्रणाली है जिसके अनुसार इस भौतिक जगत में रहने वाले प्राणियों का विकास होता है; तथा उनके विचारों में रूपान्तर होता है। द्वन्द्वात्मक भौतिकवाद दृश्य जगत की गति के नियमों की व्याख्या करता है।"

(क) सेबाइन (ख) डनिंग

(ग) वेपर (घ) आचार्य नरेन्द्रदेव

5. यह कथन किसका है?

"मेरी द्वन्द्वात्मक पद्धति न केवल हीगल की पद्धति से भिन्न है, बल्कि एक दम विपरीत है। मैंने हीगल के द्वन्द्ववाद को शीर्षासन की अवस्था में पाया और मैंने उसे पैरो पर खड़ा कर दिया।"

(क) मार्क्स (ख) लेनिन

(ग) स्टालीन (घ) ग्रीन

6. यह कथन किसका है?

"द्वन्द्ववाद की धारणा अत्यन्त गूढ़ और अस्पष्ट है। यद्यपि मार्क्स और एंजिल्स के समस्त लेखन का यह आधार है लेकिन इसे कहीं पर भी स्पष्ट नहीं किया गया है।"

(क) कोकर (ख) वेपर

(ग) जोड (घ) सेबाइन

7. यह कथन किसका है?

"इतिहास की धारा को मोड़ने का श्रेय केवल आर्थिक तत्व को ही नहीं, बल्कि अन्य तत्वों का भी है।"

(क) वेपर (ख) कोकर

(ग) लास्की (घ) जोड

8. यह कथन किसका है?

"मार्क्स द्वारा भौतिकवादी शब्द का प्रयोग उपयुक्त नहीं है और यदि उसे अवैज्ञानिक नहीं तो अपर्याप्त जरूर कहा जा सकता है।"

(क) लास्की (ख) वेपर
(ग) कोकर (घ) कोल

9. यह कथन किसका है?

"यद्यपि द्वन्द्ववाद हमें मानव विकास के इतिहास में मूल्यांकन क्रांतियों का दिग्दर्शन कराता है लेकिन मार्क्स का यह दावा स्वीकार नहीं किया जा सकता कि सत्य का अनुसंधान करने के लिए यही एकमात्र पद्धति है।"

(क) केरयू हंट (ख) डनिंग
(ग) वेपर (घ) कोकर

### उत्तर
### (Answers)

1. (a) 2. (b) 3. (ग) 4. (घ) 5. (क) 6. (ख) 7. (ग) 8. (घ) 9. (क)

## अध्याय 30

# इतिहास की भौतिकवादी या आर्थिक व्याख्या
# (Materialistic or Economic Interpretation of History)

1. मार्क्स के ऐतिहासिक भौतिकवाद की व्याख्या कीजिए।
   Explain Marx's historical materialism.
2. मार्क्स के इतिहास का काल विभाजन की समीक्षा कीजिए।
   Discuss Marx's division of the age of history.
3. मार्क्स के ऐतिहासिक भौतिकवाद का आलोचनात्मक रूप से विवेचन कीजिए।
   Discuss critically the Marx's historical materialism.

### वस्तुनिष्ठ प्रश्न
### (Objective Questions)

1. Who said this?

"All the social, political and intellectual relations, all religious and legal systems, all the theoretical outlooks which emerge in the course of history are derived from the material conditions of life."

(a) Karl Marx (b) Hegel
(c) Stalin (d) Lenin

2. Who said this?
"From each according to his ability, to each according to his work."
(a) Stalin (b) Karl Marx
(c) Lenin (d) Laski

3. Who said this?
"From each according to his ability, to each according to his needs."
(a) Lenin (b) Stalin
(c) Karl Marx (d) Coker

4. यह कथन किसका है?
"सभी सामाजिक, राजनीतिक और बौद्धिक संबंध, सभी धार्मिक और कानूनी पद्धतियाँ, बौद्धिक दृष्टिकोण जो इतिहास के विकास क्रम में जन्म लेते हैं, वे सब जीवन की भौतिक अवस्थाओं से उत्पन्न होते हैं।"
(क) लेनिन (ख) स्टालिन
(ग) सेबाइन (घ) कार्ल मार्क्स

5. यह कथन किसका है?
"हस्तचालित यंत्रों के युग में सामंतवादी समाज और वाष्पचालित युग में पूँजीवादी समाज की स्थापना हुई।"
(क) कार्ल मार्क्स (ख) लेनिन
(ग) स्टालिन (घ) वेपर

6. यह कथन किसका है?
"प्रत्येक व्यक्ति अपनी योग्यतानुसार कार्य करेगा और अपने काम के अनुसार प्राप्त होगा।"
(क) लेनिन (ख) कार्ल मार्क्स
(ग) स्टालिन (घ) जोड

7. यह कथन किसका है?
"प्रत्येक व्यक्ति अपनी योग्यतानुसार कार्य करेगा और अपनी आवश्यकतानुसार प्राप्त करेगा।"
(क) लेनिन (ख) स्टालिन
(ग) कार्ल मार्क्स (घ) सेबाइन

## उत्तर
(Answers)

1. (a) 2. (b) 3. (c) 4. (घ) 5. (क) 6. (ख) 7. (ग)

# अध्याय 31

## वर्ग-संघर्ष का सिद्धांत
(Theory of Class Struggle)

1. मार्क्स के वर्ग-संघर्ष का विवेचन कीजिए।
   Discuss Marx's class struggle.
2. मार्क्स के अनुसार पूँजीपति समाज की प्रमुख विशेषताओं का उल्लेख करें।
   Mention the main features of the capitalist society according to Marx.
3. मार्क्स के वर्ग-संघर्ष सिद्धांत की आलोचनात्मक रूप से व्याख्या कीजिए।
   Explain critically the Marx's theory of class struggle.

## वस्तुनिष्ठ प्रश्न
(Objective Questions)

1. Who said this?
   "The history of all hitherto society is the history of class struggle."
   (a) Karl Marx (b) Lenin
   (c) Stalin (d) Wayper
2. यह कथन किसका है?
   "अब तक के समस्त सामाजिक जीवन का इतिहास वर्ग-संघर्ष का ही इतिहास है।"
   (क) लेनिन (ख) कार्ल मार्क्स
   (ग) स्टालिन (घ) वेपर
3. यह कथन किसका है?
   "पूँजीवादी व्यवस्था मजदूरों की संख्या बढ़ाती है, उन्हें वह संगठित समुदायों में एकत्रित कर देती है, उनमें वर्ग चेतना का प्रादुर्भाव करती है और उनमें परस्पर संपर्क तथा सहयोग स्थापित करने के लिए विश्वव्यापी पैमाने पर साधन प्रदान करती है, उनकी क्रय-शक्ति को कम करती है और उनका

अधिकाधिक शोषण करके उन्हें संगठित प्रतिरोध करने के लिए प्रेरित करती है।"

(क) कार्ल मार्क्स (ख) लेनिन
(ग) कोकर (घ) वेपर

4. यह कथन किसका है?

"मार्क्स का यह विचार कि मनुष्यों के समस्त झगड़े वर्ग-संघर्ष से उत्पन्न होते हैं, यद्यपि आम लोगों को यह विश्वास दिलाने में, कि उनका दुर्भाग्य पूँजीवादी व्यवस्था के कारण है जो सर्वहारा वर्ग की विजय के साथ ही समाप्त हो जाएगा, युक्ति महत्व रखता है लेकिन एक वैज्ञानिक धारणा के रूप में मिथ्या है।"

(क) सेबाइन (ख) वेपर
(ग) कोकर (घ) केरयू हंट

### उत्तर
### (Answers)

1. (a) 2. (ख) 3. (ग) 4. (घ)

## अध्याय 32
# अतिरिक्त मूल्य का सिद्धांत
# (Theory of Surplus Value)

1. मार्क्स के अतिरिक्त मूल्य के सिद्धांत की विवेचना कीजिए।
   Discuss Marx's theory of surplus value.
2. मार्क्स के वर्ग-संघर्ष और अतिरिक्त मूल्य की समीक्षा कीजिए।
   Examine Marx's class struggle and surplus value.
3. मार्क्स के अतिरिक्त मूल्य के सिद्धांत की आलोचनात्मक रूप से व्याख्या कीजिए।
   Explain critically Marx's theory of surplus value.

### वस्तुनिष्ठ प्रश्न
### (Objective Questions)

1. Who said this?

"Surplus value is the difference between the value of the wages which a labour produces and which actually receives."

(a) Kạrl Marx (b) Lenin
(c) Stalin (d) Wayper

2. Who said this?

"It is impossible to set aside the view that Marx's theory of value has rather the significance of a political and social slogan."

(a) Lenin (b) Max Beer
(c) Marx (d) Wayper

3. यह कथन किसका है?

"मार्क्स का अतिरिक्त मूल्य का सिद्धांत रिकार्डो के सिद्धांत का ही व्यापक रूप है जिसके अनुसार किसी भी वस्तु का मूल्य उसके निहित श्रम की माँग के अनुपात में होता है, बशर्ते यह श्रम-उत्पादन की क्षमता के वर्तमान स्तर के तुल्य हो।"

(क) कोकर (ख) सेबाइन
(ग) वेपर (घ) जोड

4. यह कथन किसका है?

"यह उन दो मूल्यों का अंतर है जिसे मजदूर पैदा करता है और जिसे वह वास्तव में पाता है।"

(क) लेनिन (ख) स्टालिन
(ग) कोकर (घ) मार्क्स

5. यह कथन किसका है?

"यह वह मूल्य है जिसे पूँजीपति मजदूरों के खून-पसीने की कमाई पर पथ-कर के रूप में वसूल करता है।"

(क) मैक्सी (ख) वेपर
(ग) कोकर (घ) जोड

6. यह कथन किसका है?

"मार्क्स का सिद्धांत काफी सीमा तक एक ऐसा वादानुवादी तथा शास्त्रार्थ-पूर्ण है जो अपनी निरन्तर गलत फहमियों के परिणामस्वरूप, जिन्हें मार्क्स के शिष्यों ने फैलाया, बढ़ाया और फलता-फूलता जा रहा है।"

(क) सेबाइन (ख) कोल
(ग) कोकर (घ) वेपर

7. यह कथन किसका है?

"वर्तमान पद्धति के विषय में मार्क्स के विचारों के अनुसार अतिरिक्त मूल्य के सिद्धांत का अनुवाद शुद्ध सिद्धांत के लिए देन की अपेक्षा घृणा की

परिभाषा के सारांश रूप में किया जाए तो अधिक युक्तिसंगत होगा। अतिरिक्त मूल्य के सिद्धांत के लिए शुद्ध आर्थिक सिद्धांत को बहुत-सी अव्यावहारिक चर्चा अपेक्षित है। समाजवाद के व्यावहारिक पूर्ण या मिथ्या होने के संबंध में इस सिद्धांत में यह कोई विशेष उल्लेखनीय बात नहीं।"

(क) वेपर (ख) कोकर

(ग) रसेल (घ) जोड

8. यह कथन किसका है?

"इस विचार को अस्वीकार करना असंभव है कि मार्क्स का सिद्धांत आर्थिक सत्य के स्थान पर राजनीतिक और सामाजिक नारेबाजी है।"

(क) वेपर (ख) कोकर

(ग) जोड (घ) मैक्स बियर

### उत्तर
### (Answers)

1. (a) 2. (b) 3. (ग) 4. (घ) 5. (क) 6. (ख) 7. (ग) 8. (घ)

## अध्याय 33

## मार्क्सवादी राज्य का सिद्धांत
## (Marxian Theory of State)

1. मार्क्सवादी राज्य के सिद्धांत की विवेचना कीजिए।
Discuss the Marxian theory of state.

2. मार्क्स के अनुसार राज्य की उत्पत्ति के कारणों का विश्लेषण करें।
Analyse the causes of the origin of state according to Marx.

3. कैसे राज्य द्वन्द्वात्मक एवं ऐतिहासिक भौतिकवाद से संबंधित है? व्याख्या कीजिए।
How the state is related to dialectical and historical materialism? Explain.

4. साम्यवादी और समाजवादी राज्य में क्या अंतर है? विवेचना कीजिए।
What is the difference between the communist and socialist state? Discuss.

5. मार्क्स के समाजवादी राज्य की केवल आलोचनाओं का उल्लेख करें।
Mention only the criticisms of Marx's socialist state.

6. पूँजीवादी राज्य एवं समाजवादी राज्य के अंतर को स्पष्ट कीजिए।
Explain the difference between the capitalist state and the socialist state.

## वस्तुनिष्ठ प्रश्न
## (Objective Questions)

1. Who said this?
"State is a creation and not an evolution."
(a) Marx (b) Lenin
(c) Stalin (d) Laski

2. Who said this?
"State is the result of private property and the division of society into classes."
(a) Lenin (b) Marx
(c) Coker (d) Joad

3. Who said this?
"State is nothing more than a machine for the oppression of one class by another."
(a) Marx (b) Lenin
(c) Engels (d) Stalin

4. Who said this?
"State is the product of class struggle."
(a) Wayper (b) Engels
(c) Lenin (d) Marx

5. Who said this?
"The state is a class organisation, representing the interests and reflecting the ideas of dominant class."
(a) Gray (b) Coker
(c) Joad (d) Jones

6. Who said this?
"The state is the march of god upon the earth."
(a) Green (b) Hegel
(c) Marx (d) Bentham

7. Who said this?

"State is in reality, a machinery for the perpetuation of injustice, exploitation and oppression of the vast majority by a handful of minority."

(a) Lenin (b) Stalin
(c) Marx (d) Joad

8. Who said this?

"From each according to his ability, to each according to his work."

(a) Lenin (b) Stalin
(c) Joad (d) Marx

9. Who said this?

"From each according to his ability, to each according to his needs."

(a) Marx (b) Lenin
(c) Stalin (d) Coker

10. Who said this?

"When ultimately, the state becomes really the representative of society as a whole it makes itself superfluous...the state is not abolished, it withers away."

(a) Marx (b) Engels
(c) Coker (d) Lenin

11. Who said this?

"Let a thousand schools of thought contest. Let a thousand flowers bloom together."

(a) Marx (b) Lenin
(c) Mao (d) Joad

12. यह कथन किसका है?

"राज्य एक निर्मित संस्था है, विकसित नहीं।

(क) लेनिन (ख) स्टालिन
(ग) जोड (घ) मार्क्स

13. यह कथन किसका है?

"राज्य की उत्पत्ति वैयक्तिक संपत्ति और समाज में वर्ग-विभेद से हुई।"

(क) मार्क्स (ख) लेनिन

(ग) स्टालिन (घ) सेबाइन

14. यह कथन किसका है?

"राज्य एक वर्ग द्वारा दूसरे वर्ग का शोषण करने की मशीन से अधिक कुछ नहीं है।"

(क) मार्क्स (ख) एजिंल्स

(ग) लेनिन (घ) स्टालिन

15. यह कथन किसका है?

"राज्य वर्ग-संघर्ष की उपज है।"

(क) लेनिन (ख) स्टालिन

(ग) मार्क्स (घ) एजिंल्स

16. यह कथन किसका है?

"राज्य एक वर्ग संगठन है जो प्रभावी वर्ग के हितों का प्रतिनिधित्व तथा उनके विचारों को प्रतिबिम्बित करता है।"

(क) सेबाइन (ख) कोकर

(ग) जोड (घ) ग्रे

17. यह कथन किसका है?

"राज्य पृथ्वी पर ईश्वर का अवतरण है।"

(क) हीगल (ख) ग्रीन

(ग) बेन्थम (घ) लास्की

18. यह कथन किसका है?

"राज्य एक ऐसी मशीन सिद्ध हुआ जिसके द्वारा मुट्ठीभर पूँजीपति बहुसंख्यक सर्वहारा पर अन्याय, शोषण और दमन करने लगे।"

(क) लेनिन (ख) मार्क्स

(ग) स्टालिन (घ) वेपर

19. यह कथन किसका है?

"प्रत्येक व्यक्ति अपनी योग्यतानुसार कार्य करेगा और अपने काम के अनुसार प्राप्त करेगा।"

(क) लेनिन (ख) स्टालिन

(ग) मार्क्स (घ) जोड

20. यह कथन किसका है?

"प्रत्येक व्यक्ति अपनी योग्यतानुसार कार्य करेगा और अपनी आवश्यकतानुसार प्राप्त करेगा।"

(क) लेनिन (ख) स्टालिन

(ग) बेंथम (घ) मार्क्स

21. यह कथन किसका है?

"जब अंततोगत्वा राज्य संपूर्ण समाज का प्रतिनिधि बन जाएगा तो यह अपने-आपको बेकार बना देगा। राज्य को समाप्त नहीं किया जाएगा, यह अपने-आप विलुप्त हो जाएगा।"

(क) एंजिल्स (ख) लेनिन

(ग) मार्क्स (घ) वेपर

22. यह कथन किसका है?

"एक साथ विभिन्न मत वाले रह सकते हैं एक साथ हजारों फूल खिल सकते हैं।"

(क) मार्क्स (ख) माओ

(ग) लेनिन (घ) ग्रीन

## उत्तर
## (Answers)

1. (a) 2. (b) 3. (c) 4. (d) 5. (a) 6. (b) 7. (c) 8. (d) 9. (a) 10. (b) 11. (c) 12. (घ) 13. (क) 14. (ख) 15. (ग) 16. (घ) 17. (क) 18. (ख) 19. (ग) 20. (घ) 21. (क) 22. (ख)

## अध्याय 34

# कार्ल मार्क्स का महत्व एवं प्रभाव
## (The Importance and Influence of Karl Marx)

1. राजनीतिक विचारधारा के इतिहास में कार्ल मार्क्स के महत्व और प्रभाव की विवेचना कीजिए।

Discuss the importance and influence of Karl Marx in the history of political thought.

2. कार्ल मार्क्स के महत्व और प्रभाव पर विभिन्न विद्वानों के मतों को स्पष्ट करें।
Explain the opinions of different scholars on the importance and influence of Karl Marx.
3. "मार्क्स के विशाल प्रभाव का कारण यही है कि उसमें दर्शन की महानता, धार्मिक विश्वास की दृढ़ता, आंदोलन की सक्रियता तथा समूह को प्रभावित करने की शक्ति है।" स्पष्ट कीजिए।
"The reason for the immense impact of Marx is that he combines philosophical excellence, religious convictions, drive of a movement and the capacity to influence the masses." Explain.

## वस्तुनिष्ठ प्रश्न
## (Objective Questions)

1. Who said this?
"The flaws in Marx's theory do not invalidate it, particularly if we consider the impact it has had upon the world. If this be the basis of judgment, we must acknowledge its importance."
(a) Harmon (b) Wayper
(c) Sabine (d) Jones
2. Who said this?
"Marx succeeded because he was a scientific propounder of political and economic theory."
(a) Maxey (b) Wayper
(c) Lenin (d) Laski
3. Who said this?
"Marx has glorified class-war, presenting it not only as necessary to the overthrow of bourgeois tyranny, but necessary to the fulfilment of the high mission of emancipation assigned to the proletariat in the scheme of social evolution."
(a) Wayper (b) Harmon
(c) Maxey (d) Gray

4. Who said this?

"Philosophers have sought to interpret the world: what matters, however, is to change it."

(a) Maxey (b) Sabine
(c) Gray (d) Marx

5. Who said this?

"Marxism tells the depressed that they are not themselves to blame for their inferior status; they are victims of a system and need only to change the system to be able to live on a plane of equality with all men."

(a) Harmon (b) Sabine
(c) Maxey (d) Gray

6. Who said this?

"Marx's status drew and grew and his influence reached out to the from corners of the earth, until today millions in Europe and in Asia accept his teaching as revelation and look upon him as the God of the New Age."

(a) Maxey (b) Wayper
(c) Gray (d) Lenin

7. Who said this?

"Religion is, in Marx's words, the 'opium' of the poor. Nevertheless, Marxism itself bears a resemblance to religion; and this accounts in part for its appeal."

(a) Wayper (b) Maxey
(c) Harmon (d) Gray

8. Who said this?

"All the modern writers on social sciences are indebted to Marx, even if they do not admit it."

(a) Harmon (b) Sabine
(c) Maxey (d) Carew Hunt

9. यह कथन किसका है?

"कार्ल मार्क्स ने हीगल के चिंतन का काया-कल्प किया और उनकी इस धारणा को निकाल दिया कि राष्ट्र सामाजिक विकास के लिए वास्तविक इकाइयाँ है। राष्ट्रों के स्थान पर वर्गों को रखकर तथा द्वन्द्ववाद में विचार के

स्थान पर पदार्थ को रखकर मार्क्स ने हीगल की सभी विशेषताओं का अपहरण कर लिया है।"

(क) सेबाइन (ख) वेपर

(ग) ग्रे (घ) मैक्सी

10. यह कथन किसका है?

"मार्क्स इसलिए सफल हुआ, क्योंकि वह राजनीतिक और आर्थिक सिद्धांत का वैज्ञानिक प्रतिपादक था।"

(क) मैक्सी (ख) वेपर

(ग) ग्रे (घ) सेबाइन

11. यह कथन किसका है?

"भावी समाज का स्वरूप स्पष्ट न करने के कारण मार्क्स अपने विरोधियों की आलोचना तथा अपने समर्थकों के पारस्परिक वाक-युद्ध से बच गया है।"

(क) वेपर (ख) ग्रे

(ग) मैक्सी (घ) सेबाइन

12. यह कथन किसका है?

"श्रमिक-वर्ग के विरोधियों के प्रति मार्क्स की धारणा पर धर्म की गहरी छाप है।"

(क) मैक्सी (ख) सेबाइन

(ग) ग्रे (घ) वेपर

13. यह कथन किसका है?

"दर्शनिकों ने संसार की व्याख्या करने का प्रयास किया है, पर आवश्यकता इस बात की है कि उसमें परिवर्तन किया जाए।"

(क) मार्क्स (ख) ग्रे

(ग) वेपर (घ) मैक्सी

14. यह कथन किसका है?

"मार्क्स के शब्दों में धर्म, निर्धन व्यक्तियों की अफीम है तथापि स्वयं मार्क्सवाद की धर्म में अनुरूपता है और यह इसके प्रभाव का आंशिक कारण है।"

(क) ग्रे (ख) हरमॉन

(ग) मैक्सी (घ) सेबाइन

15. यह कथन किसका है?

"मार्क्स ने समाजवादी आंदोलन के लिए वह कुछ किया जो मेकियावेली ने राज्य-सिद्धांत के लिए किया।"

(क) मैक्सी (ख) ग्रे

(ग) केटलिन (घ) वेपर

16. यह कथन किसका है?

"समाज विज्ञानों के सभी आधुनिक लेखक मार्क्स के प्रति ऋणी हैं, चाहे वे इसे स्वीकार न भी करें।"

(क) मैक्सी (ख) ग्रे

(ग) वेपर (घ) केरयू हंट

17. यह कथन किसका है?

"मार्क्स द्वारा दिया गया विश्व का विश्लेषण तो श्रेष्ठ है ही, उससे भी अधिक प्रशंसनीय है ऐतिहासिक शक्तियों की रचनात्मकता के संबंध में मार्क्स का दृष्टिकोण।"

(क) वेपर (ख) मैक्सी

(ग) ग्रे (घ) सेबाइन

18. यह कथन किसका है?

"समाजवाद को वैज्ञानिक रूप देना मार्क्स के माने हुए सिद्धांतों में से था। उसने साम्यवाद को केवल वैज्ञानिक आधार ही प्रदान नहीं किया, बल्कि उसे विशाल शक्ति प्रदान की।"

(क) ग्रे (ख) मैक्सी

(ग) वेपर (घ) जोन्स

19. यह कथन किसका है?

"एक ओर करोड़ों व्यक्ति मार्क्स को देवता की तरह पूजते हैं, तो दूसरी ओर करोड़ों व्यक्ति उसे दानव कहकर उसकी निंदा करते हैं। उसके बारे में विचार करने का एकमात्र तरीका है कि आवेश को दूरकर उसे समझने की कोशिश की जाए।"

(क) वेपर (ख) ग्रे

(ग) मैक्सी (घ) सेबाइन

20. यह कथन किसका है?

"केवल मार्क्स के भौतिकवादी दर्शन ने ही सर्वहारा वर्ग को उस आत्मिक दासता से मुक्ति पाने का मार्ग दिखाया है, जिसके सभी उत्पीड़ित वर्ग अब तक सिसकते हुए अपने दिन काट रहे थे। केवल मार्क्स के आर्थिक-सिद्धांत ने ही पूँजीवाद की सामान्य व्यवस्था में सर्वहारा वर्ग की वास्तविक स्थिति की व्याख्या की है।"

(क) वेपर (ख) ग्रे

(ग) मैक्सी (घ) लेनिन

## उत्तर
## (Answers)

1. (a) 2. (b) 3. (c) 4. (d) 5. (a) 6. (b) 7. (c) 8. (d)
9. (क) 10. (ख) 11. (ग) 12. (घ) 13. (क) 14. (ख)
15. (ग) 16. (घ) 17. (क) 18. (ख) 19. (ग) 20. (घ)

# ग्रंथावली
## (Bibliography)

Aveling, Edward B. : *The Student's Marx*, 1892.

Barker, Sir E. : *Political Thought in England*, Chapters II and III.

Bear, Max : *The Life and Teaching of Karl Marx*, 1918.

Bhandari, D.R. : *History of European Political Philosophy*, 1970.

Bodin, Louis B. : *Theoretical System of Karl Marx*, 1907.

Boher, M.M. : *Karl Marx—An Interpretation of History*, 1927.

Bowle, John : *Politics and Public Opinion in the 19th Century*.

——. : *Western Political Thought*, 1949.

Brinton : *English Thought in the 19th Century*.

Catlin, G. : *A History of Politial Philosophers*, 1950.

Chang, Sherman H. : *The Marxian Theory of the State*, 1931.

Coker, F.W. : *Readings in Political Philosophy*, 1950.

Cole, G.D.H. : *What Marx Really Meant?*

Davidson, W.L. : *Political Thought in England*.

Doyle, Phyllis : *A History of Political Thought*, 1955.

Dunning, W.A. : *A History of Political Theories (From Rousseau to Spencer)*, 1970.

Ebenstein, W. : *Great Political Thinkers*, 1962.

Emile Burns : *What is Marxism?*

Fairbrother : *Philosophy of Green*.

Foster, M.B. : *Masters of Political Thought*, Vol. I, 1956.

——. : *Masters of Political Thought*, Vol. II, 1956.
Friedrich, C.J. : *An Introduction to Political Theory.*
Gettell, R.G. : *History of Political Thought.*
Gsray, A. : *Socialist Tradition: Moses to Lenin*, 1946.
Green, T.H. : *Lectures on the Principles of Political Obligation.*
Haldar, Hiralal : *Neo-Hegelians*, Chapters II and VIII.
Harmon, M.J. : *Political Thought (From Plato to Present)*, 1964.
Hearnshaw, F.J.C. : *A Survey of Socialism*, 1928.
Hunt, Carew : *The Theory and Practice of Communism*, Part I.
Joad, C.E.M. : *Guide to the Philosophy of Morals and Politics.*
——. : *Introduction to Modern Political Theory*, Chap. I.
Jones, W.T. : *Masters of Political Thought*, Vol. II, 1959.
Laski, H.J. : *The State in Theory and Practice*, Chap. I.
Laski, H.J. : *Karl Marx: An Essay.*
Lenin : *Karl Marx.*
Lenin, N. : *The Materialistic Interpretation of History.*
Lindsay, A.D. : *Karl Marx on Capital*, 1925.
Marx, Karl : *Das Capital.*
——. : *Commentary on The Communist Manifesto.*
Maxey, C.C. : *Political Philosophies*, 1961.
Mayers, J.P. : *Political Thought—The European Tradition.*
Mc Donald, L.C. : *Western Political Theory*, 1968.
Mc Govern : *From Luther to Hitler.*
Mc Ilwain, C.H. : *The Growth of Political Thought in the West*, 1932.
Metz, Rudolf : *A Hundred Years of British Philosophy.*
Mill, J.S. : *On Liberty.*
—— : *Representative Government, Everyman's Library, Introduction by Lindsay.*
—— : *Utilitarianism.*

Murray, R.H. : *The History of Political Science* (*From Plato to Present*), 1929.

Popper : *The Open Society and Its Enemies*, Chapter 13.

Ruhle, Otto : *Karl Marx: His Life and Works*, 1929.

Russell, B. : *History of Western Philosophy*, 1946.

Ryazanoff, D. : *Karl Marx and Friedrich Engels*.

Sabine, G.H. : *A History of Political Theory*, 1968.

—— : *A History of Political Theory*, Chap. XXXXI, 1968.

Seligman, E.R.A. : *The Economic Interpretation of History*.

Spargo, J. : *Karl Marx: His Life and Work*, 1910.

Stephen, Leslie : *The English Utilitarians*.

Vaughan, C.E. : *Studies in the History of Political Philosophy*, 1925.

Watkins, F. : *Political Tradition in the West*.

Wayper, C.L. : *Political Thought*, London: English Universities Press, 1954.